中國古典文學基本叢書

蘇軾詞編年校註

上

鄒同慶
王宗堂 著

中華書局

圖書在版編目(CIP)數據

蘇軾詞編年校注:典藏本/鄒同慶,王宗堂著. —北京:
中華書局,2016.3(2023.1 重印)
(中國古典文學基本叢書)
ISBN 978-7-101-11616-8

Ⅰ.蘇… Ⅱ.①鄒…②王… Ⅲ.宋詞-選集
Ⅳ.I222.844

中國版本圖書館 CIP 數據核字(2016)第 048547 號

責任編輯:劉尚榮
責任印製:管　斌

蘇軾詞編年校注(典藏本)
(全三册)
鄒同慶 王宗堂 著
*
中華書局出版發行
(北京市豐臺區太平橋西里 38 號 100073)
http://www.zhbc.com.cn
E-mail:zhbc@zhbc.com.cn
三河市宏達印刷有限公司印刷
*
850×1168 毫米 1/32 · 36¾印張 · 6 插頁 · 1261 千字
2016 年 3 月第 1 版 2023 年 1 月第 2 次印刷
印數:3001-6000 册 定價:168.00 元

ISBN 978-7-101-11616-8

目録

上册

序……一

凡例……一

蘇軾詞編年校註正編……一

一、蘇軾編年詞二九二首

宋英宗治平元年甲辰（一〇六四年）

華清引（平時十月幸蓮湯）……三

宋神宗熙寧二年己酉（一〇六九年）

一斛珠（洛城春晚）……六

熙寧四年辛亥（一〇七一年）

南歌子（紺綰雙蟠髻）……九

又（琥珀裝腰佩）……一二

熙寧五年壬子（一〇七二年）

浪淘沙（昨日出東城）……一四

浣溪沙（徐邈能中酒聖賢）……一五

雙荷葉（雙溪月）……一八

荷花媚（霞苞露荷碧）……二三

熙寧六年癸丑（一〇七三年）

行香子（一葉舟輕）……二四

祝英臺近（掛輕帆）……二六

瑞鷓鴣（城頭月落尚啼烏）……二八

江城子（鳳凰山下雨初晴）……三一

菩薩蠻（繡簾高捲傾城出）……三五

瑞鷓鴣（碧山影裏小紅旗）……三七
臨江仙（四大從來都遍滿）……四〇
江城子（玉人家在鳳凰山）……四二
熙寧七年甲寅（一〇七四年）
行香子（攜手江村）……四五
減字木蘭花（曉來風細）……四八
昭君怨（誰作桓伊三弄）……四九
卜算子（蜀客到江南）……五二
蝶戀花（雨過春容清更麗）……五四
占春芳（紅杏了）……五六
醉落魄（輕雲微月）……五八
少年遊（去年相送）……五九
減字木蘭花（雙龍對起）……六二
鵲橋仙（緱山仙子）……六五
虞美人（湖山信是東南美）……六七
訴衷情（錢塘風景古來奇）……六九
菩薩蠻（玉童西迓浮丘伯）……七二
減字木蘭花（雲鬟傾倒）……七五
菩薩蠻（娟娟缺月西南落）……七六
江城子（翠蛾羞黛怯人看）……七八
菩薩蠻（秋風湖上蕭蕭雨）……八一
清平樂（清淮濁汴）……八二
南鄉子（回首亂山橫）……八五
勸金船（無情流水多情客）……八七
南鄉子（東武望餘杭）……九〇
浣溪沙（縹緲危樓紫翠間）……九二
又（白雪清詞出坐間）……九三
南鄉子（裙帶石榴紅）……九五
又（旌旆滿江湖）……九九
定風波（千古風流阮步兵）……一〇一
減字木蘭花（惟熊佳夢）……一〇四
南鄉子（不到謝公臺）……一〇七

菩薩蠻（天憐豪俊腰金晚）……一〇九
阮郎歸（一年三度過蘇臺）……一一二
醉落魄（蒼顔華髮）……一一四
菩薩蠻（玉笙不受朱脣暖）……一一六
采桑子（多情多感仍多病）……一一八
減字木蘭花（銀箏旋品）……一二一
醉落魄（分攜如昨）……一二三
訴衷情（小蓮初上琵琶弦）……一二五
更漏子（水涵空）……一二八
浣溪沙（長記鳴琴子賤堂）……一二九
永遇樂（長憶别時）……一三一
沁園春（孤館燈青）……一三四
南鄉子（寒雀滿疏籬）……一三八
熙寧八年乙卯（一〇七五年）
蝶戀花（燈火錢塘三五夜）……一四〇
江城子（十年生死兩茫茫）……一四一
雨中花慢（今歲花時深院）……一四三
江城子（老夫聊發少年狂）……一四六
減字木蘭花（賢哉令尹）……一四九
又（春光亭下）……一五一
熙寧九年丙辰（一〇七六年）
一叢花（今年春淺臘侵年）……一五四
蝶戀花（簾外東風交雨霰）……一五七
滿江紅（天豈無情）……一五九
殢人嬌（别駕來時）……一六一
望江南（春未老）……一六四
又（春已老）……一六六
滿江紅（東武城南）……一六八
臨江仙（九十日春都過了）……一七一
水調歌頭（明月幾時有）……一七三
河滿子（見説岷峨悽愴）……一八一
畫堂春（柳花飛處麥搖波）……一八五

江城子（前瞻馬耳九仙山）……………… 一八七
又（相逢不覺又初寒）……………… 一八九
熙寧十年丁巳（一〇七七年）
陽關曲（濟南春好雪初晴）……………… 一九一
浣溪沙（四面垂楊十里荷）……………… 一九三
又（傅粉郎君又粉奴）……………… 一九五
殢人嬌（滿院桃花）……………… 一九七
洞仙歌（江南臘盡）……………… 二〇〇
滿庭芳（香靉雕盤）……………… 二〇三
浣溪沙（縹緲紅妝照淺溪）……………… 二〇七
陽關曲（暮雲收盡溢清寒）……………… 二〇九
水調歌頭（安石在東海）……………… 二一一
浣溪沙（一別姑蘇已四年）……………… 二一五
菩薩蠻（城隅靜女何人見）……………… 二一八
臨江仙（忘卻成都來十載）……………… 二二一
元豐元年戊午（一〇七八年）

臨江仙（自古相從休務日）……………… 二二三
蝶戀花（簌簌無風花自嚲）……………… 二二六
浣溪沙（慚愧今年二麥豐）……………… 二二八
又（照日深紅暖見魚）……………… 二三〇
其二（旋抹紅妝看使君）……………… 二三二
其三（麻葉層層檾葉光）……………… 二三三
其四（簌簌衣巾落棗花）……………… 二三五
其五（軟草平莎過雨新）……………… 二三七
蝶戀花（別酒勸君君一醉）……………… 二三八
南鄉子（涼簟碧紗廚）……………… 二四三
千秋歲（淺霜侵綠）……………… 二四五
永遇樂（明月如霜）……………… 二四七
陽關曲（受降城下紫髯郎）……………… 二五三
浣溪沙（惟見眉間一點黄）……………… 二五五
元豐二年己未（一〇七九年）
南鄉子（繡鞅玉鐶遊）……………… 二五七

又（未倦長卿遊）……………二六〇
江城子（天涯流落思無窮）……………二六二
減字木蘭花（玉觴無味）……………二六五
江城子（墨雲拖雨過西樓）……………二六六
南歌子（山雨瀟瀟過）……………二六八
漁家傲（皎皎牽牛河漢女）……………二七〇
元豐三年庚申（一〇八〇年）
臨江仙（細馬遠馱雙侍女）……………二七二
卜算子（缺月掛疏桐）……………二七五
南歌子（寸恨誰云短）……………二八六
南鄉子（晚景落瓊杯）……………二八八
菩薩蠻（畫檐初掛彎彎月）……………二九一
其二（風迴仙馭雲開扇）……………二九三
定風波（與客攜壺上翠微）……………二九五
水龍吟（楚山修竹如雲）……………二九八
菩薩蠻（翠鬟斜幔雲垂耳）……………三〇四
其二（柳庭風靜人眠晝）……………三〇七
其三（井梧雙照新妝冷）……………三〇八
其四（雪花飛暖融香頰）……………三〇九
元豐四年辛酉（一〇八一年）
少年遊（玉肌鉛粉傲秋霜）……………三一〇
水龍吟（似花還似非花）……………三一四
水調歌頭（昵昵兒女語）……………三二三
少年遊（銀塘朱檻麴塵波）……………三二九
南鄉子（霜降水痕收）……………三三一
滿江紅（江漢西來）……………三三五
浣溪沙（覆塊青青麥未蘇）……………三三九
其二（醉夢醺醺曉未蘇）……………三四一
其三（雪裏餐氈例姓蘇）……………三四三
其四（半夜銀山上積蘇）……………三四四
其五（萬頃風濤不記蘇）……………三四六
江城子（黄昏猶是雨纖纖）……………三四七

元豐五年壬戌（一〇八二年）

水龍吟（小舟横截春江）……三四九
江城子（夢中了了醉中醒）……三五二
定風波（莫聽穿林打葉聲）……三五六
浣溪沙（山下蘭芽短侵溪）……三五八
西江月（照野瀰瀰淺浪）……三六〇
南歌子（日出西山雨）……三六四
又（雨暗初疑夜）……三六七
又（帶酒衝山雨）……三六八
浣溪沙（西塞山邊白鷺飛）……三七〇
漁父（漁父飲）……三七六
又（漁父醉）……三七七
又（漁父醒）……三七八
又（漁父笑）……三七九
調笑令（漁父）……三八〇
又（歸雁）……三八一

中册

滿江紅（憂喜相尋）……三八三
南歌子（日薄花房綻）……三八六
哨徧（爲米折腰）……三八八
漁家傲（些小白鬚何用染）……三九四
定風波（雨洗娟娟嫩葉光）……三九六
念奴嬌（大江東去）……三九八
漁家傲（臨水縱横回晚鞚）……四一〇
洞仙歌（冰肌玉骨）……四一三
水龍吟（小溝東接長江）……四二二
念奴嬌（憑高眺遠）……四二六
醉蓬萊（笑勞生一夢）……四二八
西江月（點點樓頭細雨）……四三二
定風波（兩兩輕紅半暈腮）……四三四
減字木蘭花（嬌多媚𡡉）……四三六

又（雙鬟綠墜）……………四三九
又（天真雅麗）……………四四〇
又（柔和性氣）……………四四二
又（天然宅院）……………四四三
西江月（龍焙今年絶品）……………四四五
菩薩蠻（碧紗微露纖纖玉）……………四四九
醉翁操（琅然）……………四五一
滿庭芳（蝸角虚名）……………四五八
定風波（好睡慵開莫厭遲）……………四六二
元豐六年癸亥（一〇八三年）
木蘭花令（烏啼鵲噪昏喬木）……………四六四
臨江仙（夜飲東坡醒復醉）……………四六七
好事近（紅粉莫悲啼）……………四六九
滿庭芳（三十三年今誰存者）……………四七一
鷓鴣天（林斷山明竹隱牆）……………四七四
十拍子（白酒新開九醞）……………四七六
浣溪沙（傾蓋相逢勝白頭）……………四七八
又（炙手無人傍屋頭）……………四八一
水調歌頭（落日繡簾捲）……………四八三
南歌子（衛霍元勳後）……………四八七
臨江仙（詩句端來磨我鈍）……………四九〇
減字木蘭花（江南遊女）……………四九五
皁羅特髻（采菱拾翠）……………四九六
元豐七年甲子（一〇八四年）
減字木蘭花（神閒意定）……………四九九
無愁可解（光景百年）……………五〇一
滿庭芳（歸去來兮吾歸何處）……………五〇六
阮郎歸（綠槐高柳咽新蟬）……………五一〇
西江月（别夢已隨流水）……………五一二
漁家傲（千古龍蟠並虎踞）……………五一五
水龍吟（露寒煙冷蒹葭老）……………五一八
減字木蘭花（鄭莊好客）……………五二一

南歌子（欲執河梁手）……五二六
菩薩蠻（買田陽羡吾將老）……五二七
南歌子（見説東園好）……五三〇
西江月（三過平山堂下）……五三三
浣溪沙（學畫鴉兒正妙年）……五三七
又（一夢江湖費五年）……五三九
虞美人（波聲拍枕長淮曉）……五四一
如夢令（城上層樓疊巘）……五四四
又（水垢何曾相受）……五四六
其二（自淨方能洗彼）……五四九
浣溪沙（細雨斜風作曉寒）……五五〇
行香子（北望平川）……五五二
水龍吟（古來雲海茫茫）……五五六
滿庭芳（三十三年漂流江海）……五六三
元豐八年乙丑（一〇八五年）
南鄉子（千騎試春遊）……五六六
滿庭芳（歸去來兮清溪無底）……五六八
蝶戀花（雲水縈回溪上路）……五七二
又（昨夜秋風來萬里）……五七四
又（自古漣漪佳絶地）……五七六
宋哲宗元祐元年丙寅（一〇八六年）
定風波（誰羡人間琢玉郎）……五七九
如夢令（爲向東坡傳語）……五八三
其二（手種堂前桃李）……五八六
元祐二年丁卯（一〇八七年）
蘇幕遮（暑籠晴）……五八八
元祐三年戊辰（一〇八八年）
哨徧（睡起畫堂）……五九〇
西江月（莫歎平齊落落）……五九七
元祐四年己巳（一〇八九年）
行香子（綺席纔終）……五九九
漁家傲（送客歸來燈火盡）……六〇二

浣溪沙（珠檜絲杉冷欲霜）……六〇五
其二（霜鬢真堪插拒霜）……六〇七
點絳脣（我輩情鍾）……六〇九
元祐五年庚午（一〇九〇年）
臨江仙（多病休文都瘦損）……六一一
南歌子（山與歌眉斂）……六一三
又（古岸開青葑）……六一六
鵲橋仙（乘槎歸去）……六一八
南歌子（海上乘槎侶）……六二〇
其二（苒苒中秋過）……六二四
點絳脣（不用悲秋）……六二五
又（莫唱陽關）……六二八
又（閒倚胡牀）……六三〇
好事近（湖上雨晴時）……六三三
浣溪沙（門外東風雪灑裾）……六三五
南歌子（師唱誰家曲）……六三七
元祐六年辛未（一〇九一年）
浣溪沙（雪頷霜髯不自驚）……六四一
又（料峭東風翠幕驚）……六四三
又（陽羨姑蘇已買田）……六四五
木蘭花令（元宵似是歡遊好）……六四八
減字木蘭花（雲容皓白）……六五一
西江月（公子眼花亂發）……六五三
其二（小院朱闌幾曲）……六五七
其三（怪此花枝怨泣）……六五八
木蘭花令（知君仙骨無寒暑）……六六〇
虞美人（歸心正似三春草）……六六三
臨江仙（一別都門三改火）……六六五
八聲甘州（有情風萬里捲潮來）……六六八
減字木蘭花（天台舊路）……六七三
西江月（昨夜扁舟京口）……六七五
定風波（月滿苕溪照夜堂）……六七七

臨江仙（我勸髯張歸去好）……六八三
蝶戀花（春事闌珊芳草歇）……六八六
臨江仙（尊酒何人懷李白）……六八九
南歌子（雲鬢裁新綠）……六九二
滿江紅（清潁東流）……六九五
木蘭花令（霜餘已失長淮闊）……六九九
減字木蘭花（空牀響琢）……七〇一
元祐七年壬申（一〇九二年）
減字木蘭花（春庭月午）……七〇四
木蘭花令（高平四面開雄壘）……七〇七
浣溪沙（芍藥櫻桃兩鬬新）……七〇八
減字木蘭花（回風落景）……七一二
生查子（三度別君來）……七一四
青玉案（三年枕上吳中路）……七一六
元祐八年癸酉（一〇九三年）
行香子（三入承明）……七二〇
又　（清夜無塵）……七二五
紹聖元年甲戌（一〇九四年）
戚氏（玉龜山）……七二八
歸朝歡（我夢扁舟浮震澤）……七三七
木蘭花令（梧桐葉上三更雨）……七四一
浣溪沙（幾共查梨到雪霜）……七四三
又　（菊暗荷枯一夜霜）……七四五
又　（羅襪空飛洛浦塵）……七四七
西江月（馬趁香微路遠）……七五〇
紹聖二年乙亥（一〇九五年）
臨江仙（九十日春都過了）……七五一
蝶戀花（花褪殘紅青杏小）……七五三
減字木蘭花（閩溪珍獻）……七五七
殢人嬌（白髮蒼顏）……七五九
浣溪沙（輕汗微微透碧紈）……七六二
又　（入袂輕風不破塵）……七六四

賀新郎（乳燕飛華屋）……………七六六
紹聖三年丙子（一〇九六年）
蝶戀花（泛泛東風初破五）………七七六
三部樂（美人如月）………………七七九
雨中花慢（嫩臉羞蛾因甚）………七八二
西江月（玉骨那愁瘴霧）…………七八五
紹聖四年丁丑（一〇九七年）
虞美人（定場賀老今何在）………七八九
減字木蘭花（琵琶絶藝）…………七九一
浣溪沙（道字嬌訛苦未成）………七九四
又（桃李溪邊駐畫輪）……………七九六
西江月（世事一場大夢）…………七九八
元符二年己卯（一〇九九年）
減字木蘭花（春牛春杖）…………八〇一
千秋歲（島邊天外）………………八〇三
踏青遊（改火初晴）………………八〇六
元符三年庚辰（一一〇〇年）
減字木蘭花（海南奇寶）…………八〇九
鷓鴣天（笑撚紅梅亸翠翹）………八一二

下册

二、蘇軾未編年詞三十九首及殘句十一則
木蘭花令（經旬未識東君信）……八一五
西江月（聞道雙銜鳳帶）…………八一七
烏夜啼（莫怪歸心甚速）…………八一九
臨江仙（冬夜夜寒冰合井）………八二二
又（誰道東陽都瘦損）……………八二三
又（昨夜渡江何處宿）……………八二五
漁家傲（一曲陽關情幾許）………八二七
定風波（莫怪鴛鴦繡帶長）………八二九
南鄉子（冰雪透香肌）……………八三一
又（天與化工知）…………………八三三

又（寒玉細凝膚）……八三四
又（悵望送春杯）……八三五
又（何處倚闌干）……八三六
菩薩蠻（落花閒院春衫薄）……八三九
又（火雲凝汗揮珠顆）……八四〇
又（嶠南江淺紅梅小）……八四一
又（塗香莫惜蓮承步）……八四二
又（玉鐶墜耳黄金飾）……八四四
浣溪沙（畫隼横江喜再遊）……八四五
又（風捲珠簾自上鈎）……八四七
又（花滿銀塘水漫流）……八四八
又（風壓輕雲貼水飛）……八五〇
南歌子（紫陌尋春去）……八五三
又（笑怕薔薇罥）……八五五
蝶戀花（一顆櫻桃樊素口）……八五七
減字木蘭花（玉房金蕊）……八五九
又（鶯初解語）……八六一
行香子（昨夜霜風）……八六二
點絳脣（紅杏飄香）……八六三
虞美人（持杯遙勸天邊月）……八六六
阮郎歸（暗香浮動月黄昏）……八六七
謁金門（秋帷裏）……八六九
又（秋池閣）……八七〇
又（今夜雨）……八七一
好事近（煙外倚危樓）……八七二
天仙子（走馬探花花發未）……八七三
翻香令（金爐猶暖麝煤殘）……八七五
桃源憶故人（華胥夢斷人何處）……八七六
沁園春（情若連環）……八七七
殘句十一則……八七九

蘇軾詞編年校註附編……八八五

一、他集互見詞八首

菩薩蠻（娟娟侵鬢妝痕淺）……………八八七
江城子（銀濤無際捲蓬瀛）……………八八九
減字木蘭花（憑誰妙筆）………………八九三
點絳脣（醉漾輕舟）……………………八九六
又（月轉烏啼）…………………………八九八
訴衷情（海棠珠綴一重重）……………九〇〇
醉落魄（醉醒醒醉）……………………九〇二
瑤池燕（飛花成陣）……………………九〇五

二、蘇軾存疑詞十一首

蝶戀花（記得畫屏初會遇）……………九〇九
又（雨霰疏疏經潑火）…………………九一〇
又（蝶懶鶯慵春過半）…………………九一一
雨中花慢（邃院重簾何處）……………九一三
浣溪沙（山色横侵蘸暈霞）……………九一四
江城子（膩紅勻臉襯檀脣）……………九一七
虞美人（冰肌自是生來瘦）……………九一八
又（深深庭院清明過）…………………九二〇
西江月（碧霧輕籠兩鳳）………………九二二
踏莎行（這個禿奴）……………………九二三
鷓鴣天（羅帶雙垂畫不成）……………九二五

三、誤入蘇集詞五十三首及殘句九則

鷓鴣天（西塞山邊白鷺飛）……………九二九
江城子（南來飛燕北歸鴻）……………九三一
沁園春（小閣深沈）……………………九三三
虞美人（落花已作風前舞）……………九三三
蝶戀花（玉枕冰寒消暑氣）……………九三五
又（梨葉初紅蟬韻歇）…………………九三六
又（簾幕風輕雙語燕）…………………九三七
又（一霎秋風驚畫扇）…………………九三八
又（紫菊初生朱槿墜）…………………九三八
永遇樂（天末山横）……………………九三九

意難忘（花擁鴛房）……九四〇
滿庭芳（北苑龍團）……九四二
定風波（痛飲形骸騎蹇驢）……九四四
殢人嬌（解了癡縚）……九四四
浣溪沙（晚菊花前斂翠蛾）……九四六
又（玉椀冰寒滴露華）……九四七
又（樓依江邊百尺高）……九四八
阮郎歸（歌停檀板舞停鸞）……九四九
菩薩蠻（濕雲不動溪橋冷）……九五〇
木蘭花（檀槽碎響金絲撥）……九五一
又（個人豐韻真堪羨）……九五二
玉樓春（東風捻就腰兒細）……九五三
如夢令（嘗記溪亭日暮）……九五四
又（曾宴桃源深洞）……九五五
點絳脣（高柳蟬嘶）……九五六
又（蹴罷秋千）……九五八
又（春雨濛濛）……九五九
又（鶯踏花翻）……九六〇
祝英臺近（剪酴醿）……九六一
水調歌頭（已過一番雨）……九六二
又（離別一何久）……九六二
洞仙歌（飛梁壓水）……九六三
金菊對芙蓉（花則一名）……九六五
踏青遊（識箇人人）……九六六
西江月（雨過輕風弄柳）……九六七
探春令（玉窗蠅字記春寒）……九六八
憶秦娥（香馥馥）……九六八
滿江紅（不作三公）……九七〇
卜算子（水是眼波橫）……九七〇
更漏子（柳絲長）……九七一
又（春夜闌）……九七二
清平調引（陌上花開蝴蝶飛）……九七三

又（陌上山花無數開）……九七三
又（生前富貴草頭露）……九七三
履霜操（桓山之上）……九七四
導引歌辭（帝城父老）……九七五
又（經文緯武）……九七五
踏莎行（山秀芙蓉）……九七六
菩薩蠻（城頭尚有三鼕鼓）……九七八
西江月（古渡水搖明月）……九七九
蝶戀花（花拂壺觴香徑小）……九七九
洞仙歌（殿角涼生）……九八〇
阮郎歸（夕陽滿樹亂鳴蟬）……九八〇
殘句九則……九八一

蘇軾詞編年校註附錄……九九一

一、蘇軾傳記……九九三
（一）蘇轍《亡兄子瞻端明墓誌銘》……九九三
（二）《宋史·蘇軾傳》……一〇〇三
二、總評資料……一〇一六
三、劉尚榮《蘇軾詞集版本綜述》……一〇四二
四、序　跋……一〇五八
蘇軾詞編年校註主要引用書目……一〇七三
後記……一一〇一
篇目筆畫索引……一一〇三
校註後記……一一二一
重印後記……一一二五
第五次印刷後記……一一三三

序

蘇軾是北宋全能的文學、藝術大家。他的散文是唐宋八大家之一；他把宋詩發展到高峰；書法與黄庭堅、米芾、蔡京合稱北宋四大家；他又善于繪畫，所畫墨竹，後人稱爲玉局法，其作古槎、枯木、叢篠、斷山，筆力跌蕩，爲世所稱。而他之於詞，則具有一個偉大作家和一個偉大詞派的開創者的崇高地位。

大家知道，公元九六〇年北宋王朝建立，結束了唐末五代長期分裂割據的局面。到了仁宗慶曆時期，一方面，由於將近百年的承平，社會經濟繁榮，促進了文化的繁榮。另一方面，由於國家内外危機的加深，促起文人對現實的關心，詩文革新運動就在歐陽修、梅堯臣、蘇舜欽等領導下，取代宋初西崑體詩文的地位，成爲北宋文學的主流。但是，繼承晚唐五代婉約綺麗的詞風，此時基本上未受到多少觸動，晏殊、張先、柳永等的詞依舊盛行。儘管如此，詩文革新運動也爲詞的革新準備了條件，在范仲淹、歐陽修的詞裏，即景抒懷，氣象已自不同，王安石更明白反對依聲填詞的作法，他們都有一些風格豪放的作品。蘇軾繼承他們的作風，加以恢宏變化，徹底打破了婉約派拘限於反映男歡女愛、離愁别恨、小道艷科的十分狹窄的範圍，恢復和發展了盛、中唐文人詞的健康傳統，並以詩爲詞，大大開拓詞的題材境界，使無意不可入，無事不可言，從理論與實踐上把詞提高到同詩並駕齊驅的正宗地位上去，在詞學發展史上起了迴狂瀾於既倒，障百川而東之的作用。

蘇軾關於詞的理論雖不多，但卻甚重要。他肯定詞就是詩的苗裔。張先（子野）是與他同時的著名詞人，卒於元豐元年（一〇七八），蘇軾這年四十三歲。他在《祭張子野文》中說：

清詩絶俗，甚典而麗，搜研物情，刮發幽翳。微詞宛轉，蓋詩之裔。（《蘇東坡集》卷六）

並進一步說：詞即是古人的詩。在《與蔡景繁簡》中說：

頒示新詞，此古人長短句詩也。得之驚喜。試勉繼之，晚即面呈。（《東坡續集》卷十一）

又在《答陳季常簡》中云：

又惠新詞，句句警拔，詩人之雄，非小詞也。但豪放太過，恐造物者不容人如此快活。（《東坡續集》卷十一）

這些可以說是蘇軾詞體革新的理論綱領。在這裏他告訴我們兩點：（一）詞是詩的一體，當與詩同等看待；（二）張先的婉約詞與陳慥（季常）的豪放詞同是詩。既然二者同是詩，雖有軒輊主次之區分，亦不妨兼存而並用，所以自蘇軾以至辛棄疾這些豪放派詞人幾乎都有膾炙人口的婉約詞。其實，所謂豪放派與婉約派乃是後人定名，當時是沒有的。在這裏順便說一句：陳慥的詞，據《全宋詞》，今存者只有《無愁可解》（光景百年）一首，唐注：「案此詞向載各本東坡詞中，今據《山谷題跋》卷九、魏衍《後山詩註》卷九《答田生詩註》、陳應行《于湖先生長短句序》移出錄此。詞序乃蘇軾所撰。」蘇軾「簡」中所云「豪放太過」者，當即此作。詞的内容亦與「如此快活」之意相合。

詞即是詩，或以詩爲詞，蘇軾在他的創作實踐中通過三種方式作了具體的説明。其一是他的詞中有與詩不分的作品。如兩首《瑞鷓鴣》（城頭月落尚啼烏）、（烏啼鵲噪昏喬木），《陽關曲》（暮雲收盡溢清寒）（詩題爲《中秋作》），《生查子》（三度別君來）（詩題爲《古別離送蘇伯固》），過去皆收入詩集。其二是集句詞。此體始於王安石的《菩薩蠻》（數間茅屋閑臨水）、（海棠亂發皆臨水），蘇軾用此體寫了三首《南鄉子》，乃集杜甫、韓愈、白居易、劉禹錫、鄭谷、許渾、杜牧、李商隱、崔塗、韓偓、吴融等人的詩句爲之。又有《定風波》（雨洗娟娟嫩葉光），是集杜甫與白居易詩句爲之。王作豪放，蘇作近于婉約。其三是檃括詞。這是蘇軾的創舉，也有可能是受韓愈《月蝕詩效玉川子作》檃括盧仝《月蝕詩》的啓發。在此體中，他以《臨江仙》（冬夜夜寒冰合井）檃括李白的《夜坐吟》，《定風波》（與客攜壺上翠微）檃括杜牧的《九日齊安登高》，（好睡慵開莫厭遲）檃括他自己的《紅梅》，《水調歌頭》（昵昵兒女語）檃括韓愈的《聽穎師彈琴》，《哨遍》（爲米折腰）檃括陶淵明的《歸去來兮辭》，《戚氏》（玉龜山）檃括周穆王賓於西王母事。後兩篇引進許多散文句式，合文入樂，遂開以文爲詞的新路。至於他詞中直接引用或暗中化用古人詩句，俯拾即是。這些都可以説明蘇軾是在突破詩詞的畛域，他的填詞，實際上是在詞的形式下作詩。

他開始填詞的時間，從現存的作品看，是在任杭州通判時期，這是在他已經寫過《鳳翔八觀》的《石鼓歌》《王維吴道子畫》等名作以後，也就是在他詩的清雄風格形成以後。因而他初試詞筆，爲表達內容的需要，就帶着詩的風格入詞。可以説，這是他以詩爲詞的開始，也是他建立豪放風格的開始。

以詩爲詞，主要是指詞的內容的開拓與擴大。舉凡詩人所慣用的題材，如咏懷、懷古、感舊、贈別、寫景、記遊，以及愛國思想、農村生活、説理談禪等等，都是晚唐五代以來詞人反映較少或完全没有涉及的内容，而蘇軾都能毫無拘束地用詞來表達。詞的内容的擴大，提供了産生豪放風格的有利條件；同時，成功的具有豪放風格作品的出現，也有利於詞的内容的繼續擴大。從蘇軾開始，通過他的實踐，終於使被人視爲小道的詞的思想價值和藝術價值提高到與詩同等的地位。這就是以詩爲詞的結果。

下面，試就蘇軾詞在幾個主要方面的開拓與成就提出一些看法。

豪放是詩人的氣質，它表現在作品中是風格，而豪放氣質的基礎，則是遠大的政治抱負。

首先，蘇軾的豪放詞中直接或間接地反映他的愛國主義思想。他追攀杜甫，有「致君堯舜」的壯志豪情，他在《沁園春》（孤館燈青）中説：

當時共客長安，似二陸初來俱少年。有筆頭千字，胸中萬卷，致君堯舜，此事何難？

正是由於有這樣的自信和自豪，才寫出了「妥帖排奡」的豪放之作。也正因爲如此，次年在密州出獵時，又寫出了充滿愛國主義熱情的《江城子》（老夫聊發少年狂）。這首詞上闋描寫了獵場的壯觀和自己的英勇豪邁行爲，下闋進一步寫道：

酒酣胸膽尚開張。鬢微霜，又何妨。持節雲中，何日遣馮唐？會挽雕弓如滿月，西北望，射天狼！

把狩獵時的豪情上升爲保衛邊疆、殺敵報國的激昂壯志，成爲豪放詞的代表作。大概與此同時，他又寫了《陽關曲》（受降城下紫髯郎），也是一首抒發愛國主義思想的壯詞。稍後，又寫了送武將出征的《浣溪沙》（怪見眉間一點黃），其下闋云：

上殿雲霄生羽翼，論兵齒頰帶風霜。歸來衫袖有天香。

贊揚梁左藏奉詔從軍的光榮。同時還有一首《南鄉子》（旌旆滿江湖），寫道：

投筆將軍因笑我，迂儒。帕首腰刀是丈夫。

是對出征者的熱情歌頌。蘇軾在這方面的開拓，實爲後來岳飛、張元幹、葉夢得、陸游、張孝祥、韓元吉等愛國詞人導夫先路，至辛棄疾而臻其極，厥功甚偉。

封建時代，君王是國家的象徵，忠君與愛國是相聯繫的。蘇軾的《水調歌頭》（明月幾時有），劉熙載說：「詞以不犯本位爲高。東坡《滿庭芳》『老去君恩未報，空回首彈鋏悲歌』，語誠慷慨。然不若《水調歌頭》『我欲乘風歸去，又恐瓊樓玉宇，高處不勝寒』，尤覺空靈蘊藉。」（《藝概》卷四）《坡仙集外紀》載神宗讀至「瓊樓玉宇」二句，嘆曰：「蘇軾終是愛君。」以之相參，劉說是深刻的。

蘇軾在登臨懷古詞中也流露出同類的心情。這一題材始于王安石的《桂枝香》〔金陵懷古〕。蘇軾於元豐五年在黄州貶所寫的《念奴嬌》〔赤壁懷古〕，歷來舉爲豪放詞的代表作。黄蓼園云：「題是赤壁，心實爲己而發。周郎是賓，自己是主，借賓定主，寓主於賓，離奇變幻，細思方得其主意處。不可但誦其詞，而不知其命意所在也。」（《蓼園詞評》）此作和王作的結構相同，上闋寫景，下闋懷古。但有不同處，即「故國」三句從周郎談到自己，撫古傷今，抒發自己遭誣被貶，白首無成的沉重苦悶。其下雖有消極情緒，但從他對周瑜的讚美欽慕中仍然可以看到他要求爲國建功立業的愛國熱情。辛棄疾曾四次和韻①，不是没有道理的。辛棄疾也寫了如《水龍吟》(登建康賞心亭)、《永遇樂》(京口北固亭懷古)等名篇。和蘇軾一樣，在面對祖國的壯麗江山，想到歷史上的英雄人物時，就不能不激發慷慨報國的豪情壯志。這類抒寫愛國主義思想的作品是應該大書特書的。

蘇軾對題材意境的另一重大開拓是把農村生活引入詞中。他在徐州太守任上寫了《浣溪沙》組詞，詞序云：「徐門石潭謝雨道上作五首。潭在城東二十里，常與泗水增減，清濁相應。」案元豐元年(一〇七八)春，徐州大旱，蘇軾親自到石潭祈雨。降雨後，又去謝雨，在途中看到初夏農村一片美好景色，寫成此作。詞裏有農村的自然景物：如池中的游魚，天空的烏鳶，村落的綠樹成蔭，地裏的麻苘層層，風中飄落的棗花，雨後新長的莎草，田裏的麥穗豆葉。也有人物活動：如面色喜悦的黄童白叟，爭看使君的紅妝少女，賽社歸來的醉叟，煮繭繅絲的蠶婦，柳下賣黄瓜的農民等等。而在其中，還有來往道途，自稱是此中人的使君，並寫出了使君和農民親密融洽的關係。這一組農村生活詞爲詞的表現内容開闢了新天地。其體制蓋出於劉禹錫的《竹枝》。後來辛棄疾的《清平樂》(茅簷低小)、《鵲橋仙》(松岡避暑)、《西江月》(明月别枝驚鵲)等名篇，都是這組詞的繼承。

蘇軾還有更高的境界。蘇軾於元豐四年(一〇八一)躬耕於黄州之東坡，他在《東坡》詩序中説：「余至黄州二年，日以困匱，故人馬正卿哀予乏食，爲於郡中請故營地數十畝，使得躬耕其中。地既久

① 辛棄疾《念奴嬌》(瓢泉酒酣和東坡韵)(倘來軒冕、道人元是、洞庭春曉)，《念奴嬌》(三友同飲借赤壁韵)(論心論相)。

荒，爲茨棘瓦礫之場，而歲又大旱，墾闢之勞，筋力殆盡。釋耒而歎，乃作是詩。自憫其勤，庶幾來歲之入，以忘其勞焉。」即此可見其窘困的處境。但在是年十二月大雪之後，他寫的《浣溪沙》却這樣説：

萬頃風濤不記蘇，雪晴江上麥千車。但令人飽我愁無。

《景蘇園帖》第五石刻此詞，首句下注：「公田在蘇州，今年風潮蕩盡。」據此，詞的意思是説：儘管我蘇州的莊稼已被風潮毁掉，但有今冬大雪，預兆明年的豐收，只要百姓温飽，我就没有什麽可愁的了。表現了作者忘記自身困苦，只對人民的生計關切。這種精神境界使我們想起杜甫的《茅屋爲秋風所破歌》和白居易的《新製布裘》詩，這不但是他以前詞人中所未見，他以後的詞人中也是没有的。

以傷悼入詞，亦始於蘇軾。熙寧八年乙卯（一〇七五）正月二十日夜記夢的《江城子》，是他的悼亡之作。上闋寫十年來對其亡妻一直難忘的思念和自己仕途的凄涼。下闋寫幽夢還鄉，夢中相見，宛如平生。醒來想到如亡妻有靈，一定在年年月明之夜，爲思念千里之外塵面鬢霜的丈夫而柔腸寸斷。通篇深沉真摯，感人肺腑。另一篇非常真摯的詞是他懷念恩師歐陽修的《木蘭花令》（霜餘已失長淮闊）。這是元祐六年（一〇九一）八月蘇軾任潁州太守，回想四十三年前的往事而寫了此首被後人稱爲「一片性靈，絶去筆墨畦徑」的名篇。繼其前者有賀鑄悼亡的《鷓鴣天》（重過閶門萬事非），繼其後者有辛棄疾弔友的《感皇恩》（案上數編書）。

關於交游聚散的贈别詞，他也有新的開拓，例如臨平舟中送陳襄離杭州的《南鄉子》寫道：「歸路晚風清，一枕初寒夢不成。今夜殘燈斜照處，熒熒。秋雨晴時淚不晴」，表現别後思念之深。又如寫别李常後旅途的孤寂夜景：「路盡河回人轉柁，繫纜漁村，月暗孤燈火。憑仗飛魂招楚些，我思君處君思我」，情至意切，給人以强烈的悵悒之感。尤其是以下四首，更有高度的藝術特色與藝術見解：《水龍吟》（小舟横截春江），鄭文焯云：「突兀而起，仙乎！仙乎！『翠壁』句奇嶄，不露雕琢痕。上闋全寫夢境，空靈中雜以凄麗。過片始言情，有滄波浩渺之致，真高格也。『雲夢』二句，妙能寫閒中情景。煞拍不說夢，偏說夢來見我，正是詞筆高渾不猶人處。」《滿庭芳》（三十三年），贈王長官之作，鄭評：「健句入詞，更奇峰特出，此境匪稼軒所能夢到。不事雕鑿，字字蒼寒，如空巖霜幹，天風吹墮頗黎地上，鏗然作碎玉聲。」《八聲甘州》（有情風萬里捲潮來），鄭評：「突兀雪山，捲地而來，真似錢塘江上看潮時，添得此老胸中數萬甲兵，是何氣象雄且傑！妙在無一字豪宕，無一語險怪，又出之以閒逸感喟之情，所謂骨重神寒，不食人間煙火氣者，詞境至此，觀止矣。雲錦成章，天衣無縫，是作者從至情流出，不假熨貼之工。」《歸朝歡》（我夢扁舟浮震澤），這是紹聖元年（一〇九四）蘇軾貶惠州途中，行至九江，與蘇堅分別時所作。奇峭雅麗，氣勢雄健。内容勉勵蘇堅要像劉禹錫那樣繼承屈原學習民歌而作《竹枝》的優良傳統來創作新詞。向民歌學習的進步思想和見解，在當時有劃時代的意義。

和他的詩一樣，蘇軾有許多抒發個人感情和歌詠自然景物的優美詞作。在元豐二年（一〇七九）烏臺詩案以前，他的心情是樂觀的，表現爲對自然景物的欣賞和熱愛。如《虞美人》（湖山信是東南美），下闋「沙河塘裏燈初上，水調誰家唱？夜闌風靜欲歸時，惟有一江明月碧琉璃。」寫出了杭州的風物之美。《望江南》（春未老）寫春天登密州超然臺所見到的「風細柳絲斜」，「半壕春水一城花，煙雨暗千家」的動人景色。而在赴湖州途中的《南鄉子》：「雨暗初疑夜，風回便報晴，淡雲斜照著山明。細草軟沙溪路、馬蹄輕。」把尋常景物寫得那麼可愛。同樣，在《南鄉子》（晚景落瓊盃），「暮雨暗陽臺，亂灑高樓濕粉顋。一陣東風來捲地，吹迴，落照江天一半開。」寫得那麼精警奪目。而在他政治上遭嚴重挫折時，他的佛老思想擡頭，表現出超然物外、與世無爭的曠達態度，增加了「人生如夢」、「萬事到頭都是夢」的消極情緒。但是，儒家入世的思想始終居於主導地位，因而没有走向消極頽廢的道路。即如他的《卜算子》（缺月掛疏桐），雖用比興手法寫在黃州的寂寞處境，但仍表現出他獨往獨來孤高自賞的生活態度。不僅如此，他還有一些積極開朗的名篇。《滿江紅》（江漢西來），表現了對遇害處士的同情和對權貴的蔑視，是借他人杯酒澆自己壘塊之作。《定風波》（莫聽穿林打葉聲），從眼前景物的叙寫中，直抒胸臆，上闋表現不怕風吹雨打、我行我素的兀傲性格；下闋寫雨過天晴，依然故我，頗有寵辱不驚、藐視一切的氣概。《臨江仙》（夜飲東坡醒復醉），有衝破黑暗、走向自由的熱望。《水調歌頭》（落日繡簾捲），面對快哉亭下的壯麗江山，引首高歌，目空今古，聲稱有浩然之氣的庶人同樣能享有大王的快哉雄風，反映了要求平等的思想。他在《浣溪沙》（山下蘭芽短浸溪）中，看到清泉寺門前溪水西流，就想到人生也能再少，青春可以復活，前途仍是光明的，表現出積極樂觀的精神。《鷓鴣天》（林斷山明竹隱牆），鄭文焯云：「淵明詩：『嘯傲東軒下，聊復得此生。』此詞從陶詩中得來，逾覺清異。」誠如鄭説，則是外示悠閒，内含幽憤。蘇軾於「拄藜徐步」中消磨壯志，與辛棄疾同調詞（枕簟溪堂冷欲秋）的在「一丘一壑」中消磨壯志，用意無乃相似。其中「紅蓮」、「白鳥」二句，當非偶合。即在他六十四歲謫居儋耳所寫的《減字木蘭花》（春牛春杖)：「不似天涯，捲起楊花似雪花。」仍然富有情趣地寫出立春日海南的特殊風光，清新華妙，不見老人衰憊之氣。

杜甫以議論爲詩，詞壇上王安石始見端倪，如《浪淘沙令》(伊呂兩衰翁)、《雨霖鈴》(孜孜矻矻)、《望江南》〔歸依三寶讚〕(歸依衆、歸依法、歸依佛，三界裏)等。蘇軾大加發展，作法有二：一爲夾敘夾議：如《水調歌頭》(明月幾時有)，王闓運説：「『人有』三句，大開大闔之筆，他人所不能。」《永遇樂》(明月如霜)下闋抒慨，「古今如夢」三句，承上闋「夢雲」，論常人大夢難醒之由。煞拍自《蘭亭集序》「後之覽者」二句化出，慨當以慷。《水龍吟》(似花還似非花)，黄蓼園云：「二闋用議論，情景交融，筆墨入化，有神無迹矣。」二是通篇議論。如《滿庭芳》(蝸角虚名)、《減字木蘭花》(賢哉令尹)、《如夢令》(水垢何曾相受)、(自淨方能淨彼)等皆是，遂開後人以詞論文、論政、論禪、論道之先河。

總之，詞至蘇軾，其體始尊。其思想性和藝術性不僅超越前人，亦有後人所未及者。雄篇奇製，照耀寰宇，若李杜之於詩歌，韓柳之於文章，蔚爲大宗，影響深遠。元好問云：「自東坡一出，情性之外，不知有文字，真有『一洗萬古凡馬空』氣象。」誠非過言。

鄒同慶、王宗堂二同志致力蘇詞研究，從事編年箋註，引證時事，比檢史籍，力求言之有據。註釋中凡辭藻之融鑄經史，暗化古句者，皆爲尋根究底；其難字難句，亦加詮釋疏解。惟以析理闡意爲本，不以繁徵博稽爲能。清晰明瞭，繁簡適中。它反映了我國研究者近年來所取得的成就，誠蘇軾之功臣，學者之良友。編纂既成，屬爲弁言。聊述管窺，以供參考。一九九一年高文。

凡例

一、本書彙輯蘇軾一生詞作，並作編年校注，按正編、附編、附録編次。正編列：（一）編年詞二九二首；（二）未編年詞三十九首，殘句十一則。附編列：（一）他集互見詞八首；（二）存疑詞十一首；（三）誤入蘇集詞五十三首，殘句九則。最後爲附録。每首詞之後，酌情依次設「校勘」、「編年」、「考辨」、「箋註」、「參考資料」等欄目。誤入蘇集詞只列「考辨」，不校不註。

二、本書正編文字，以天津圖書館藏天一閣鈔明吳訥編《唐宋名賢百家詞》本《東坡詞》三卷爲底本（下稱吳本）；以北京圖書館藏清鈔本宋傅幹《注坡詞》十二卷（下稱傅本）、元延祐庚申刊《東坡樂府》二卷（下稱元本）、明茅維編《蘇東坡全集》本《東坡詞》二卷（下稱明刊全集）、焦竑編《蘇長公二妙集》本《東坡詩餘》二卷（下稱二妙集）、毛晉編汲古閣本《東坡詞》（下稱毛本）爲主要校本；並參校朱祖謀《彊村叢書》本《東坡樂府》三卷（下稱朱本）、龍榆生《東坡樂府箋》三卷（下稱龍本）、唐圭璋編《全宋詞》本《蘇軾詞》（下稱《全宋詞》）、曹樹銘校編《東坡詞》三卷（下稱曹本）。個別詞語，還參考明萬曆刊《重編東坡先生外集》（下稱外集）、宋人筆記、詞話、詞譜等以定是非。凡此，均在校記中說明。

三、校勘力求簡明。凡底本不誤而校本誤者不出校。凡底本不誤而校本異文有參考價值者，出異文校記。底本誤則據主校本改正後出校記。異體字、俗體字、古今字、通假字，逕改不出校。

四、吳本分調編次，不編年。今參照朱本、龍本、曹本編年體例，按蘇詞寫作年月編排，不另分卷。編年詞作先標年代，後列依據。其依據主要採自宋代王宗稷《東坡先生年譜》、傅藻《東坡紀年錄》、施宿《東坡先生年譜》、清代王文誥《蘇詩總案》及歷代文集、詞話、筆記等。編年時特別注意吸收近年來國内外研究蘇詞專家學者的成果，以提供最新學術信息。無從編年諸詞，仍分調排比，列在編年詞後。

五、蘇軾爲宋詞大家，集外依附、互見之詞甚多，因設「考辨」欄以定是非。吳本收詞上卷一一四首，下卷一五七首，拾遺四十首，計得三一一首。凡他本有吳本無者，均予採錄。其中確爲蘇詞者，予以增補，並在校記中注明出處。凡互見詞均予考訂，以明歸屬。存疑詞、誤入詞亦酌加考辨，以利研究。

六、注釋力求精煉。主要詮釋詞語典故、名物制度、人名地名等，以引述原始資料爲主，酌加串解。

七、東坡詞舊來諸家詞話、筆記、評論、考説頗多。今將評論考説篇章者，立「參考資料」欄目分附各詞之後。總評綜論其詞者，輯爲「總評資料」附錄全書之後。資料按時間先後編排。資料過多者，歸類排比，以便比較。資料搜集範圍，自宋至清。近代、當代有代表性的考評，酌情選錄。

八、附錄墓誌銘、傳記、《蘇軾詞集版本綜述》、序跋等，供研究蘇詞者參考。

九、爲便於讀者翻檢查尋，另編蘇詞篇目索引附在書末。

校註者

一九八八年五月

蘇軾詞編年校註正編

一、蘇軾編年詞二九二首

華清引　感舊〔一〕

平時十月幸蓮湯〔二〕①。玉甃瓊梁②。五家車馬如水③，珠璣滿路旁④。　翠華一去掩方牀⑤。獨留煙樹蒼蒼⑥。至今清夜月，依前過繚牆〔三〕⑦。

【校　勘】

〔一〕「華清引」，元本誤作「華胥引」，注「一作華清引」。案：《華胥引》前片九句，後片八句，共八十六字，用仄聲韻；《華清引》前後片各四句，共四十五字，用平聲韻。二調無涉。傅本、元本無題。

〔二〕「蓮」，元本作「蘭」。

〔三〕「前」，毛本作「舊」。

【編　年】

治平元年甲辰（一〇六四年）十二月罷鳳翔府簽判，返京，過長安，游驪山作。案：此詞朱本、龍本、曹本俱未編年。《華清引》詞牌爲蘇軾首創，因詞賦華清舊事而得名。本詞主旨，係咏玄宗與楊貴妃游驪山事，當爲作者游驪山時有感而作。考蘇軾游驪山，時在治平元年，《蘇軾詩集》卷五《驪山三絶句》王文誥案：「公罷（鳳翔簽判）任至長安，與陳睦游驪山，飲於朝元閣上，乃賦詩時也。」據《蘇詩總案》卷五「作驪山詩」條引本集《送陳睦知潭州》詩「二十三年真一夢」云云，《送陳睦》詩作於元祐元年丙寅（一〇八六年），逆數二十三年，恰爲治平元年甲辰。公以是年罷鳳翔任，過長安，游驪山，作《驪山三絶句》詩，《華清引》詞亦應作於此時。

【箋註】

① 「平時」句：據《舊唐書》卷九《本紀·玄宗下》載：天寶四載「秋八月甲辰，册太真妃楊氏爲貴妃」。天寶六載冬十月戊申，改溫泉宮爲華清宮。至天寶十四載，每年十月均「幸華清宮」。「幸」，漢·蔡邕《獨斷》上：「天子所至，曰幸。」「蓮湯」，宋·樂史《楊太真外傳》卷下：「華清宮有端正樓，即貴妃梳洗之所；有蓮花湯，即貴妃澡沐之室。」此指華清池的溫泉浴室。

② 玉甃瓊梁：唐·鄭處誨《明皇雜錄》卷下：「玄宗幸華清宮，新廣湯池，制作宏麗。安祿山於范陽，以白玉石爲魚龍鳧雁，仍爲石梁及石蓮花以獻，雕鐫巧妙，殆非人工。上大悦，命陳於湯中，又以石梁横亘湯上，而蓮花纔出於水際。上因幸華清宮，至其所，解衣將入，而魚龍鳧雁皆若奮鱗舉翼，狀欲飛動。上甚恐，遽命撤去。其蓮花至今猶存。又嘗於宮中置長湯屋數十間，環迴甃以文石，爲銀鏤漆船及白香木船，置於其中，至於楫櫓，皆飾以珠玉。」

甃：本指井壁，此指温泉浴池池壁。

③五家車馬如水：「五家」指楊貴妃兄妹五人，傅注：「五家謂銛、錡、國忠、韓、虢是也。時秦國早已亡矣。」案：傅注謂「五家」有「國忠」而無「秦國」，恐誤。《通鑑》天寶十載「春，正月，庚子，楊氏五宅夜游」，胡三省注：「楊銛、錡及韓、虢、秦三夫人爲五宅。」又，天寶十二載「冬，十月，戊寅，上幸華清宫」，「三夫人將從車駕幸華清宫」。胡三省注：「三夫人，韓、虢、秦也。」是知「五家」有「秦國」而無「國忠」。「車馬如水」見《後漢書》卷一〇上《皇后紀・明德馬皇后》：「前過濯龍門上，見外家問起居者，車如流水，馬如游龍，倉頭衣緑褠，領袖正白，顧視御者，不及遠矣。」

④珠璣滿路旁：《舊唐書》卷五一《楊貴妃傳》：「玄宗每年十月幸華清宫，國忠姊妹五家扈從，每家爲一隊，著一色衣，五家合隊，照映如百花之焕發，而遺鈿墜舄，瑟瑟珠翠，璨瓓芳馥於路。」

⑤翠華：傅注：「翠華，天子之旗，以象華蓋也。相如賦：『建翠華之旗。』注：『以翠羽爲旗上葆耳。』」方牀：即匡牀或筐牀，安適之牀，一説方正之牀。匡即方正之意，故君主用方牀也。《商君書・策畫》：「是以人主處匡牀之上，聽絲竹之聲，而天下治。」掩方牀：有方牀虚設之意。傅注：「禄山之亂，明皇西幸，華清宫無復至矣。」

⑥煙樹蒼蒼：傅注：「杜牧《華清宫》詩：『秦樹遠微茫』。」此云煙雲秦樹猶蒼茫獨存焉。

⑦繚墻：圍墻。唐・杜牧《華清宫三十韻》：「繡嶺明珠殿，層巒下繚墻。」又，宋・錢易《南部新書》己：「驪山華清宫毁廢已久，今所存者，唯繚垣耳。」

一斛珠〔一〕

洛城春晚。垂楊亂掩紅樓半①。小池輕浪紋如篆②。燭下花前，曾醉離歌宴。　自惜風流雲雨散。關山有限情無限③。待君重見尋芳伴。爲説相思，目斷西樓燕④。

【校　勘】

〔一〕傅本、元本未收。案：調名《一斛珠》即《醉落魄》。

【編　年】

熙寧二年己酉（一〇六九年）春之前，作於洛陽。案：此詞朱本、龍本、曹本俱未編年。據首句「洛城春晚」，此詞當作於洛陽，時在暮春。考蘇軾曾先後五次途經洛陽：一爲嘉祐元年（一〇五六年），蘇氏父子三人赴京應試，閏三月從眉州出發，途經成都、閬中，出褒斜谷，發橫渠鎮，入鳳翔驛，過長安、洛陽，五、六月間到達汴京。此次經過洛陽時當在五月下旬。二是嘉祐二年（一〇五七年），蘇軾母親病故，父子三人於是年五月離汴京，赴喪返家。此次途經洛陽時亦當在五月。三是嘉祐六年（一〇六一年），蘇軾在京，被任命爲大理評事簽書鳳翔府判官。十一月離京赴任，十二月十四日到達鳳翔，途經洛陽，當在是年十一月下旬。四是治平元年（一〇六四年）罷鳳翔簽判任，十二月十七日自鳳翔赴長安，治平二年（一〇六五年）正月到達汴京，途經洛陽時，當在二年正月上旬。五是熙寧元年（一〇六八年），蘇氏兄弟罷父喪，是年十二月離家赴京，途經成都、閬中、鳳翔、長安、洛陽，熙寧二年二月到達汴京。途經洛陽時，亦當在二年正月末或二月初。以上五次，時間均不在「春晚」。此詞如是蘇軾作，當作於嘉祐元年五、六月之後至熙寧二年二月之前，別時史無明文蘇軾再到洛陽。今暫附編熙寧二年春。王水照《中國第七屆蘇軾學術討論會綜述》中，提及有作者認定此詞作於嘉祐元年閏三月、蘇軾第一次途經洛陽時，是對新婚妻子王弗的懷念（見《齊魯學刊》一九九三年第一期）。請教王先生，得知作者爲烟臺師專劉煥陽先生，論文題目爲《蘇軾是從什麽時間開始寫詞的》。朱靖華《論蘇軾詞始作於嘉祐初年》亦主此説（見《黄岡師範學院學報》一九九九年第五期）。查《輿地紀勝》卷一三七《成都府·碑記》有「蘇文忠公留題」條引《成都志》云：「極樂院有蘇文忠公壁間留題：『至和丙申季春二十八日，眉陽蘇軾與弟轍來觀盧楞伽筆跡。』今存。」按「至和丙申」即至和三年，該年九月改元嘉祐元年。可見嘉祐元年三月二十八日，蘇氏父子尚逗留成都。孔凡禮《蘇軾年譜》（一九九八年二月中華書局版，以下簡稱「孔《譜》」）編蘇氏父子三人「約閏三月」發成都，約「五六月間」抵京師，應可信。據此推知，他們到達洛陽當在五月下旬。故定此詞作於嘉祐元年閏三月，不確。薛瑞生《東坡詞編年箋證》（一九九八年九月三秦出版社版，以下簡稱「薛本」）編此詞於熙寧三年庚戌，但無顯證，乃推測結論，亦當存疑，俟再考。

【箋註】

① 紅樓：泛指華麗樓房，多富貴家婦女所居。唐·李白《侍從宜春苑奉詔賦龍池柳色初青聽新鶯百囀歌》：「東風已綠瀛洲草，紫殿紅樓覺春好。」唐·白居易《秦中吟十首·議婚》：「紅樓富家女，金縷繡羅襦。」

② 篆：圓形條帶花紋。

③ 關山：泛指關隘山川。《木蘭辭》：「萬里赴戎機，關山度若飛。」唐·王勃《滕王閣序》：「關山難越，誰悲失路之人；萍水相逢，盡是他鄉之客。」

④ 西樓燕：喻指眉州老家的親友。《玉臺新詠》卷九《歌詞二首》之一：「東飛伯勞西飛燕，黄姑織女時相見。」後以「勞燕分飛」喻親人別離。

【參考資料】

明·沈際飛《草堂詩餘續集》卷下：「蒼逸。」

明·楊慎《詞品》卷一「填詞用韻宜諧俗」條：「沈約之韻，未必悉合聲律，而今詞人守之如金科玉條。此無他，今之詩學李杜，李杜學六朝，往往用沈韻，故相襲不能革也。若作填詞，自可通變，如『朋』字與『蒸』同押，『打』字與『等』同押，『卦』字『畫』字與『怪』『壞』同押，乃是鴂舌之病，豈可以爲法耶？元人周德清著《中原音韻》，一以中原之音爲正，偉矣。然予觀宋人填詞，亦已有開先者。蓋真見在人心目，有不約而同者。俗見之膠固，豈能眯豪傑之目哉。試舉數詞於右。東坡《一斛珠》

云：（詞略）『篆』字沈韻在上韻，本屬鴂舌，坡特正之也。……諸公數詞，可爲用韻之式，不獨綺語之工而已。」

南歌子　楚守周豫出舞鬟，因作二首贈之〔一〕①

紺綰雙蟠髻②，雲攲小偃巾③。輕盈紅臉小腰身④。疊鼓忽催花拍、鬭精神⑤。　空闊輕紅歇⑥，風和約柳春。蓬山才調最清新〔二〕⑦。勝似纏頭千錦、共藏珍⑧。

【校　勘】

〔一〕傅本無題。元本無「因作二首贈之」六字。

〔二〕「最」，元本、朱本、龍本、曹本作「更」。

【編　年】

熙寧四年辛亥（一〇七一年）十月作於楚州。案：此詞朱本、龍本、曹本俱未編年。據題意，此詞當爲蘇軾途經楚州時，太守設宴並出舞鬟佐飲而作。查蘇軾一生途經楚州共十三次之多，其中太守設宴招待有詩文可稽者凡四次：一爲熙寧四年自京赴杭州通判任，十月至楚州，因遇大風被阻，楚守設宴接待，蘇軾有《十月十六日記所見》詩記其事。二爲元豐七年（一〇八四年）由黄州赴南都（今河南商邱），十一月經楚州，作有《浣溪沙》贈楚守田待問小鬟詞及《和田仲宣見贈》詩。三爲元豐八年（一〇八五年）春自南都返常州，四月過楚州。四爲元豐八年由常州赴登州太守任，九月一日抵楚州，有《送楊傑》詩及《與楊康功書》等。其中元豐七年、八年楚守爲田待問（詳見《和田仲宣見贈》王文誥案語）。則熙寧四年設宴出舞鬟招待作者之楚守，當即此詞題中所説之周豫，故移編於熙寧四年辛亥。石聲淮、唐玲玲《東坡樂府編年箋註》（一九九〇年七月華中師範大學出版社版，以下簡稱「石唐本」），編元豐八年九月一日由常州赴登州，過楚州所作。誤。此時楚守爲田待問，非周豫。孔《譜》編元祐七年二月由潁守移揚守，過楚州作，云：「舟行至楚州……晤楚守周豫，豫出舞鬟，賦《南歌子》二首贈之。」「詞云『風和約柳春』，此時作。」惜周豫何時知楚州，未見文獻佐證。録備一説，俟再詳考。

【箋　註】

① 周豫：生卒年里不詳。和陳執中有交。《續通鑑長編》卷一七八：「仁宗至和二年（一〇五五年）二月」條載，殿中侍御史趙抃向仁宗上書，彈劾宰相陳執中，其中有「執中嘗寄嬖人於周豫之家，而豫姦諂，受知執中，遂舉豫召試館職」等語（又見《續通鑑》卷五五）。治平三年（一〇六六年）曾以集賢校理出知洪州，後遷太常博士。王安石撰有《集賢校理周豫太常博士餘如故制》（見《臨川集》卷五一）。時任楚州太守。

② 「紺綰」句：《廣韻》：紺，古暗切，音贑。《説文》：紺，帛深青而揚赤色也。即天青色。《廣韻》：綰，繫也。蟠，蟠

曲。回環，盤繞。《文選·左太沖·蜀都賦》：「潛龍蟠于沮澤。」案：此句謂舞鬟用青紅色絲帛繫着一雙盤曲的鬟髻。

③ 雲：緑雲，喻黑髮。　小偃巾：略微仰起的頭巾。

④ 小腰：細腰。謝靈運《江妃賦》：「小腰微骨，朱衣皓齒。」

⑤ 疊鼓花拍：傅注：「今樂府，大鼓則有疊奏之聲，曲拍則有花十八花九之數，蓋舞曲至于疊鼓花拍之際，其妙在此，故曰『鬬精神』。」《文選》卷二八謝玄暉《鼓吹曲》：「凝笳翼高蓋，疊鼓送華輈。」注：「小擊鼓謂之疊。」宋·王灼《碧雞漫志》卷三《六么》：「歐陽永叔云：『貪看六么花十八。』此曲内一疊名花十八，前後十八拍，又四花拍，共二十二拍。樂家者流所謂花拍，蓋非其正也。」

⑥ 「空闊」二句：蓋座中有詞客贊美舞鬟舞姿，如輕紅從空中飄落，若細柳在春風裏摇曳。輕紅：王筠《雜曲》二首其二：「丹霞映白日，細雨帶輕紅。」

⑦ 蓬山才調：傅注：「漢之圖書，悉聚東觀，是時文學之士，稱東觀爲老氏藏道來蓬萊山。蓋蓬萊，海中神山，而仙府幽徑，秘録皆在焉。」案：傅注源出《後漢書》卷二三《竇章傳》：「是時學者稱東觀爲老氏藏室，道家蓬萊山。」李賢注：「言東觀經籍多也。蓬萊，海中神山，爲仙府，幽經祕録並皆在焉。」才調，才氣。唐·李商隱《賈生》詩：「宣室求賢訪逐臣，賈生才調更無倫。」此爲蘇軾稱揚座中詞客贊美舞鬟之詞，清新絶妙，才調不凡。

⑧ 「勝似」句：謂詞客贊美之詞，遠勝賞賜千疋錦彩更爲珍貴。纏頭：《太平御覽》卷八一五引《唐書》：「舊俗，賞歌

舞人以錦彩置之頭上，謂之纏頭。」杜甫《即事》詩：「笑時花近眼，舞罷錦纏頭。」

又　同前〔一〕

琥珀裝腰佩①，龍香入領巾②。只應飛燕是前身③。共看剝葱纖手④、舞凝神。　柳絮風前轉，梅花雪裏春⑤。鴛鴦翡翠兩爭新⑥。但得周郎一顧、勝珠珍⑦。

【校　勘】

〔一〕傅本、元本無「同前」二字。

【編　年】

同前首。

【箋　註】

① 琥珀腰佩：張華《博物志》卷四《藥物》引《神仙傳》：「松柏脂入地，千年化爲茯苓，茯苓化爲虎魄。虎魄一名江珠。」案：虎魄通「琥珀」。傅注：「《漢武内傳》：上元夫人帶六山火五兵佩。《搜神記》：元康中，婦人飾五兵佩。蓋古者婦人未始不佩也。此言琥珀，則以琥珀裝飾之耳。」按《漢武内傳》「五兵」原作「玉之」，疑鈔本筆誤。

②「龍香」句：意謂衣巾是用龍香熏製出來的。龍香：古時外國進貢的香料，有龍腦香、龍涎香、龍文香之分，皆可稱龍香。唐·段成式《酉陽雜俎》前集卷一八《木篇》：「龍腦香樹，出婆利國，婆利呼爲固不婆律。亦出波斯國。」明·周嘉胄《香乘》卷五引《稗史彙編》：「諸香中龍涎最貴重，係香中禁榷之物，出大食國。」宋·樂史《楊太真外傳》卷下載：乾元元年，賀懷智上言曰：「昔上夏日與親王棋，令臣獨彈琵琶。……貴妃立於局前觀之。時風吹貴妃領巾於臣巾上，良久，迴身方落。及歸，覺滿身香氣，乃卸頭幘，貯於錦囊中。今輒進所貯幞頭。」上皇發囊，且曰：「此瑞龍腦香也。吾曾施於暖池玉蓮朵，再幸，尚有香氣宛然，況乎絲縷潤膩之物哉。」

③「只應飛燕」句：傅注：「飛燕，漢成帝趙后也，體輕能爲掌上之舞。」《漢書》卷九七下《外戚傳》：「孝成趙皇后，本長安宮人……及壯，屬陽阿主家，學歌舞，號曰飛燕。」顔師古注：「以其體輕故也。」此句謂舞鬟舞姿輕盈如飛燕再生也。

④剝葱纖手：古詩《焦仲卿妻》：「指如削葱根，口如含朱丹。」白居易《箏》詩：「雙眸剪秋水，十指剝春葱。」

⑤「柳絮」「梅花」二句：傅注：「柳絮、梅花，言舞態輕飛若此。」

⑥「鴛鴦翡翠」句：鴛鴦，鳥名，羽色絢麗，故謂有鴛鴦文的錦繡爲鴛綺。劉孝威《謝賚錦被啓》：「雖復帝賜鶴綾，客贈鴛綺，高懸麗藻，遠謝鮮明。」翡翠，鳥名，羽色鮮豔。宋玉《招魂》：「翡翠珠被，爛齊光些。」此句譬舞鬟服飾豔麗可與鴛鴦翡翠爭新比美。

⑦「周郎一顧」句：《三國志》卷五四《吳書·周瑜傳》：「周瑜字公瑾……少精意於音樂，雖三爵之後，其有闕誤，瑜必

知之，知之必顧，故時人謠曰：『曲有誤，周郎顧。』」此句謂舞鬟能得知音者顧盼青睞，勝於贈珠珍纏頭等物。

浪淘沙

探春〔一〕①

昨日出東城。試探春情。牆頭紅杏暗如傾。檻内群芳芽未吐，早已回春。　綺陌斂香塵②。雪霽前村。東君用意不辭辛③。料想春光先到處，吹綻梅英。

【校　勘】

〔一〕此詞吳本未收，傅本、元本、外集亦不載。據明刊全集、二妙集、毛本、朱本、龍本、《全宋詞》、曹本補。朱本、龍本、《全宋詞》、曹本無題。

【編　年】

熙寧五年壬子（一〇七二年）正月，作於杭州。王文誥《蘇詩總案》卷七：「熙寧五年壬子，正月城外探春，作《浪淘沙》詞。」又：「此倅杭作，而年無所考，今首載於此云。」

【箋　註】

① 探春：唐宋風俗，正月半後，爭至郊外宴游，曰「探春」。五代・王仁裕《開元天寶遺事》卷下《探春》：「都人士女，

每至正月半後，各乘車跨馬，供帳于園圃，或郊野中，爲探春之宴。」
② 綺陌：唐·郭遵《賦得春風扇微和》詩：「霽天輕有靄，綺陌盡無塵。」此指風景美麗的田間道路。
③ 東君：司春之神。唐·王初《立春後作》：「東君珂佩響珊珊，青馭多時下九關。」

浣溪沙　感舊〔一〕

徐邈能中酒聖賢①。劉伶席地幕青天②。潘郎白璧爲誰連③。　無可奈何新白髮，不如歸去舊青山④。恨無人借買山錢⑤。

【校　勘】

〔一〕傳本、元本無題。

【編　年】

熙寧五年壬子（一〇七二年）秋，作於杭州。案：此詞朱本、龍本、曹本俱未編年。劉崇德《蘇詞編年考》（見《河北大學學報》一九八四年三期。後引劉説出處同此，不另注。）云：「此詞毛本題爲『感舊』，但詞中内容無『感舊』意。上半闋先列古之以善飲、狂飲名者，結以潘岳與夏侯諶同輿接茵事（即『連璧』）。下半闋用《世説新語》中支道林因人就深公買印山（見『排調』門）及郗超每聞欲高尚隱者輒爲辦百萬資（見『棲逸』門）事，表示自己的歸山退隱之計和欲得友人贊助的願望。查本集蘇軾在熙寧五年秋有《答任師中次韻》一詩，自注道：『來詩勸以詩酒自娛。』此恰與詞之上半闋所及古之以飲酒名者相關，而全詩與此詞更可以互爲注脚，兹錄如下：『閑裏有深趣，常憂兒輩知。已成歸蜀計，誰借買山資？世事久已謝，故人猶見思。平生不飲酒，對子敢論詩。』當時蘇軾因與執政者政見不合，已有歸隱之心，故云『已成歸蜀計』。尾聯蓋對任師中來詩所勸，辭其『酒』而受其『詩』。詞的首句用歎羨口氣表示自己没有資格和徐邈、劉伶相比，反言以明『平生不飲酒』。對照細讀，可知詩詞同爲答任師中『以詩酒自娛』而作。故此詞當編熙寧五年秋。」孫民《關於十三首東坡樂府的編年》（見《遼寧大學學報》一九九四年第二期。後引孫説出處同此，不另註）編元豐七年八月，作於儀真。云：「細味全詞，尤其結尾兩句，似作於議論買田卻又無能爲力之時。……考蘇軾平生決議買田僅有一次，時在元豐七年。」薛本編元豐七年三月，作於黄州。云：「東坡才大學博，於詩詞中用典，每與酬唱者姓氏相合。此詞中所謂『徐邈』、『劉伶』、『潘郎』云云，即謂其同遊並飲於定惠院之徐得之、劉唐年與潘邠老耳。」諸説多爲推測結論，可備一説而顯證不足。暫依劉説編年，以俟詳考。

【箋註】

① 「徐邈」句：《三國志·魏書》卷二七《徐邈傳》：徐邈字景山，燕國薊人也。魏國初建，爲尚書郎。時科禁酒，而邈

私飲至於沈醉。校事趙達問以曹事，邈曰：「中聖人。」達白之太祖，太祖甚怒。度遼將軍鮮于輔進曰：「平日醉客謂酒清者爲聖人，濁者爲賢人，邈性脩慎，偶醉言耳。」竟坐得免刑。後領隴西太守，轉爲南安。文帝踐阼，歷譙相、中郎將，所在著稱。車駕幸許昌，問邈曰：「頗復中聖人不？」邈對曰：「昔子反斃於穀陽，御叔罰於飲酒，臣嗜同二子，不能自懲，時復中之。然宿瘤以醜見傳，而臣以醉見識。」帝大笑，顧左右曰：「名不虛立。」

②「劉伶」句：《晉書》卷四九《劉伶傳》：劉伶字伯倫，沛國人也。常乘鹿車，攜一壺酒，使人荷鍤而隨之，謂曰：「死便埋我。」嘗著《酒德頌》，辭曰：「行無轍迹，居無室廬，幕天席地，縱意所如。」

③「潘郎」句：潘郎：指潘岳。岳美姿儀，有擲果盈車之佳話。詳見《晉書》卷五五《潘岳傳》。「白璧爲誰連」用《晉書》卷五五《夏侯湛傳》故事：夏侯湛字孝若，譙國譙人也。善構新詞，而美容觀，與潘岳友善，每行止同輿接茵，京都謂之「連璧」。案：以上三句謂自己的酒資飲歷不敢與酒聖、酒狂比肩，朋友中又有誰能跟徐邈、劉伶、潘岳、夏侯湛輩並稱「連璧」？

④舊青山：指故鄉之山。此有歸隱之意。

⑤「恨無」句：《世說新語》下卷下《排調》：「支道林因人就深公買印山（案：當爲岇山），深公答曰：『未聞巢、由買山而隱。』」慧皎《高僧傳》四《竺道潛傳》：「支遁（字道林）遣使求買岇山之側沃洲小嶺，欲爲幽棲之處。潛答云：『欲來輒給，豈聞巢、由買山而隱。』」《世說新語》下卷上《棲逸》：「郗超每聞欲高尚隱退者，輒爲辦百萬資，並爲造立居宇。在剡爲戴公起宅，甚精整。……郗爲傅約亦辦百萬資，傅隱事差互，故不果遺。」此謂欲買山歸隱，而恨

無友人如郗超者資助。言外之意，欲歸隱而不得，其苦可想而知。

雙荷葉　即秦樓月。湖州賈耘老小妓名雙荷葉〔一〕①

雙溪月②。清光偏照雙荷葉。雙荷葉。紅心未偶③，綠衣偷結④。背風迎雨淚珠滑〔二〕，輕舟短棹先秋折⑤。先秋折。煙鬟未上⑥，玉杯微缺⑦。

【校　勘】

〔一〕此詞傳本存目缺詞。「湖州」以下十一字原無，據元本、朱本、龍本、曹本補。毛本無題。

〔二〕「淚」，元本、朱本、龍本、曹本作「流」。

【編　年】

熙寧五年壬子（一〇七二年）十二月，作於湖州。據孔《譜》卷一一，是年蘇軾在杭州通判任，奉轉運使檄「相度捍堤」事，十二月至湖州，「晤邵迎、賈收。……嘗賦《雙荷葉》《荷花媚》贈收妾雙荷葉。」案：邵迎，字茂誠，高郵人。與蘇軾同年登進士第，因稱「同年」。賈收，字耘老，烏程人。家貧，善詩，有《懷蘇集》。耘老有小妓，因其「兩髻併前如雙荷葉」，蘇軾給她取名「雙荷葉」。（見吳聿《觀林詩話》）耘老欲娶雙荷葉爲妾，朋友們都以老夫娶少妾戲謔這位秀才。蘇軾《答賈耘老書》云：「新詩不蒙錄示數篇，何也？貧因詩人之常。齒落目昏，當是爲雙荷葉所困，未可專咎詩也。」（見《東坡續集》卷六）又作《和邵同年戲贈賈收秀才二首》（見《詩集》卷八）其二有句：「朝見新荑出舊槎」，王註次公曰：「此篇先生註云：『時賈欲再娶』，則詩意皆涉夫婦事也。『新荑出舊槎』，使枯楊生荑之意。」又有「玉川何日朝金闕，白晝關門守夜叉」之句，公自註：「時賈欲再娶。」王註：「盧仝詩：『夜叉當晝不肯啓，夜半醮祭夜叉開。』」合註：「《齊東野語》：賈耘老隱苕城南樓横塘上，晚娶真氏，人謂賈秀才娶真縣君，以爲笑。」此二詞《雙荷葉》題作「湖州賈耘老小妓名雙荷葉」；《荷花媚》元本題作「湖州賈耘老小妓號雙荷葉」，都是爲賈收小妓作。蘇軾借詠荷以詠人，詞中用庾語戲謔調侃賈收。如「烟鬟未上，玉杯微缺」隱喻「破身」；「終須放，船兒去」隱喻「入港」，皆涉男女間事，與《戲贈詩》的「詩意皆涉夫婦事」吻合。詩與詞當作於同時，皆誚戲賈耘老之作也。詩，施宿《東坡年譜》，王文誥《蘇詩總案》編於熙寧五年十二月，詞亦作於是時。傅藻《東坡紀年錄》把《雙荷葉》編元豐二年五月過賈收耘老水閣作，誤。又，《雙荷葉》乃按《憶秦娥》之曲調填詞，是公爲《憶秦娥》又易以新名。而《荷花媚》則是蘇軾自創的曲調，蓋因荷花（喻指雙荷葉）「天然」「風流」「紅紅白白」「夭邪無力」，美麗而「媚」人，故名《荷花媚》。

【考辨】

《全宋詞》注：「又案《花草粹編》卷四此首誤作周邦彦詞。」案：該詞見於今通行諸本東坡詞集，而周邦彦詞集如汲古閣本《片玉詞》、吳訥《百家詞》本《片玉集》、四印齋刻本《清真集》、陶湘影宋本《詳注周美成片玉集》等，均未收，《全宋詞》本周邦彦詞亦只列存目詞。唐圭璋《宋詞互見考》云：「此首蘇軾詞，見《東坡樂府》。《花草類編》卷四誤作周邦彦詞。」羅忼烈《周邦彦清真集箋》上編亦云：「此蘇軾詞，題『湖州賈耘老小妓名雙荷葉』，因以名調。各本《東坡詞》均載。《粹編》删去標題，改用本調名，以爲清真作，誤。」作蘇詞是。

【箋註】

① 賈耘老：即賈收，烏程（今江蘇湖州）人。談鑰《吳興志》卷一七：「賈收，字耘老，有詩名，喜飲酒，其居有水閣曰『浮暉』。李公擇、蘇子瞻爲州，與之遊，唱酬極多。……收素貧，東坡每念之，嘗寫古木怪石，書其後以贈耘老云：『今日舟中霜寒，十指如懸槌，適有人致嘉酒，遂獨飲一杯，醺然徑醉。念賈處士貧甚，無以慰其意，爲作古木怪石一紙，每遇饑時，輒一開看，飽人否？若吳興有好事者，能爲君月致米三石、酒三斗終君之世者，當便以贈之。不爾，可令雙荷葉收掌（原註：雙荷葉，耘老侍姬），須添丁長，以付之也（原註：添丁，耘老之子）。』蘇去，公作亭，以『懷蘇』名之。有詩一編，號《懷蘇集》。」

② 雙溪：謂苕溪與霅溪。胡仔《苕溪漁隱叢話前集》卷五九：「賈耘老舊有水閣，在苕溪之上，景物清曠，東坡作守時屢過之，題詩畫竹於壁間。」

③ 紅心：謂荷花之蕊，其色紅，故云。紅心未偶，指蓮尚未並蒂之意。意謂雙荷葉時尚未適人。

④ 綠衣：《詩經·邶風·綠衣》：「綠兮衣兮，綠衣黄裏。」毛《傳》謂《綠衣》爲妾僭夫人之詩。此指賈耘老娶雙荷葉爲妾。

⑤ 先秋折：言乃乘秋尚未至，即輕舟短楫先往折之。

⑥「煙鬟」句：煙鬟猶雲鬟，指成年婦女的髮髻。韓愈《題炭谷湫祠堂》：「祠堂像侔真，擢玉紆煙鬟。」此句指雙荷葉尚未梳起成年人髮髻。

⑦ 玉杯：《韓非子·説林》上：「玉杯象箸，必不盛菽藿。」此以「玉杯」喻女子之身。

【參考資料】

宋·蘇軾《答賈耘老四首》之一：「……新詩不蒙錄示數篇，何也？貧固詩人之常，齒落目昏，當是爲兩荷葉所困，未可專咎詩也。某髮少加白耳，餘如故。」

宋·吳聿《觀林詩話》：「東坡名賈耘老之妾爲雙荷葉，初不曉所謂。他日，傳趙德麟家所收泉南老人《雜記》，記此事云：『兩髻並前如雙荷葉，故以名之。』如荷葉髻，見溫飛卿詞：『裙拖安石榴，髻䩞偏荷葉。』」

近人鄭文焯《大鶴山人詞話》：「集中《雙荷葉》，本耘老侍兒小名，公即以爲曲名，且詞中以荷葉貼切，尤盡清妙之致。此犀麗玉並姓字，亦曲曲寫出獨可疑乎？」

近人朱孝臧《東坡樂府》卷一：「案是調爲《憶秦娥》，或公易以新名。」

荷花媚　荷花〔一〕

霞苞露荷碧〔二〕①。天然地、別是風流標格②。重重青蓋下，千嬌照水，好紅紅白白。　每悵望〔三〕、明月清風夜，甚低迷不語③，夭邪無力〔四〕④。終須放、船兒去，清香深處，任看伊顏色〔五〕。

【校　勘】

〔一〕傳本存目缺詞。元本題作「湖州賈耘老小妓號雙荷葉」。朱本注：「蓋涉雙荷葉詞誤衍。」

〔二〕「露」，原作「電」。二妙集、毛本作「霓」。萬樹《詞律》卷九載此詞，注云：「霓字必蜺字，乃入聲，然此句難解，恐有誤。因無他作者可證也。」同書恩錫、杜文瀾校注：「按王氏校本霓作露。」案：「電」字與上片意境不合，同屬難解。如作「露」，則霞露並舉，頗爲易解，且與上片意境全合。《欽定詞譜》卷一三正作「露」，今據改。

〔三〕「悵」，毛本作「恨」。

〔四〕「夭」，原作「妖」。萬樹《詞律》卷九注：「『妖』應作『夭』，音歪，出白長慶詩自註。」李調元《雨村詞話》卷一《夭邪》條亦謂：「『妖』應作『夭』，音歪，出白樂天《長慶集》詩自註。今俱作『妖』，刻誤也。」曹本正作「夭」，今據改。

〔五〕「任」，原作「住」，屬上句。《詞律》卷九恩錫、杜文瀾校注：「『清香深處住，看伊顔色』二句，萬氏以『住』字爲句。王氏云：『住』應作『任』，屬下句。甚當。蓋前結亦五字句，應照改。」《欽定詞譜》卷一三正作「任」，屬下句。今據改。

【編　年】

同前首。

【箋　註】

①「霞苞」句：謂荷苞、荷花在碧綠荷葉的襯托下，更加絢麗多姿。「霞」、「露」指荷花荷苞色彩絢麗。「碧」，形容荷葉猶如碧玉。案此詞借詠荷以詠人，見編年。

②標格：風範，風度。《抱朴子外篇》卷四《重言》：「吾特收遠名於萬代，求知己於將來，豈能競見知於今日，標格於一時乎？」杜甫《奉贈李八丈判官曛》：「早年見標格，秀氣衝星斗。」此處指荷花風流天然之花魂花韵。

③低迷：迷離，迷濛。元稹《紅芍藥》詩：「受露色低迷，向人嬌婀娜。」

④夭邪：嬝娜多姿。後漢·王延壽《夢賦》：「嗟妖邪之怪物，豈干真人之正度。」白居易《和春深二十首》其二十：「揚州蘇小小，人道最夭邪。」案，此處「夭邪」，上句「低迷」，皆雙關語，既寫花，又指人（雙荷葉）。

行香子　過七里灘〔一〕①

一葉舟輕②。雙槳鴻驚。水天清、影湛波平③。魚翻藻鑑④，鷺點煙汀。過沙溪急，霜溪冷，月溪明。

重重似畫，曲曲如屏⑤。算當年、虛老嚴陵⑥。君臣一夢，今古虛名〔二〕⑦。但遠山長，雲山亂，曉山青。

【校　勘】

〔一〕「灘」，傅本作「瀨」。元本無題。

〔二〕「虛」，傅本、元本作「空」。

【編　年】

熙寧六年癸丑（一〇七三年）春，巡行富陽、新城、桐廬，過七里瀨作。案：傅藻《紀年録》云：「元豐七年甲子十二月，同泗州太守遊南山，過七里灘，作《行香子》。」王文誥《蘇詩總案》卷九：「熙寧六年癸丑二月，自新城放櫂桐廬過嚴陵瀨作《行香子》詞。」朱孝臧《東坡樂府》卷一：「案詞正賦子陵故事，王説較合，從之。下闋疑同時作。」王説是。

【考　辨】

《全宋詞》末注：「案此首明·楊東《釣臺集》卷下誤作元人張養浩詞。」案：此詞東坡詞諸本均收，《草堂詩餘別集》卷三、《古今詩餘醉》卷一一、《花草粹編》卷七、《别腸詞選》卷三、《歷代詩餘》卷四四亦並作蘇軾詞。唐圭璋《宋詞互見考》云：「案此首東坡詞。乃陶梟香《詞綜補遺》引《嚴州府志》作元人張養浩詞，失考甚矣。」作蘇詞是。

【箋　註】

① 七里灘：又名七里瀨、七里瀧、富春渚，在浙江省桐廬縣嚴陵山西，長七里，故名。《文選》卷二六謝靈運《七里瀨》詩李善注：「《甘州記》曰：桐廬縣有七里瀨，瀨下數里至嚴陵瀨。」葉夢得《石林避暑錄話》：「七里灘兩山聳起壁立，連亘七里，土人謂之瀧。」

② 一葉舟輕：唐·韓愈《湘中酬張十一功曹》：「休垂絶徼千行淚，共泛清湘一葉舟。」

③ 「水天」句：唐·可朋《賦洞庭》：「水涵天影闊，山拔地形高。」湛：澄清。

④ 藻鑑：形容浮有水草的平靜如鏡的水面。杜甫《絶句六首》之四：「隔巢黄鳥並，翻藻白魚跳。」

⑤ 「重重」二句：言七里灘一帶山勢幽美。《太平寰宇記》卷七五：「《輿地志》云：桐廬有嚴陵山，境尤勝麗，夾岸是錦峰繡嶺。」傅注：「羅鄴《金陵詩》：『江山入畫圖。』辛僉遜詩：『遠岫如屏横碧落。』」（案：羅詩《全唐詩》未收。辛詩見《輿地紀勝》卷一六三，題作《登戎州江樓閒望》。）

⑥嚴陵：《後漢書》卷八三《逸民列傳》：「嚴光字子陵，一名遵，會稽餘姚人也。少有高名，與光武同遊學。及光武即位，乃變名姓，隱身不見。帝思其賢，乃令以物色訪之。後齊國上言：『有一男子，披羊裘釣澤中。』帝疑其光，乃備安車玄纁，遣使聘之。三反而後至。舍於北軍，給牀褥，太官朝夕進膳。……除爲諫議大夫，不屈，乃耕於富春山，後人名其釣處爲嚴陵瀨焉。」

⑦虛名：唐·韓偓《招隱》詩：「時人未會嚴陵志，不釣鱸魚只釣名。」傅注：「滕白《嚴陵釣臺》詩：『只將溪畔一竿竹，釣却人間萬古名。』」（案：《全唐詩》滕白集不載。）

祝英臺近　惜別〔一〕

掛輕帆，飛急槳①，還過釣臺路②。酒病無聊，攲枕聽鳴櫓。斷腸簇簇雲山③，重重煙樹④，回首望、孤城何處。　閒離阻。誰念縈損襄王，何曾夢雲雨⑤。舊恨前歡，心事兩無據。要知欲見無由，癡心猶自⑥，倩人道⑦、一聲傳語⑧。

【校　勘】

〔一〕此詞吳本未收，傅本、元本、外集亦不載。據明刊全集、二妙集、毛本、朱本、龍本、《全宋詞》、曹本補。朱本、龍本、

《全宋詞》、曹本無題。

【編　年】

同前首。

【考　辨】

全宋詞末注：「案此首《草堂詩餘新集》卷三誤作明·商輅詞。」案：明·潘游龍《精選古今詩餘醉》卷七、清·卓回《古今詞匯二編》卷三、清·趙式輯《古今別腸詞選》卷三並作商輅詞，題均作「旅懷」，概承《草堂詩餘新集》之誤。《彙編歷代名賢詞府全集》卷四，又誤作明·劉基詞。《花草粹編》卷八、《歷代詩餘》卷四九、王官壽《宋詞抄》卷六，並作蘇軾詞。今定作蘇軾詞，以俟詳考。

【箋　註】

① 急槳：梁·劉孝綽《釣竿篇》：「歛橈隨水脈，急槳渡江湍。」

② 釣臺：漢嚴子陵垂釣處。詳見前首注⑥。

③ 簇簇：叢聚貌。韓愈《祖席》詩：「野晴山簇簇，霜曉菊鮮鮮。」

④ 煙樹：爲煙霧所籠罩之樹。孟浩然《夜歸鹿門歌》：「鹿門月照開煙樹，忽到龐公棲隱處。」

⑤ 「誰念」二句：宋玉《高唐賦序》：「昔者楚襄王與宋玉遊於雲夢之臺，望高唐之觀，其上獨有雲氣，崒兮直上，忽兮改容，須臾之間，變化無窮。王問玉曰：『此何氣也？』玉對曰：『所謂朝雲者也。』王曰：『何謂朝雲？』玉曰：

『昔者先王嘗遊高唐，怠而晝寢，夢見一婦人，曰：妾巫山之女也，爲高唐之客，聞君遊高唐，願薦枕席。王因幸之。去而辭曰：妾在巫山之陽，高丘之阻，旦爲朝雲，暮爲行雨，朝朝暮暮，陽臺之下。旦朝視之如言，故爲立廟，號曰朝雲。』」

⑥猶自：還是，尚然。

⑦倩人：請人替自己做事。漢·王褒《僮約》：「有一奴，名便了，倩行酤酒。」

⑧傳語：傳話。《國語·周語上》：「百工諫，庶人傳語。」

【參考資料】

明·沈際飛《草堂詩餘新集》卷三：「不獨至人無夢。」又：「未到此難以言情。」

瑞鷓鴣

寒食未明至湖上，太守未來①，兩縣令先在〔一〕②

城頭月落尚啼烏。朱艦紅船早滿湖〔二〕③。鼓吹未容迎五馬④，水雲先已漾雙鳧⑤。映山黄帽螭頭舫⑥，夾岸青煙鵲尾鑪〔三〕⑦。老病逢春只思睡，獨求僧榻寄須臾。

【校勘】

〔一〕此詞亦見《蘇軾詩集》卷九（中華書局點校本，下同）。王文誥案：「考本集《瑞鷓鴣》詞凡二首，此其一也。王（十朋）、施（元之）註强以爲詩，今姑仍其舊耳。」傳本、元本未收。底本原無題，龍本據《詩集》補題，今從龍本。

〔二〕「朱艦紅船」，《詩集》作「烏榜紅舷」。

〔三〕「岸」，《詩集》作「道」。

【編　年】

熙寧六年癸丑（一〇七三年）寒食游杭州西湖作。王文誥《蘇詩總案》卷九：「熙寧六年癸丑，寒食日未明至湖上，陳襄未至，周邠、徐疇先在作。」

【箋　註】

① 太守：指陳襄，時任杭州太守。《乾道臨安志》卷三：「熙寧五年五月乙未，以知陳州尚書刑部郎中知制誥陳襄知杭州。熙寧七年六月己巳，徙知應天府。本傳：字述古，福州人，有學行。所至務先學校，至親爲講解，好薦達人才，喜愠不形於色，爲政多慕古人所爲。」《宋史》卷三二一有傳。

② 兩縣令：指當時錢塘縣令周邠、仁和縣令徐疇。《詩集》卷九本詩王註引劉子翬語：「杭有錢塘、仁和二縣倚郭。」又查註：「本集《立秋日禱雨，同周、徐二令》詩：周名邠，字開祖，時爲錢塘令；徐爲仁和令。《咸淳臨安志》：仁和縣令，北宋時有徐璹。」〔誥案〕：「徐璹，據合註當作徐疇。」

③ 朱艦：即紅船。《玉篇》卷一八「艦，音檻，板屋舟。」

④五馬：古稱太守爲五馬。《玉臺新詠》卷一《日出東南隅行》：「使君從南來，五馬立踟躕。」宋·彭乘《墨客揮犀》卷四：「世謂太守爲五馬，人罕知其故事。或言《詩》云：『孑孑干旟，在浚之都。素絲組之，良馬五之。』鄭注謂：《周禮》：州長建旟，漢太守比州長法，御五馬，故云。』後見龐幾先朝奉云：『古乘駟馬車，至漢時，太守出，則增一馬。事見《漢官儀》也。』」

⑤雙鳧：謂縣令。典出《後漢書》卷八二上《方術傳》：「王喬者，河東人也。顯宗世，爲葉令。喬有神術，每月朔望，常自縣詣臺朝。帝怪其來數，而不見車騎，密令太史伺望之。言其臨至，輒有雙鳧從東南飛來。於是候鳧至，舉羅張之，但得一隻舃焉。乃詔尚方詠視，則四年中所賜尚書官屬履也。」晉·干寶《搜神記》卷一亦有此記載。

⑥黄帽：指船夫。《史記》卷一二五《佞幸傳》：「鄧通，蜀郡南安人也，以濯船爲黄頭郎。」《集解》：「徐廣曰：『著黄帽也。』駰案：《漢書音義》曰：『善濯船池中也。一説能持擢行船也。土，水之母，故施黄旄於船頭，因以名其郎曰黄頭郎。』」 螭頭舫：雕有龍形圖案之船。《説文》：「螭，若龍而黄。」又：「舫，船也。」

⑦鵲尾鑪：長柄香鑪，僧徒用以燒香禮佛。唐·道世《法苑珠林》卷二四《説聽篇·感應緣》：「宋費崇先者，吴興人也。少頗信法，至三十際，精勤彌至。……每聽經，常以鵲尾香鑪置膝前。」宋·葉廷珪《海錄碎事》卷六：「香鑪有柄曰鵲尾鑪。」

【參考資料】

明·田汝成《西湖游覽志餘》卷一〇：「子瞻守杭日，春時，每遇休暇，必約客湖上，早食于山水佳處，飯畢，每客一舟，令隊長一人，各領數妓，任其所適。晡後，鳴鑼集之，復會望湖樓，或竹閣，極歡而罷。至一二鼓，夜市猶未散，列燭以歸城中，士女夾道雲集而觀之。故其詩云：『游舫已妝吴榜隱，舞衫初試越羅新。』（見《有以官法酒見餉者，因用前韻，求述古爲移廚飲湖上》）又云：『映山黄帽螭頭舫，夾道青煙雀尾鑪。』誠熙世樂事也。」

清·王文誥《蘇文忠公詩編註集成》卷九：「此二句（指首二句）定是詞體，必非詩體，宋人有謂公詞似詩者，當由此詞牽誤。」又：「一結平澹，公往往不脱此意，故能晚年肆力於陶。」

江城子　湖上與張先同賦①，時聞彈箏〔一〕②

鳳凰山下雨初晴。水風清。晚霞明。一朵芙蓉〔二〕③、開過尚盈盈。何處飛來雙白鷺④，如有意，慕娉婷。　忽聞江上弄哀箏⑤，苦含情。遣誰聽？煙斂雲收、依約是湘靈⑥。欲待曲終尋問取⑦，人不見，數峰青。

【校　勘】

〔一〕題原作「江景」，據傅本、朱本、龍本、曹本改。元本、二妙集、毛本無「時聞彈箏」四字。

〔二〕「苔」，傅本、元本、二妙集、毛本、龍本、《全宋詞》、曹本俱作「蕖」。

【編　年】

熙寧六年癸丑（一〇七三年）六、七月間，作於杭州。案此詞朱本編熙寧七年，云：「亦甲寅以前作」，語意含混。龍本、曹本均從朱本。孔《譜》編熙寧六年七、八月間，云：「時先自湖州回杭州。」薛本編熙寧六年六、七月間，考證較詳。略云：此詞寫於杭州。「考東坡與張先往來酬和，蓋在熙寧五年至八年，時東坡倅杭，張先致仕。其間熙寧六年十一月至七年六月，東坡曾賑饑常潤間，九月即奉調離杭赴密」。只有「熙寧六年正月至十月或七年六月至九月間」在杭州。查《蘇軾詩集》卷一一有《孤山二詠》之二《竹閣》、卷一三有《和張子野見寄三絶句》之三《竹閣見憶》，「足證東坡在杭確曾與張先同遊過西湖，且有赴孤山竹閣瞻仰白居易祠堂之行」。「今以東坡與張先往來行實考之，此詞應編癸丑六七月間」。考證頗具説服力，今從薛説。

【箋　註】

①張先：宋·周密《齊東野語》卷一五：「本朝有兩張先，皆字子野。其一博州人，天聖三年進士，歐陽公爲作墓志；其一天聖八年進士，則吾州（湖州）人也。二人名姓字偶皆同，而又適同時，不可不知也。」宋·談鑰《吳興志》卷一七：「張先，字子野，登進士第。詩格清麗，尤長於樂府。有『雲破月來花弄影』、『浮蘋破處見山影』、『無數楊花過無影』之句，時號爲張三影。」宋·葉夢得《石林詩話》卷下：「張先郎中字子野，能爲詩及樂府，至老不衰。居錢塘，

蘇子瞻作倅時，先年已八十餘，視聽尚精强，家猶畜聲妓。子瞻嘗贈以詩云：『詩人老去鶯鶯在，公子歸來燕燕忙。』蓋全用張氏故事戲之。先和云：『愁似鰥魚知夜永，嬾同蝴蝶爲春忙。』極爲子瞻所賞。然俚俗多喜傳詠先樂府，遂掩其詩聲，識者皆以爲恨云。」

② 箏：撥彈樂器，戰國時流行于秦地，故又名秦箏。原十二弦或十三弦，後增至十八弦、二十一弦、二十五弦等。漢·應劭《風俗通義》卷六《聲音》：「《禮·樂記》：『箏，五弦，筑身也。』今并、涼二州箏形如瑟，不知誰所改作也。或曰：秦蒙恬所造。」

③ 「一朵芙蓉」二句：喻指西湖舟中那個善彈箏的女子。因她「年且三十餘，風韵嫺雅，綽有態度」，故如芙蓉「開過尚盈盈」。芙蓉：《爾雅》卷下《釋草》：「荷，芙蕖。」郭璞注：「别名芙蓉，江東呼荷。」盈盈：姿態美麗貌。《古詩十九首》之二：「盈盈樓上女，皎皎當窗牖。」

④ 「何處」三句：指與蘇軾同遊西湖之劉貢父兄弟(二客)，慕舟中彈箏女子之美，「競目送之」之事。白鷺：杜牧《晚晴賦》：「復引舟于深灣，忽八九之紅芰。姹然如婦，斂然如女，墮蘂黦顔，似見放棄。白鷺潛來兮，邈風標之公子；窺此美人兮，如慕悦其容媚。」此以「雙白鷺」比喻二劉(二客)，因「皆有服」即都穿孝服，故言。娉婷：婉容曰娉，和色曰婷。辛延年《羽林郎》：「不意金吾子，娉婷過我廬。」

⑤ 「忽聞」句：白居易《琵琶行》：「忽聞水上琵琶聲，主人忘歸客不發。」魏文帝《與吳質書》：「高談娛心，哀箏順耳。」此處指彈箏女願爲蘇軾「獻一曲」事。

⑥ 湘靈：《後漢書》卷六〇上《馬融列傳》：「湘靈下，漢女游。」李賢注：「湘靈，舜妃，溺於湘水，爲湘夫人也。」《楚辭·遠游》：「使湘靈鼓瑟兮，令海若舞馮夷。」洪興祖注：「此湘靈乃湘水之神，非湘夫人也。」二説不同，録以備考。案此處喻指彈箏女。

⑦ 「欲待」三句：唐·錢起《省試湘靈鼓瑟》：「曲終人不見，江山數峰青。」此化用錢起詩句寫彈箏女「曲未終，翩然而逝」事。案：本詞詮釋，參見後附參考資料。

【參考資料】

宋·張邦基《墨莊漫録》卷一：「東坡在杭州，一日遊西湖，坐孤山竹閣前臨湖亭上，時二客皆有服，預焉。久之，湖心有一綵舟漸近亭前，靚粧數人，中有一人尤麗，方鼓箏，年且三十餘，風韻嫻雅，綽有態度。二客競目送之。曲未終，翩然而逝。公戲作長短句云。」（清·葉申薌《本事詞》卷上録此條，文字稍異。）

宋·袁文《甕牖閒評》卷五：「東坡倅錢塘日，忽劉貢父相訪，因拉與同遊西湖。時二劉方在服制中。至湖心，有小舟翩然至前，一婦人甚佳，見東坡，自叙『少年景慕高名，以在室無由得見。今已嫁爲民妻，聞公遊湖，不避罪而來。善彈箏，願獻一曲，輒求一小詞，以爲終身之榮，可乎？』東坡不能卻，援筆而成，與之。其詞云：（略）。此詞豈不更奇于《卜算子》耶？」

近人鄭文焯手批《東坡樂府》：「宋袁文《甕牖閒評》記此詞爲劉貢父兄弟作，換頭處作『忽聞箎上起哀箏』，此誤作『江上』，蓋後人因『江上數峰青』句，而以意改之，不知此詞本事，實於湖上遇小舟載佳人，自云慕公十餘年，善箏，願當筵獻一曲，并賜以詞爲榮。詞中所詠，皆當時事也。」（轉引自《東坡樂府箋》）

近人龍榆生《東坡樂府箋》卷一：「案《彊村叢書》本《張子野詞》，有《江城子》兩闋，特皆單調。當時與東坡同賦，不知係用何體。宋詞散佚至多，深可惜也。」

菩薩蠻　歌妓〔一〕

繡簾高捲傾城出①。燈前瀲灩橫波溢②。皓齒發清歌③。春愁入翠蛾〔二〕④。　淒音休怨亂。我已無腸斷〔三〕⑤。遺響下清虛〔四〕⑥。纍纍一串珠⑦。

【校勘】

〔一〕傅本、元本、朱本、龍本、曹本無題。

〔二〕「愁」，原缺，據傅本、元本補。明刊全集、二妙集、毛本作「山」。

〔三〕此句明刊全集、二妙集、毛本作「我已先偷玩」。「腸斷」原缺，據傅本、元本、朱本、龍本、曹本補。「無」、《全宋詞》

作「先」。

〔四〕此句明刊全集、二妙集、毛本作「梅萼月窗虛」。「遺響下清」四字原缺，據傅本、元本、朱本、龍本、曹本補。

【編　年】

熙寧六年癸丑（一〇七三年）夏作於杭州。案：此詞朱本、龍本俱未編年，曹本編熙寧六年癸丑，云：「惟細玩此詞下片，與詩集《席上代人贈別三首》之一首句『悽音怨亂不成歌』之意境相合，考東坡詩集聞歌之反映，以此詩爲最。在本集中，又以此詞爲最。兩者必系同時所作。惟一則席上代人贈別，一則自抒所感。今從詩集移編熙寧六年癸丑。」雖缺乏其他資料佐証，可暫依曹說，以俟詳考。

【箋　註】

①「繡簾」句：繡簾高高捲起，美麗的歌女出來了。　傾城：使全城人傾倒，形容女子極其美麗。《漢書》卷九七上《外戚傳·李夫人》：「延年侍上起舞，歌曰：『北方有佳人，絶世而獨立，一顧傾人城，再顧傾人國。寧不知傾城與傾國，佳人難再得。』」柳宗元《渾鴻臚宅聞歌效白紵》：「翠帷雙卷出傾城，龍劍破匣霜月明。」

②瀲灧：波光閃動貌。蘇軾《飲湖上初晴後雨二首》之二：「水光瀲灧晴方好。」此形容歌女雙目如水，波光橫溢。

③皓齒：潔白的牙齒。杜甫《聽楊氏歌》：「佳人絶代歌，獨立發皓齒。」

④翠蛾：美人之眉。眉修長如蠶蛾觸鬚，以黛點色，故云。唐·謝偃《聽歌賦》：「低翠蛾而斂色，睇橫波而流光。」

⑤腸斷：形容悲痛之極。「無腸斷」，則更翻進一層。白居易《山遊示小妓》：「莫唱楊柳枝，無腸與君斷。」蘇軾《張

子野年八十五尚聞買妾述古令作詩》：「柱下相君猶有齒，江南刺使已無腸。」

⑥「遺響」句：杜甫《聽楊氏歌》：「滿堂慘不樂，響下清虛裏。」仇兆鰲注：「『響下清虛』，猶云『響遏行雲』。」清虛：清天。唐·譚用之《江邊秋夕》詩：「幾時乘興上清虛。」

⑦「纍纍」句：《禮記·樂記》：「故歌者，上如抗，下如墜，曲如折，止如槀木，倨中矩，句中鉤，纍纍乎端如貫珠。」纍纍：相連成串貌。形容歌聲圓轉，聯綿不斷。

瑞鷓鴣　觀潮〔一〕①

碧山影裏小紅旗②。儂是江南踏浪兒③。拍手欲嘲山簡醉〔二〕④，齊聲爭唱浪婆詞⑤。

西興渡口帆初落⑥，漁浦山頭日未攲〔三〕⑦。儂欲送潮歌底曲⑧？尊前還唱使君詩⑨。

【校　勘】

〔一〕傅本、元本無題。

〔二〕「嘲」，原誤作「潮」，據諸本改。

〔三〕「攲」，原作「西」，據諸本改。

【編　年】

熙寧六年癸丑（一〇七三年）八月十五日於杭州觀潮作。王文誥《蘇詩總案》卷一〇：「熙寧六年癸丑，八月十五日觀潮，題詩安濟亭上，復作《瑞鷓鴣》詞。」又案：「是日似與陳襄同游，故落句及之耳。」

【箋　註】

① 觀潮：吳自牧《夢粱錄》卷四「觀潮」條：「臨安風俗，四時奢侈，賞玩殆無虛日。西有湖光可愛，東有江潮堪觀，皆絶景也。每歲八月内，潮怒勝於常時，都人自十一日起，便有觀者，至十六、十八日傾城而出，車馬紛紛，十八日最爲繁盛，二十日則稍稀矣。十八日蓋因帥座出郊，教習節制水軍，自廟子頭直至六和塔，家家樓屋，盡爲貴戚内侍等雇賃作看位觀潮。」《武林舊事》卷三述潮水來時盛況云：「方其遠出海門，僅如銀綫。既而漸近，則玉城雪嶺，際天而來。大聲如雷霆，震撼激射，吞天沃日，勢極雄豪。」

② 碧山：喻潮頭之高。作者《八月十五日看潮五絶》之二：「欲識潮頭高幾許，越山渾在浪花中。」小紅旗：參加弄潮游戲者皆持有紅旗。吳自牧《夢粱錄》卷四「觀潮」條：「杭人有一等無賴不惜性命之徒，以大彩旗，或小清涼傘、紅綠小傘兒，各繫繡色緞子滿竿，伺潮出海門，百十爲群，摯旗泅水上，以迓子胥弄潮之戲，或有手腳摯五小旗浮潮頭而戲弄。」

③踏浪兒：即弄潮兒，參加戲水競賽者。孟郊《送淡公》之五：「儂是清浪兒，每踏清浪游。笑伊鄉貢郎，踏土稱風流。」

④山簡醉：《晉書》卷四三《山濤傳》：濤子簡，字季倫。性溫雅，有父風。永嘉三年，出鎮襄陽。簡優游卒歲，唯酒是耽。諸習氏，荆土豪族，有佳園池。簡每出嬉游，多之池上，置酒輒醉，名之曰高陽池。時有童兒歌曰：「山公出何許，往至高陽池。日夕倒載歸，茗艼無所知。時時能騎馬，倒著白接䍦。舉鞭向葛彊：『何如并州兒？』」彊家在并州，簡愛將也。李白《襄陽歌》：「傍人借問笑何事？笑殺山公醉似泥。」

⑤浪婆：波浪之神。浪婆詞：吳地水鄉曲調。孟郊《送淡公》之三：「銅斗飲江酒，手拍銅斗歌。儂是拍浪兒，飲則拜浪婆。脚踏小船頭，獨速舞短蓑。」

⑥西興渡口：宋·祝穆《方輿勝覽》卷六《浙東路·紹興府》：「西興渡，在蕭山縣西十二里，本名西陵，吳越武肅王以非吉語，改西興。」

⑦漁浦：宋·祝穆《方輿勝覽》卷六《浙東路·紹興府》：「漁浦，在蕭山縣西二十里，對岸則爲杭之龍山。」攲：傾斜。

⑧送潮：傅注：「唐·陸龜蒙有迎潮、送潮詩。」底：什麽。表疑問。

⑨使君：指杭州太守陳襄（述古）。

【參考資料】

宋·胡仔《苕溪漁隱叢話後集》卷三九：「苕溪漁隱曰：『唐初歌辭，多是五言詩，或七言詩，初無長短句。自中葉以後，至五代，漸變成長短句。及本朝，則盡爲此體。今所存，止《瑞鷓鴣》《小秦王》二闋是七言八句詩、并七言絶句詩而已。《瑞鷓鴣》猶依字易歌，若《小秦王》必須雜以虛聲乃可歌耳。其詞云：（詞略）此《瑞鷓鴣》也。『濟南春好雪初晴，行到龍山馬足輕。使君莫忘霅溪女，時作《陽關》腸斷聲。』此《小秦王》也。皆東坡所作。』」

臨江仙　風水洞作①

四大從來都遍滿②，此間風水何疑。故應爲我發新詩〔一〕。幽花香澗谷③，寒藻舞淪漪〔二〕④。借與玉川生兩腋⑤，天仙未必相思。還憑流水送人歸。層巔餘落日⑥，草露已沾衣。

【校　勘】

〔一〕「詩」，原作「詞」，從諸本。

〔二〕「舞」，原缺，據諸本補。

【編　年】

熙寧六年癸丑（一〇七三年）八月，遊風水洞作。傅藻《東坡紀年錄》：「熙寧六年癸丑，公在杭州。……八月望，觀潮作詩。又，再遊風水洞作詩并《臨江仙》。」案：蘇軾遊風水洞，《烏臺詩案》供狀作熙寧七年。云：「熙寧七年爲通判杭州，於正月二十七日遊風水洞，有本州節推李佖知軾到來，在彼等候，軾乃留題於壁。……當年再遊風水洞。」宋人王宗稷《東坡先生年譜》同。王文誥考訂《烏臺詩案》有誤。《蘇軾詩集》卷九《往富陽新城，李節推先行三日，留風水洞見待》誥案：「與李佖三詩，皆六年同時作，《詩案》誤作七年。是時公在常、潤賑饑，並不在杭也，今改正之。」王説是。

【箋註】

① 風水洞：宋·施諤《淳祐臨安志》卷九：「風水洞一名恩德洞。《祥符經》云：錢塘縣舊治五十里，在楊村慈嚴院。洞極大，流水不竭。頂上又有一洞，過立夏，清風即自内出，立秋則止，故名風水洞。」

② 四大：道家以道、天、地、王爲四大。《老子》上篇第二五章：「故道大、天大、地大、王亦大。域中有四大，而王居其一焉。」佛教以地、水、火、風爲四大。認爲此四者廣大，能夠産生出一切事物和道理。《四十二章經》卷二〇：「佛言：當念身中四大，各自有名，都無我者。」此指釋氏「四大」中的風與水。

③ 幽花：生在深谷幽處之野花。杜甫《過南鄰朱山人水亭》詩：「幽花欹滿樹，小水細通池。」

④ 「寒藻」句：柳宗元《南澗中題》詩：「羈禽響幽谷，寒藻舞淪漪。」淪漪：《詩·魏風·伐檀》：「河水清且淪漪。」毛傳：「小風吹水成文，轉如輪也。」

⑤ 玉川：唐詩人盧仝，號玉川子。「生兩腋」，盧仝《走筆謝孟諫議寄新茶》詩：「唯覺兩腋習習清風生。蓬萊山，在何處？乘此清風欲歸去。」

⑥ 「層巔」二句：杜甫《西枝村尋置草堂地夜宿贊公土室二首》之一：「層巔餘落日，草蔓已多露。」

江城子

陳直方妾嵇〔一〕，錢塘人也。丐新詞，為作此。錢塘人好唱《陌上花緩緩曲》①，余嘗作數絶以紀其事矣

玉人家在鳳凰山②。水雲間。掩門關〔二〕。門外行人、立馬看弓彎③。十里春風誰指似④，斜日映，繡簾斑。

多情好事與君還⑤。閔新鰥⑥。拭餘潸。明月空江、香霧著雲鬟⑦。陌上花開春盡也〔三〕⑧，聞舊曲，破朱顔。

【校　勘】

〔一〕題首原衍「公自序云」四字，乃注蘇詞者所爲，據元本、毛本、朱本、龍本删去。此詞傳本存目缺詞。

〔二〕「關」，元本作「閒」，注：「一作關。」

〔三〕「春」原作「看」，據元本改。又「花開春盡」，二妙集作「群花開盡」。

【編　年】

熙寧六年癸丑（一〇七三年）九月，作於杭州。王文誥《蘇詩總案》卷一〇：「熙寧六年癸丑八月」條云：「公以提點至臨安，……與周邠、李行中游徑山，吊錢王遺事作《將軍樹》《錦溪》《石鏡》諸詩，游玲瓏山，觀九折巖，登三休亭，夜宿九仙無量院，聞山中歌錢王《陌上花》曲，爲易《陌上花》詞。」詩集《陌上花三首》，編熙寧六年八月，詞亦當作於詩之後。又吳雪濤《蘇詞編年辨證》（載《文史》第四十輯）謂陳直方即陳珪。《詩集》有《送杭州杜戚陳三掾罷官歸鄉》，此三人即杭州錄事杜子方、司户陳珪、司理戚秉道。據《説文》，珪乃瑞玉，其形上圓下方，長短各有不同，公侯伯子男諸爵分別執以爲信。若以其形質表德，則名珪字直方，當在情理之中。直方罷官歸里，其妾理應隨行，其乞軾作詞相贈，想必即在此時。本詞末章云：「陌上花開春盡也，聞舊曲，破朱顔。」其意顯然是因直方之妾乃錢塘人，今將去而他之，難免悵惘，故用吳越王妃每春必歸臨安的典故相慰，此亦正好與該妾相隨直方離杭返鄉的情事相合。本詞應與《送杭州杜戚陳三掾罷官歸鄉》詩作於同時，時在熙寧六年九月。吳考合理，今從吳考。又，孔《譜》編元祐五年春末。云：「應陳直方之妾嵇氏之請，賦《江神子》。……序云：『錢塘人好唱《陌上花緩緩曲》，余嘗作數絶以紀其事。』知作於元祐間。詞云『陌上花開春盡也』，作於今年。明年此時，已離任。」但未引文獻佐證。不取。

【箋　註】

① 陳直方：據吳雪濤考證即陳珪，時任杭州司户。詳見編年。陌上花：原爲吳地民歌，後演變爲詞調。《蘇軾詩集》卷一〇《陌上花三首並引》：「遊九仙山，聞里中兒歌《陌上花》。父老云：吳越王妃，每歲春必歸臨安，王以書遺妃曰：『陌上花開，可緩緩歸矣。』吳人用其語爲歌，含思宛轉，聽之凄然，而其詞鄙野，爲易之云。」詩云：「陌上花開蝴蝶飛，江山猶是昔人非。遺民幾度垂垂老，遊女長歌緩緩歸。」其二：「陌上山花無數開，路人爭看翠軿來。若爲留得堂堂去，且更從教緩緩回。」其三：「生前富貴草頭露，身後風流陌上花。已作遲遲君去魯，猶教緩緩妾還家。」

② 玉人：喻人容貌如玉之美，此指陳直方妾。杜牧《寄揚州韓綽判官》詩：「二十四橋明月夜，玉人何處教吹簫。」鳳凰山：《淳祐臨安志》卷八《山川·城内諸山》：「鳳凰山，《祥符舊經》云：在城中錢塘舊治正南一十里，下瞰大江，直望海門，山下有鳳凰門，有雁池。趙清獻公抃詩云『老來重守鳳凰城』是也。」《太平寰宇記》卷九三：「鳳凰山在（錢塘）縣南三里，有鳳凰欲飛之象。」

③ 弓彎：指舞姿。沈亞之《異夢録》載：唐貞元中，有帥家子邢鳳，居長安平康里南，質一大第，即其寢，而晝偃。夢一美人，古裝，高鬟長眉，執卷而吟。鳳發其卷，美人曰：「君必欲傳之，無過一篇。」取綵箋傳其《春陽曲》。其詞曰：「長安少女踏春陽，何處春陽不斷腸。舞袖弓彎渾忘卻，羅衣空換九秋霜。」鳳曰：「何謂弓彎？」美人曰：「妾傳年父母使教妾爲此舞。」乃起，整衣張袖，舞數拍，爲弓彎狀以示鳳。既罷，辭去。

④ 十里春風：杜牧《贈别》二首之一：「春風十里揚州路，卷上珠簾總不如。」指似：猶云指向、指點。陳與義《遊

峴山》詩：「老僧千金意，佳處相指似。」舒亶《鵲橋仙》詞：「教來歌舞，接成桃李。盡是使君指似。」此借杜詩言杭之美女子「總不如」直方妾嵇之美也。

⑤多情：謂直方妾多情。與君還：指妾嵇隨直方離杭還鄉事。

⑥「新鰥」二句：蓋陳直方新喪正室，多情妾嵇閔其新鰥而拭淚。鰥：《尚書正義》卷二《堯典第一》：「有鰥在下，曰虞舜。」傳：「無妻曰鰥。」

⑦「香霧」句：杜甫《月夜》：「香霧雲鬟濕，清輝玉臂寒。」

⑧「陌上花」三句：妾嵇將離錢塘隨直方而他之，故聞舊曲不免惆悵。舊曲：指錢塘人好唱之《陌上花緩緩曲》。

【參考資料】

元·陳秀明《東坡詩話錄》：「陳直方之妾，本錢塘妓人也，丐新詞于蘇子瞻。子瞻因直方新喪正室，而錢塘人好唱《陌上花緩緩曲》，乃引其事以戲之，其詞則《江神子》也。」(明·梅禹金《青泥蓮花記》卷七、田汝成《西湖遊覽志餘》卷一六、蔣一葵《堯山堂外紀》卷五二引同)

行香子　丹陽寄述古(一)①

攜手江村。梅雪飄裙。情何限、處處銷魂②。故人不見③，舊曲重聞。向望湖樓④，孤山寺⑤，湧金門⑥。　尋常行處，題詩千首⑦，繡羅衫、與拂紅塵⑧。別來相憶，知是何人。有湖中月，江邊柳，隴頭雲⑨。

【校　勘】

〔一〕題原作「冬思」，據傅本、元本改。

【編　年】

熙寧七年甲寅（一〇七四年）正月，自杭州赴潤州，過丹陽作。案：傅藻《東坡紀年錄》云：「自京口還，寄述古作《卜算子》、《行香子》。」當在熙寧七年六月。其說不確。朱孝臧注：「案詞云『梅雪』，應是正月赴潤州，過丹陽時作。」朱說是。

【箋　註】

① 丹陽：北宋屬兩浙路潤州丹陽郡，位於潤州東南六十四里。《元和郡縣圖志》卷二五《江南道·潤州》：「丹陽縣，本舊雲陽縣地，秦時望氣者云有王氣，故鑿之以敗其勢，截其直道，使之阿曲，故曰曲阿。武德五年，曾於縣置簡州，八年廢。天寶元年，改爲丹陽縣。」「述古」，即陳襄。餘見《瑞鷓鴣》「城頭月落尚啼烏」注①。

② 銷魂：江淹《別賦》：「黯然銷魂者，唯別而已矣。」

③ 故人：指述古。舊曲：指尋春時自己與述古的吟咏，詳見《蘇軾詩集》四二八—四二九頁。此詞乃作者回憶自己

與述古熙寧六年正月在西湖尋春的情景和自己對述古的懷念。

④望湖樓：在西湖昭慶寺前，又名看經樓、先德樓。《乾道臨安志》卷二「樓」門：「望湖樓，一名看經樓。乾德五年忠懿王錢氏建，去錢塘門一里。」

⑤孤山寺：在西湖孤山之南。田汝成《西湖游覽志》卷二「孤山三堤勝蹟」門：「廣化寺，或云即孤山寺，陳天嘉初建，名永福，宋時改爲廣化。」

⑥湧金門：宋代杭州城西門之一，即豐豫門。《西湖游覽志》卷三「南山勝蹟」門：「湧金門，舊名豐豫門。宋時有豐樂樓與門相值，若屏障然，蓋堪輿家以此當山水之冲。今移稍北，近柳洲寺。」又卷一三「南山分脈城内勝蹟」門「城闉」：「湧金門，吴越王建，門内有湧金池，金華令曹杲所鑿也。」

⑦題詩千首：杜牧《登池州九峰樓寄張祜》：「誰人得似張公子，千首詩輕萬户侯。」此指自己在西湖一帶的題詩。

⑧「繡羅衫」句：宋·吴處厚《青箱雜記》卷六：「世傳魏野嘗從萊公（寇準）游陝府僧舍，各有留題。後復同游，見萊公之詩已用碧紗籠護，而野詩獨否，塵昏滿壁。時有從行官妓，頗慧黠，即以袂就拂之。野徐曰：『若得常將紅袖拂，也應勝似碧紗籠。』萊公大笑。」此作者以魏野自比，言在西湖各處的題詩，有幸被人喜愛。

⑨「湖中月」三句：湖：指西湖；江：指錢塘江；隴：同壟，岡壟，指孤山。

【參考資料】

明·卓人月《古今詞統》卷一〇：「前後三句結語自然。」

減字木蘭花　得書〔一〕①

曉來風細②。不會鵲聲來報喜③。卻羨寒梅④。先覺春風一夜來。　香牋一紙。寫盡回文機上意⑤。欲卷重開。讀徧千回與萬回。

【校　勘】

〔一〕傅本、元本無題。

【編　年】

熙寧七年甲寅（一〇七四年）正月，作於丹陽。此詞朱本、龍本、曹本俱未編年。從薛本。案，此詞題作「得書」，從「香牋一紙，寫盡回文機上意」的用典，顯爲「得」妻之「書」。薛本云：「考公前妻王氏夫人通義君於至和元年來歸，治平二年卒，卒前無久别之跡。續弦夫人同安君於熙寧元年戊申來歸，元祐八年癸酉卒，其間僅癸丑、甲寅之交常潤賑飢（案：癸丑十月，杭州通判蘇軾奉轉運司檄，往常、潤、蘇、秀賑濟饑民。見孔《譜》）與己未、庚申之交入獄，兩次久别。然庚申正月一日公出獄即攜邁赴黄州，無由得家書。故知此詞寫於甲寅正月一日。二日立春，即詞中所謂『先覺春風一夜來』者。」薛説近是，今從之。據孔《譜》，公時過丹陽。

【箋　註】

① 得書：寫客子得妻書，百讀不厭，欲卷重開的喜悦心情。

② 風細：輕柔的風。梁元帝《夜宿柏齋》詩：「風細雨聲遲，夜短更籌急。」

③ 不會：《禮記·哀公問》：「然後以其所能教百姓，不廢其會節。」正義：「君子以其所能於禮教百姓，使其不廢此上事之期節。」會猶期也。不會猶言「没想到」。　鵲聲報喜：王仁裕《開元天寶遺事·靈鵲報喜》：「時人之家聞鵲聲，皆爲喜兆，故謂靈鵲報喜。」

④ 「卻羨寒梅」二句：李白《早春寄王漢陽》詩：「聞道春還未相識，走傍寒梅訪消息。」又《宫中行樂詞》：「寒雪梅中盡，春風柳上歸。」謂靈鵲報喜，「曉來」始聞，不及寒梅「夜來」已先覺春到，故曰羨梅。

⑤ 回文：參見《菩薩蠻》（落花閒院春衫薄）注①。此借蘇蕙典喻閨之書。

昭君怨　金山送柳子玉〔一〕①

誰作桓伊三弄②。驚破緑窗幽夢③。新月與愁煙。滿江天。　欲去又還不去〔二〕。明日落花飛絮。飛絮送行舟。水東流。

【校　勘】

〔一〕題原作「送別」，據傅本、元本改。

〔二〕「欲去又」，元本作「人欲去」，注：「一作欲去又。」

【編　年】

熙寧七年甲寅（一〇七四年）二月，於金山送柳瑾赴靈仙作。傅藻《東坡紀年錄》：「熙寧七年甲寅，金山送子玉作《昭君怨》。」

【箋　註】

① 金山：原名氏父山，又名金鰲嶺、獲符山、浮玉山。《元和郡縣圖志》卷二五《江南道》：「氏父山，在（丹徒）縣西北十里。晉破苻堅，獲氐賊，置此山下，因以爲名。今土俗亦謂之金山。」王象之《輿地紀勝》卷七「鎮江府·景物上」：「金山，在江中，去城七里。舊名浮玉，唐·李錡鎮潤州表名金山，因裴頭佗開山得金，故名。……按《唐書·韓滉傳》：建中之難，陳少游在揚州，以甲士三千臨江大閱，滉亦總兵臨金山與少游會。則是建中之時，已有金山之名矣，非始於李錡也。」　柳子玉：《蘇軾詩集》卷六《次韻柳子玉見寄》查註：「柳子玉，名瑾，吳人。與王介甫同年，集中有詩。又梅聖俞有《送柳瑾秘丞》詩及《柳秘丞赴大名知錄》詩。」誥案：「柳瑾，丹徒人。其子仲遠，爲

中都公婿，公之妹婿也。」

② 桓伊三弄：桓伊，晉人，字叔夏，小字野王，歷淮南太守、豫州刺史等。《晉書》卷八一《桓伊傳》：桓伊「善音樂，盡一時之妙，爲江左第一。有蔡邕柯亭笛，常自吹之。」南朝·宋·劉義慶《世説新語》下卷上《任誕》：「王子猷出都，尚在渚下。舊聞桓子野善吹笛，而不相識。遇桓於岸上過，王在船中，客有識之者云：『是桓子野。』王便令人與相聞，云：『聞君善吹笛，試爲我一奏。』桓時已貴顯，素聞王名，即便回下車，踞胡牀，爲作三調。弄畢，便上車去。客主不交一言。」「三弄」即「三調」，指吹奏三個曲調。

③ 綠窗：女子之居室。唐·張祜《楊花》：「無端惹著潘郎鬢，驚殺綠窗紅粉人。」 幽夢：謂隱約不明之夢境。杜牧《即事》：「春愁兀兀成幽夢，又被流鶯喚醒來。」

【參考資料】

宋·蘇軾《蘇軾詩集》卷一一《金山寺與柳子玉飲大醉卧寶覺禪榻夜分方醒書其壁》：「惡酒如惡人，相攻劇刀箭。頹然一榻上，勝之以不戰。詩翁氣雄拔，禪老語清軟。我醉都不知，但覺紅綠眩。醒時江月墮，撼撼風響變。惟有一龕燈，二豪俱不見。」又《送柳子玉赴靈仙》：「世事方艱便猛迴，此心未老已先灰。何時夢入真君殿，也學傳呼觀主來。」詩與此詞相發明，可參閲。

清·陳世焜《雲韶集》卷二：「『新月』二語，意有六層，凄清絶世。」

卜算子　自京口還錢塘，道中寄述古太守〔一〕①

蜀客到江南②，長憶吳山好③。吳蜀風流自古同，歸去應須早。　還與去年人④，共藉西湖草⑤。莫惜尊前仔細看，應是容顏老。

【校　勘】

〔一〕題原作「感舊」，據傅本、龍本改。元本無題。

【編　年】

熙寧七年甲寅（一〇七四年）三月作。傅藻《東坡紀年録》：「熙寧七年甲寅，自京口還，寄述古作《卜算子》。」案《蘇軾詩集》卷一一《常潤道中有懷錢塘寄述古五首》，清·王文誥《蘇詩總案》編熙寧七年三月作。此詞與詩應作於同時。

【箋　註】

①　錢塘：即杭州。《史記》卷六《秦始皇本紀》：「三十七年十月癸丑，始皇出游。……過丹陽，至錢唐。」正義：「錢唐，今杭州縣。」劉宋·劉道真《錢塘記》云：防海大塘在縣東一里許，郡議曹華信家議立此塘以防海水。始開募，

有能致一斛土者，即與錢一千，旬月之間，來者雲集，塘未成而不復取，於是載土石者皆棄而去，塘以之成，故改名錢塘。

②蜀客：作者自謂。

③吳山：《淳祐臨安志》卷八：「吳山，《祥符圖經》云：在城中錢塘縣舊治南六里。按《史記》，吳人憐伍子胥以忠諫死，爲立祠于江上，因命曰胥山。」又，《西湖遊覽志》卷一二：「吳山，春秋時爲吳南界，以別於越，故曰吳山。或曰，以伍子胥故，訛伍爲吳，故郡志亦稱胥山，在鎮海樓之右。」

④去年人：指去年同遊者陳述古。

⑤共藉西湖草：晉·孫綽《遊天台山賦》：「藉萋萋之纖草，蔭落落之長松。」李善注：「以草薦地而坐曰藉。」此句言一起坐在西湖草地上飲酒。

【參考資料】

宋·蘇軾《常潤道中有懷錢塘寄述古五首》其一云：「從來直道不辜身，得向西湖兩過春。」其二云：「草長江南鶯亂飛，年來事事與心違。花開後院還空落，燕入華堂怪未歸。世上功名何日是，樽前點檢幾人非。去年柳絮飛時節，記得金籠放雪衣。」其三云：「浮玉山頭日日風，湧金門外已春融。二年魚鳥渾相識，三月鶯花付與公。剩看新翻眉倒暈，未應泣別臉消紅。何人識得相思字，寄與江邊北向鴻。」其五云：「惠泉山下土如濡，陽羨溪頭米勝珠。賣劍買牛吾欲老，殺雞爲黍子來無。地偏不信容高蓋，俗儉真堪著腐儒。莫怪江南苦留滯，經營身計一生迂。」（見《蘇軾詩集》卷一一）詩與本詞作於同時，內容可互參證。

蝶戀花　京口得鄉書〔一〕①

雨過春容清更麗〔二〕。只有離人，幽恨終難洗。北固山前三面水②。碧瓊梳擁青螺髻③。一紙鄉書來萬里。問我何年，真箇成歸計。白首送春拚一醉〔三〕④。東風吹破千行淚。

【校　勘】

〔一〕此詞傅本存目缺詞。題原作「送春」，據元本、朱本、龍本、曹本改。

〔二〕「過」，元本、朱本、龍本、《全宋詞》、曹本並作「後」。

〔三〕「白」，元本、朱本、龍本、曹本並作「回」。

【編　年】

熙寧七年甲寅（一〇七四年）春作於京口。傅藻《東坡紀年錄》：「熙寧七年甲寅，得鄉書作《蝶戀花》。」

【箋註】

①京口：又稱朱方、丹徒、延陵、潤州，即今鎮江市。《元和郡縣圖志》卷二五「江南道·潤州」：「本春秋吳之朱方邑，始皇改爲丹徒。漢初爲荆國，劉賈所封。後漢獻帝建安十四年，孫權自吳理丹徒，號曰京城，今州是也。十六年遷都建業，以此爲京口鎮。」

②北固山：又作北顧山。《元和郡縣圖志》卷二五「江南道·潤州」：「北固山，在（丹徒）縣北一里。下臨長江，其勢險固，因以爲名。……宋（案：宋當爲梁之訛）高祖云：『作鎮作固，誠有其緒，然北望海口，實爲壯觀，以理而推，固宜爲顧。』」三面水：《太平寰宇記》卷八九《江南東道·潤州》條引《南徐州記》云：「城西北有別嶺，斜入江，三面臨水，號云北固。」

③碧瓊梳：青綠色玉石梳子。此喻江水。青螺髻：螺狀髮髻。晉·崔豹《古今注》卷中「魚蟲第五」：「童子結髮，亦謂螺結，亦謂其形似螺殼。」此喻矗立的北固山如女子髮髻。唐·雍陶《題君山》：「應是水仙梳洗處，一螺青黛鏡中心。」

④拚：甘願之辭。「拚一醉」即甘願一醉。張相《詩詞曲語辭匯釋》卷五「判」字條：「判，割捨之辭；亦甘願之辭。自宋以後多用拚字或拚字。」晏幾道《鷓鴣天》詞：「彩袖殷勤捧玉鍾，當年拚却醉顔紅。」

占春芳〔一〕

紅杏了，夭桃盡①，獨自占春芳。不比人間蘭麝②，自然透骨生香。對酒莫相忘。似佳人③、兼合明光。只憂長笛吹花落④，除是寧王。

【校　勘】

〔一〕此詞吳本未收，傅本、元本、外集亦不載，據明刊全集、二妙集、毛本、朱本、龍本、《全宋詞》、曹本補。《全宋詞》末註：「案此首出《春渚紀聞》卷六，原不著調名。《花草粹編》卷三始以爲《占春芳》，殆出杜撰。」《欽定詞譜》卷六云：「蘇軾咏梨花製此調，取詞中第三句爲名。」

【編　年】

熙寧七年甲寅（一〇七四年）春以前，任杭州通判時作。案：朱本、龍本、曹本此詞俱未編年。《春渚紀聞》卷六云：「蔣子有家藏先生於吳𪾢上手書一詞，是爲餘杭通守時字。」所謂「手書一詞」即本詞，「通守」即通判。蘇軾熙寧四年十一月底赴杭州通判任，熙寧七年九月底離杭赴密州。果如《春渚紀聞》所言，此詞應作於熙寧五年春至七年春之間。案此首爲詠花詞。或曰所詠爲梨花，暮春開放；或曰所詠爲酴醾花。蘇軾有《杜沂遊武昌以酴醾花菩薩泉見餉二首》之一云：「酴醾不爭春，寂寞開最晚。」宋·王淇《春暮遊小園》詩：「開到荼蘼花事了。」與此詞首三句意境相合，亦可證詞當作於暮春時節。究竟作於何年，因無確證，尚難斷言。今姑編熙寧七年春，以俟詳考。

【箋　註】

①夭桃：豔麗的桃花。《詩·周南·桃夭》：「桃之夭夭，灼灼其華。」此二句中「了」、「盡」，指花敗謝。

②「不比人間」二句：謂酴醾花香自然天成，與人間的高貴香料不同。　蘭麝：蘭與麝香。此指高貴香料。《晉書》卷三三《石崇傳》：「崇盡出其婢妾數十人以示之，皆蘊蘭麝，被羅縠。」梁武帝蕭衍《游女曲》：「氛氳蘭麝體芳滑，容光玉耀眉如月。」

③「似佳人」三句：謂酴醾花之美，如明光宮裏所居之燕趙美女。　明光：指西漢明光宮。漢·佚名《三輔黄圖》卷三：「明光宮，武帝太初四年起，在長樂宮後，南與長樂宮相連屬。」又：「武帝求仙，起明光宮，發燕趙美女二千人充之。」

④「只憂」二句：意謂只擔憂善吹笛的寧王把花吹落。　落花：指《落梅花》曲。唐·段安節《樂府雜錄》：「笛者，羌樂也，古有《落梅花》曲。」李白《與史郎中欽聽黄鶴樓上吹笛》：「黄鶴樓中吹玉笛，江城五月落《梅花》。」寧王：《新唐書》卷二二《禮樂志》：「帝（玄宗）又好羯鼓，而寧王善吹横笛，達官大臣慕之，皆喜言音律。」又卷八一《三宗

諸子·讓皇帝憲》：李憲，唐睿宗長子，本名成器，以避昭成皇后諱，改名憲。初封永平郡王，後立爲皇太子。及睿宗復位，封爲寧王。

【參考資料】

宋·何薳《春渚紀聞》卷六「書明光詞」條：「蔣子有家藏先生於吳牋上手書一詞，是爲餘杭通守時字，云：（詞略）既不知曲名，常以問先生門下士及伯達與仲虎、叔平諸孫，皆云未之見也。又不知『兼合明光』是何等事，或云是酴醾也。」

醉落魄　離京口作〔一〕

輕雲微月。二更酒醒船初發〔二〕。孤城回望蒼煙合①。公子佳人〔三〕，不記歸時節。　巾偏扇墜藤床滑。覺來幽夢無人說。此生飄蕩何時歇②？家在西南，長作東南别③。

【校　勘】

〔一〕題原作「述懷」，據傅本、元本、二妙集、毛本、朱本、龍本、曹本改。

〔二〕「二」，傅本作「三」。

〔三〕此句元本、朱本、龍本、曹本並作「記得歌時」。

【編　年】

熙寧七年甲寅（一〇七四年）四月作於離京口時。傅藻《東坡紀年録》：「熙寧七年甲寅，離京口呈元素作《醉落魄》《訴衷情》。」案：細味此詞上片末二句和下片末三句，當有感於常行役在外、與家人分多聚少而作，正和《少年遊》詞意相同也。

【箋　註】

① 孤城：指京口。杜甫《野望》：「遠水兼天淨。孤城隱霧深。」　蒼煙：青色煙霧。陳子昂《峴山懷古》：「野樹蒼煙斷，津樓晚氣孤。」

② 飄蕩：飄泊，流浪。杜甫《羌村三首》之一：「世亂遭飄蕩，生還偶然遂。」

③ 「家在」二句：傅注：「公家在西蜀，而游宦多在江南。」

少年遊　潤州作，代人寄遠〔一〕①

去年相送②，餘杭門外，飛雪似楊花。今年春盡，楊花似雪，猶不見還家③。　對酒捲簾邀明月④，風露透窗紗。恰似嫦娥憐雙燕〔二〕⑤，分明照、畫梁斜⑥。

【校　勘】

〔一〕題原無「代人寄遠」四字，據傅本、元本、朱本、龍本、曹本補。

〔二〕「嫦」，傅本、元本、朱本、龍本、《全宋詞》、曹本並作「姮」。

【編　年】

熙寧七年甲寅（一〇七四年）四月，作於潤州。王文誥《蘇詩總案》卷一一：「熙寧七年甲寅，四月，有感雪中行役，作《少年游》詞。」又案：「公以去年十一月發臨平，及是春盡，猶行役未歸，故托爲此詞耳。」

【箋　註】

①潤州：《新唐書》卷四一《地理五·江南道》：「潤州丹陽郡，望。武德三年以江都郡之延陵縣地置，取潤浦爲州名。」

②「去年」三句：指熙寧六年（一〇七三）十一月，蘇軾離杭去潤州等地賑饑事。餘杭門：宋杭州城北門之一。宋·吳自牧《夢粱錄》卷七《杭州》：「杭城號武林，又曰錢塘，次稱胥山。……城北門者三：曰天宗水門；曰餘杭水門；曰餘杭門，舊名『北關』是也。」

③「猶不見」以上六句：仿《詩·小雅·采薇》：「昔我往矣，楊柳依依；今我來思，雨雪霏霏」而意不同。

④邀明月：李白《月下獨酌四首》之一：「舉杯邀明月，對影成三人。」

⑤嫦娥：又稱姮娥，月中女神。《淮南子》卷六《覽冥訓》：「羿請不死之藥於西王母，姮娥竊以奔月宮。」高誘注：「姮娥，羿妻。羿請不死之藥於西王母，未及服之，姮娥盜食之，得仙，奔入月中，爲月精。」此指代月亮。　雙燕：以畫梁雙棲之燕反襯嫦娥獨處之孤單。唐·沈佺期《獨不見》：「盧家少婦鬱金堂，海燕雙棲玳瑁梁。」

⑥「分明照」二句：宋玉《神女賦序》：「其始來也，耀乎若白日初出照屋梁。」

【參考資料】

清·李家瑞《停雲閣詩話》：「李詩『舉杯邀明月，對影成三人』，東坡喜其造句之工，屢用之。」

清·沈雄《古今詞話·詞辨》上卷「少年游」條：「《古今詞譜》曰：黄鐘宮曲，林君復、蘇東坡俱有之，亦不一體，其更變俱在換頭也。東坡詞換頭云：『捲簾對酒邀明月。』非對酒捲簾也，刻誤。落句云：『恰似姮娥憐雙燕，分明照、畫梁斜。』異矣。耆卿換頭云：『薄情慢有歸消息，鴛鴦被、半香消。』異矣。小山換頭云：『可憐人意，薄于雲水，佳會更難重。』則又異矣。餘則俱同，當以美成詞爲正。」

減字木蘭花〔一〕

雙龍對起①。白甲蒼髯煙雨裏。疏影微香。下有幽人晝夢長②。　湖風清軟。雙鵲飛來爭噪晚③。翠颭紅輕〔二〕④。時下凌霄百尺英〔三〕⑤。

【校　勘】

〔一〕原有題註：「《本事集》云：錢塘西湖有詩僧清順居其上，自名藏春塢。門前有二古松，各有凌霄花絡其上，順常晝卧其下。子瞻爲郡，一日，屏騎從過之，松風騷然。順指落花覓句，子瞻爲賦此詞。」傅本此注在詞末。元本、毛本删去「本事集云」四字。元本改「居其上自名」爲「所居」、「子瞻爲郡」作「時余爲郡」、「覓句」作「求韻」、「子瞻爲賦此詞」作「余爲賦此」等，變爲詞序。朱本、龍本、曹本從元本。今據傅本删去。

〔二〕「輕」，傅本作「傾」。元本注：「一作傾。」

〔三〕「下」，元本作「上」，注：「一作下。」

【編　年】

熙寧七年甲寅（一〇七四年）夏，作於杭州。案：此詞詞末傅幹注引楊繪（元素）《本事集》中事，（見校勘〔一〕）説明蘇軾寫作此詞的因由，中有「子瞻爲郡」之語。王文誥《蘇詩總案》據而將此詞編於元祐五年庚午，朱本、龍本、石唐本等諸本因之。但蘇軾元祐四年知杭州時，楊繪已卒（楊繪於元祐三年六月丁丑卒於杭守任，事見《資治通鑑長編》卷四一二），他焉能知身後之事？《本事集》所云「子瞻爲郡」顯係「爲倅」之誤。查《咸淳臨安志》卷四六，楊繪於熙寧七年甲寅六月己巳（初三）由應天府徙知杭州。通守蘇軾迎新守楊繪，送舊守陳襄，後與楊繪觀錢塘潮，遊靈隱寺，賞西湖美景，皆有詩詞。直至九月告下，蘇軾罷杭州通守任，以太常博士直史館移知密州軍州事。楊繪（元素）知蘇軾爲西湖詩僧清順賦詞之事併寫入《本事集》中，當爲此次來杭州根據親自見聞而紀事，因將此詞編於熙寧七年甲寅。詞有「湖風清軟」、「翠飈紅輕」、「凌霄百尺英」描寫，皆爲夏景。

【箋註】

① 「雙龍對起」二句：謂詩僧清順所居門前二古松，各有凌霄花攀絡其上，婉蜒如雙龍昂首，白花似龍鱗，松針如蒼髯。蘇軾《送賈訥倅眉》詩其二：「便與甘棠同不剪，蒼髯白甲待歸來。」

② 幽人：幽隱之人。見《卜算子》（缺月掛疏桐）注③。此指詩僧清順。案，清順，蘇軾詩友。《咸淳臨安志》卷七〇引石夢得云：「錢塘西湖舊多好事僧，往往喜作詩，其最知名者，熙寧有清順字怡然，其居湖山勝處而清約介靜，不妄與人交，無大故不至城，士大夫多往就見。時有饋之米者，所取不過數斗，以瓶貯几上，日取三二合食之。雖

蔬茹亦不常有，故人尤重之。」《冷齋夜話》卷六：「西湖僧清順字怡然，清苦，多佳句……荆公遊湖上，愛之，稱揚其名。晚年亦與之遊，亦多唱酬。」

③雙鵲：李紳《墨詔持經大德神異碑銘》：「昔如來雙鵲巢頂，而定慧堅明；大師群烏摩首，而煩疑解脱。」　爭噪晚：（雙鵲）在晚照中爭相鳴叫。

④翠颭：《詩·小雅·苕之華》：「苕之華，其葉青青。」「颭」，《説文》：「風吹浪動也。」此謂風動苕葉。　紅輕：吴融《杏花》詩：「粉薄紅輕掩斂羞，花中占斷得風流。」此謂苕花輕拂。

⑤凌霄百尺英：《詩·小雅·苕之華》：「苕之華，芸其黄矣。」傳：「苕，陵苕也，將落則黄。」陳奐曰：「苕，陵苕。（《爾雅·釋草》文）。《釋草》又云：『黄華，蔈；白華，茇。』舍人注云：『别華色之異名也。』」「蘇頌《本草圖經》云：紫葳，陵霄花也。初作藤，蔓生依大木，歲久，延引至巔而有華。其華黄赤，夏中乃盛。」「奐在杭州西湖葛林園中，見陵苕花，藤本蔓生，依古柏樹，直至樹顛。五六月中花盛黄色，俗謂之即陵霄花，與《圖經》目驗合。陵苕，草類，故《爾雅》入草部。而《本草》繫於木部者，以其蔓生木上故也。黄華見於樹末，其即《爾雅》之黄華、蔈者歟？蔈者，末也。白華見於樹本，故《爾雅》白華者爲茇。華有黄白二種，其紫者疑又一種也。」（見陳奐撰《詩毛氏傳疏》卷二二《苕之華》疏）案：陳奐在西湖所見之陵霄與蘇詞所寫之陵霄相似。因「白華見於樹本」，故蘇詞曰「白甲」；唯陳説「華有黄白二種」，而蘇詞曰「紅輕」，則與《本草》「華有黄赤」者驗合。蓋西湖陵霄有開紅花者，爲陳奐所未見，即其言「其紫者疑又一種也」。

鵲橋仙　七夕送陳令舉〔一〕

緱山仙子①，高情雲渺，不學癡牛騃女②。鳳簫聲斷月明中③，舉手謝、時人欲去。客槎曾犯〔二〕④，銀河波浪〔三〕，尚帶天風海雨。相逢一醉是前緣，風雨散、飄然何處⑤。

【校勘】

〔一〕題原作「七夕」，據傅本、元本、朱本、龍本、曹本改。

〔二〕「犯」，原作「泛」，據諸本改。

〔三〕「河波」，原缺，據傅本、元本、朱本、龍本、曹本補。明刊全集、二妙集、毛本、《全宋詞》作「河微」。

【編年】

熙寧七年甲寅（一〇七四年）七月，作於杭州。朱孝臧《東坡樂府》卷一：「案本集《王中甫哀辭》，施注原編丙辰七月五日，詩前叙云『哭中甫於密州』，則令舉没矣。又《祭陳令舉文》云：『余與令舉别二年而令舉没。』公以甲寅九月，與令舉訪公擇於湖州，六客之會，令舉與焉。既過松江，令舉忽忽歸去，此詞乃送之也。」案：蘇軾與令舉此别，時在九月末，與詞題中「七夕」不符，有誤。當依題中「七夕」，編甲寅七月，蘇軾時在杭州。孔《譜》云：「時舜俞專程來杭相別。」

【箋註】

① 緱山仙子：「緱山」即緱氏山。《元和郡縣圖志》卷五：「緱氏山，在（緱氏）縣東南二十九里（今屬河南偃師縣）。王子晉得仙處。」「仙子」事見於漢·劉向《列仙傳》卷上：「王子喬者，周靈王太子晉也，好吹笙，作鳳凰鳴，遊伊洛之間，道士浮丘公接以上嵩高山。三十餘年。後求之於山，見桓良曰：『告我家，七月七日待我於緱氏山巔。』至時，果乘白鶴駐山頭。望之不得到，舉手謝時人，數日而去。」

② 癡牛騃女：指天真無知，迷於愛情之少男少女。此指牛郎、織女。織女嫁牛郎七夕相會的傳説，《荆楚歲時記》注有云：「天河之東，有織女，天帝之子也，年年織杼勞役，織成雲錦天衣。天帝憐其獨處，許嫁河西牽牛郎，嫁後遂廢織紝。天帝怒，責令歸河東，唯每年七月七日夜，渡河一會。」（今本無此條，見楊蔭深《事物掌故叢談·歲時令節》及龍注引）唐·盧仝《月蝕詩》：「癡牛與騃女，不肯勤農桑。徒勞含淫思，夕旦遥相望。」

③ 「鳳簫」句：鳳簫：即排簫。漢·應劭《風俗通義》卷六《聲音》云：簫，「《尚書》：『舜作，簫韶九成，鳳皇來儀。』其形參差，像鳳之翼，十管，長一尺。」李白《憶秦娥》：「簫聲咽，秦娥夢斷秦樓月，秦樓月，年年柳色，灞陵傷別。」

④ 「客槎」三句：晉·張華《博物志》卷一〇《雜説》下：「舊説云，天河與海通。近世有人居海渚者，年年八月有浮槎去來，不失期。人有奇志，立飛閣於槎上，多齎糧，乘槎而去，十餘日中，猶觀星月日辰，自後芒芒忽忽，亦不覺晝夜。去十餘日，奄至一處，有城郭狀，屋舍甚嚴，遥望宮中多織婦，見一丈夫，牽牛渚次飲之。牽牛人乃驚問曰：

『何由至此？』此人具説來意，並問：『此是何處？』答曰：『君還至蜀郡，訪嚴君平則知之。』竟不上岸，因還如期。後至蜀，問君平，曰：『某年月日，有客星犯牽牛宿。』計年月，正是此人到天河時也。」

⑤ 風雨散：王粲《贈蔡子篤》：「風流雲散，一別如雨。」

虞美人　為杭守陳述古作〔一〕

湖山信是東南美①。一望須千里〔二〕。使君能得幾回來？便使尊前醉倒、且徘徊〔三〕。沙河塘裏燈初上②。水調誰家唱③？夜闌風靜欲歸時。惟有一江明月、碧琉璃④。

【校　勘】

〔一〕原無題，另有題注作「《本事集》云：陳述古守杭，已及瓜代。未交前數日，宴僚佐於有美堂，因請二車蘇子瞻賦詞，子瞻即席而就，寄擲破虞美人」。毛本略同，惟無「本事集云」四字。今删，另據傅本補改詞題。元本、朱本、龍本、曹本題作「有美堂贈述古」。

〔二〕「須」，元本、朱本、龍本、曹本、《全宋詞》作「彌」。

〔三〕「且」，元本、朱本、龍本、曹本作「更」。

【編　年】

熙寧七年甲寅（一〇七四年）七月，作於杭州。傅藻《東坡紀年錄》：「熙寧七年甲寅，述古將去，作《虞美人》。」

【箋　註】

①「湖山」句：唐・魏萬《金陵酬李翰林謫仙子》：「湖山信爲美，王屋人相待。」又，宋仁宗《賜梅摯知杭州》：「地有湖山美，東南第一州。」

②沙河塘：傅注：「錢塘繁會之地。」宋・潛説友《咸淳臨安志》卷三八《山川・塘》：「沙河塘，《唐書・地理志》：在錢塘縣舊治之南五里，潮水衝擊錢塘江岸，奔逸入城，勢莫能禦。咸通二年刺史崔彦曾開三沙河以決之。曰外沙、中沙、裏沙。」

③水調：又稱「水調歌」，曲調名。杜牧《揚州》詩：「誰家唱《水調》，明月滿揚州。」自注：「煬帝鑿汴渠成，自造《水調》。」宋・郭茂倩《樂府詩集》卷七九《近代曲辭一・水調》：「《樂苑》曰：『《水調》，商調曲也。』舊説，《水調》、《河傳》，隋煬帝幸江都時所製。曲成奏之，聲韻怨切。王令言聞而謂其弟子曰：『但有去聲而無回韻，帝不返矣。』後竟如其言。按唐曲凡十一疊，前五疊爲歌，後六疊爲入破。其歌，第五疊五言調，聲最爲怨切。故白居易詩云：『五言一遍最慇懃，調少情多似有因。不會當時翻曲意，此聲腸斷爲何人。』唐又有《新水調》，亦商調曲也。」一説，此「水

調」即指《水調歌頭》。

④ 琉璃：一種綠色半透明的玉石。也指玻璃。喻江面平靜，水月交映，晶瑩，透亮。梁簡文帝《西齋行馬詩》：「雲開瑪璃葉，水淨琉璃波。」

【參考資料】

宋·傅幹《注坡詞》卷八引《本事集》云：「陳述古守杭，已及瓜代，未交前數日，宴僚佐於有美堂。侵夜，月色如練，前望浙江，後顧西湖，沙河塘正出其下。陳公慨然，請貳車蘇子瞻賦之，即席而就。」（案：近人梁啓超所輯《本事集》佚文雖收此條，文字脱漏頗多，當據此增訂）

訴衷情　送述古迓元素①

錢塘風景古來奇〔一〕。太守例能詩〔二〕②。先驅負弩何在③，心已浙江西〔三〕。　花盡後，葉飛時。雨凄凄。若爲情緒④，更問新官，向舊官啼⑤。

【校　勘】

〔一〕「來」，傅本、元本、朱本、龍本、曹本並作「今」。

〔二〕「例」，元本注：「一作況。」

〔三〕「浙」，原作「晢」，據二妙集、明刊全集、毛本改。

【編　年】

熙寧七年甲寅（一〇七四年）七月，作於杭州。傅藻《東坡紀年録》：「熙寧七年甲寅，送述古迓元素作《訴衷情》。」

【箋　註】

① 元素：《乾道臨安志》卷三：「熙寧七年六月己巳，以知應天府、翰林侍讀學士、尚書禮部侍郎楊繪知杭州。」《宋史》卷三二二《楊繪傳》：楊繪字元素，綿竹人。少而奇警，讀書五行俱下，名聞西州。進士上第，通判荆南。神宗立，召修起居注、知制誥、知諫院，擢翰林學士，爲御史中丞。時安石用事，行免役法，繪陳十害，遂罷爲侍讀學士、知亳州，歷應天府、杭州，年六十二，卒。有集八十卷。蘇軾有《熙寧手詔記》記其生平人品，見《蘇軾文集》卷一二。

② 「太守」句：傅注：「白樂天爲杭州太守，以詩名。初樂天爲蘇守，劉禹錫以詩寄樂天云：『蘇州太守例能詩，西掖吟來替左司。』」劉詩參見《劉禹錫集》卷三一《白舍人曹長寄新詩，有游宴之盛，因以戲酬》。案：唐時杭守白居易善詩，現杭守陳襄（述古）善詩，新任杭守楊繪亦善詩，故云「例能詩」。

③ 「先驅」二句：謂杭州官員已經到錢塘江西去迎接元素。案楊元素從南都（河南商邱市）來守杭。浙江：錢塘江。

先驅負弩：古時下級迎接上級的隆重儀式。《漢書》卷五七下《司馬相如傳》：「拜相如爲中郎將，建節往使。……至蜀，太守以下郊迎，縣令負弩矢先驅，蜀人以爲寵。」

④ 若爲情緒：倘問我此刻情懷心緒何如。

⑤ 新官、舊官：孟棨《本事詩·情感第一》：「陳太子舍人徐德言之妻，後主叔寶之妹，封樂昌公主，才色冠絶。時陳政方亂，德言知不相保，謂其妻曰：『以君之才容，國亡必入權豪之家，斯永絶矣。儻情緣未斷，猶冀相見，宜有以信之。』乃破一鏡，人執其半，約曰：『他日必以正月望日賣於都市，我當在，即以是日訪之。』及陳亡，其妻果入越公楊素之家，寵嬖殊厚。德言流離辛苦，僅能至京，遂以正月望日訪於都市。有蒼頭賣半鏡者，大高其價，人皆笑之。德言直引至其居，設食，具言其故，出半鏡以合之，仍題詩曰：『鏡與人俱去，鏡歸人不歸。無復嫦娥影，空留明月輝。』陳氏得詩，涕泣不食。素知之，愴然改容，即召德言，還其妻，仍厚遺之。聞者無不感歎。乃與德言、陳氏偕飲，令陳氏爲詩，曰：『今日何遷次，新官對舊官。笑啼俱不敢，方驗作人難。』遂與德言歸江南，竟以終老。」此借用陳氏詩句而略翻其意，以表送「舊官」述古，迓「新官」元素的心情：既悲述古之去，又喜元素之來，悲喜交織，莫可言狀。

菩薩蠻　杭妓往蘇迓新守楊元素，寄蘇守王規父〔一〕①

玉童西迓浮丘伯〔二〕②。洞天冷落秋蕭瑟。不用許飛瓊〔三〕③。瑤臺空月明④。

清香凝夜宴⑤。借與韋郎看⑥。莫便向姑蘇〔四〕⑦。扁舟下五湖〔五〕⑧。

【校　勘】

〔一〕題原作「杭妓往蘇迓新守」，今從傅本、元本、朱本、龍本、曹本補正。傅本無「新守」二字。明刊全集、二妙集、毛本題作「杭妓往蘇」。

〔二〕「迓浮丘伯」，原缺，據諸本補。

〔三〕「用」，傅本作「見」。「飛瓊」，原缺，據諸本補。

〔四〕「向」，明刊全集、二妙集、毛本作「過」。「姑蘇」，二妙集作「蘇州」。

〔五〕「扁」，原缺，據諸本補。

【編　年】

熙寧七年甲寅（一○七四年）七月，作於杭州。傅藻《東坡紀年録》：「熙寧七年甲寅，杭妓迓新守楊元素，寄規父，作《菩薩蠻》。」

【箋註】

① 王規父：名誨。范成大《吳郡志》卷一一《題名》：王誨於熙寧年間，以朝散大夫、尚書司勳郎中知蘇州。清·陸心源《宋詩紀事補遺》卷二○：「王誨，字規夫，鎮定人。祖化基，父舉正，《宋史》有傳。熙寧三年，群牧判官；四年，度支判官、司勳郎中；六年，以朝散大夫知蘇州。」

② 玉童：本指仙童，此喻杭妓。南朝·梁·陶弘景《真靈位業圖》：「三天玉童，洛水神女。」浮丘伯：又稱浮丘公，古仙人。《列仙傳》卷上：「王子喬者，周靈王太子晉也。好吹笙，作鳳凰鳴。遊伊洛之間，道士浮丘公接以上嵩高山。」郭璞《游仙》之三：「左挹浮丘袖，右拍洪崖肩。」此以浮丘伯借喻新守楊元素。

③ 許飛瓊：古仙女。班固《漢武帝内傳》：西王母乘紫雲之輦，履玄瓊之舄，下輦上殿，呼帝共坐，命侍女許飛瓊，鼓雲和之簧。又孟棨《本事詩·事感第二》：「詩人許渾，嘗夢登山，有宮室凌雲，人云此崑崙也。既入，見數人方飲酒，招之，至暮而罷。詩云：『曉入瑤臺露氣清，坐中唯有許飛瓊。塵心未斷俗緣在，十里下山空月明。』他日復夢至其處，飛瓊曰：『子何故顯余姓名於人間？』座上即改爲『天風吹下步虛聲。』曰：『善。』」（案：此條《太平廣記》卷七○引《逸史》作許瀍事，《唐詩紀事》卷五六作許渾。《全唐詩》卷五三八據《本事詩》作許渾，卷五四二據《逸史》又作許瀍。許渾《丁卯集》不載此詩。疑當作許瀍事）

④瑤臺：神話中神仙居住之地。晉・王嘉《拾遺記》卷一〇《崑崙山》：「崑崙山者，西方曰須彌，山對七星之下，出碧海之中。上有九層，……傍有瑤臺十二，各廣千步，皆五色玉爲臺基。」

⑤「清香」句：韋應物《郡齋雨中與諸文士燕集》：「兵衛森畫戟，宴寢凝清香。」

⑥「借與」句：謂杭妓往蘇乃是迓新守楊元素，她們在蘇歌舞不過借給韋郎看看而已。韋郎：唐代詩人韋應物曾任蘇州刺史，此處借指今蘇州知州王規父。

⑦姑蘇：《史記》卷三一《吳太伯世家》：「越因代吳，敗之姑蘇。」《集解》引《越絶書》云：「闔廬起姑蘇臺，三年聚材，五年乃成，高見三百里。」《索引》：「姑蘇，臺名，在吳縣西三十里。」此借指蘇州。

⑧「扁舟」句：扁舟：小船。《國語》卷二一《越語下》：越滅吳，「反至五湖，范蠡辭於王曰：『君王勉之，臣不復入越國矣。』……遂乘輕舟以浮於五湖，莫知其所終極。」又杜牧《杜秋娘詩》：「西子下姑蘇，一舸逐鴟夷。」此戲嘲蘇守王規父莫留住杭妓，如范蠡之攜西施游五湖，一去不返。

【參考資料】

近人鄭文焯《手批東坡樂府》：「李東川有送人攜妓赴任詩，此詞又記杭妓往蘇迓新守。是知唐宋時，赴任迎任，皆有官妓爲導之例。此風蓋自元明以來，微論廢絶，國朝且懸爲厲禁，著之律條，並飲酒挾妓亦有罪已，古今風氣之碩異如是。」（轉錄自龍榆生《東坡樂府箋》卷一）

減字木蘭花　寓意〔一〕

雲鬟傾倒。醉倚闌干風月好。憑仗相扶。誤入仙家碧玉壺①。　連天衰草②。下走湖南西去道〔二〕③。一舸姑蘇④。便逐鴟夷去得無。

【校　勘】

〔一〕「寓」，原作「寫」，據明刊全集、二妙集、毛本改。傅本、元本、朱本、龍本、曹本俱無題。

〔二〕「下」，明刊全集、二妙集、毛本作「不」。

【編　年】

熙寧七年甲寅（一〇七四年）七月，作於杭州。案：此詞朱本、龍本俱未編年，從曹本。曹云：「惟細玩此詞意境，與本集《菩薩蠻》『玉童西迓浮丘伯』全同。而下片之時令及地理形勢亦同，故斷定此二詞係同時所作。惟《菩薩蠻》係寄蘇守王規甫，而此詞則似係戲陳述古者。援朱本事同、地同、時令同類編例，今移編熙寧七年甲寅。」

【箋　註】

①「誤入」句：晉・葛洪《神仙傳》卷九《壺公》：壺公者，不知其姓名。其賣藥口不二價，治百病皆愈。常懸一空壺於坐(《太平廣記》卷一二引作「屋」)上，日入之後，公輒轉足跳入壺中，人莫知其所在。唯長房於樓上見之，知其非常人也。長房乃日日自掃除公座前地，及供饌物，公受而不謝，如此積久。公知長房篤信，語長房曰：「至暮無人時更來。」長房如其言而往。公語長房曰：「卿見我跳入壺中時，卿便隨我跳，自當得入。」長房承公言爲試，既入之後，不復見壺，但見樓觀五色，重門閣道，見公左右侍者數十人。公語長房曰：「我仙人也，忝天曹職，所統供事不勤，以此見謫，暫還人間耳。」(案：《後漢書・費長房傳》與《神仙傳》所載小有異同。)碧玉壺，指神仙居住之所。

②連天衰草：唐・胡曾《黄金臺》詩：「若問昭王無處所，黄金臺上草連天。」此狀時令，與《菩薩蠻》(玉童西迓浮丘伯)所寫之「冷落秋蕭瑟」景色相符。

③下走：傅注：「走音奏。漢文帝曰『北走邯鄲道』是也。」西去道：陳述古去杭赴南都(今河南商邱)故云。

④「一舸」二句：見《菩薩蠻》「玉童西迓浮丘伯」註⑧。

菩薩蠻　述古席上〔一〕

娟娟缺月西南落。相思撥斷琵琶索〔二〕①。枕淚夢魂中。覺來眉暈重。　畫堂堆燭淚〔三〕②。長笛吹新水③。醉客各西東。應思陳孟公④。

【校勘】

〔一〕元本、朱本題作「靈壁寄彭門故人」。毛本題作「代妓送陳述古」。龍本據《西湖遊覽志餘》改作「西湖席上，代諸妓送陳述古」，較傅本、吳本題旨更明。曹本從龍本。

〔二〕「撥」，原誤作「揆」，據諸本改。

〔三〕「畫」，傅本、元本、朱本、龍本、《全宋詞》、曹本並作「華」。「堆」，原作「惟」，據諸本改。

【編年】

熙寧七年甲寅（一〇七四年）七月，作於杭州。案：朱本據元本題意，編入元豐二年己未（一〇七九年），云：「案本集《靈壁張氏園亭記》爲元豐二年三月二十七日作，公至靈壁在是時也。」龍本移編熙寧七年甲寅，云：「察詞中情意，似與代妓送述古較合，改編甲寅。」今從龍本。

【箋註】

① 「相思」句：陶穀《春光好》詞：「琵琶撥盡相思調，知音少。」此寫離席上彈撥的離別相思之曲。

② 堆燭淚：歐陽修《歸田錄》卷一：「鄧州花蠟燭名著天下，雖京師不能造，相傳云（一作亦）是寇萊公燭法。公嘗知鄧州，而自少年富貴，不點油燈，尤好夜宴劇飲，雖寢室亦燃燭達旦。每罷官去，後人至官舍，見廁溷間燭淚在地，往往成堆。」此寫離筵久，夜色深燭淚成堆。

③ 新水：即《新水調》，或《新水曲》。傅注：「樂府有中呂調《新水曲》。」龍注以爲「新水」即「水調」。案：明·胡震亨

《唐音癸籤》卷一三《唐曲》，列有「水調歌」、「新水調」，並云「《水調》及《新水調》，並商調曲也。」據此可知，「新水」與「水調」雖同屬商調曲，仍應有别。餘參見《虞美人》「湖山信是東南美」注③。

④陳孟公：《漢書》卷九二《游俠傳》：「陳遵字孟公，杜陵人也。……遵耆酒，每大飲，賓客滿堂，輒關門，取客車轄投井中，雖有急，終不得去。」此以陳遵比陳襄豪爽好客。

【參考資料】

明·田汝成《西湖游覽志餘》卷一六：「唐宋間，郡守新到，營妓皆出境而迎。既出，猶得以鱗鴻往返，靦不爲異。白樂天《湖上醉中代諸妓寄嚴郎中》詩云：『笙歌杯酒正歡娱，忽憶仙郎望帝都。借問連宵直南省，何如盡日醉西湖。蛾眉久别心知否，鷄舌含多口厭無。還有些些惆悵事，春來山路見蘼蕪。』又《聞歌妓唱嚴郎中詩，因以絶句寄之》詩云：『已留舊政布中和，又付新詞與艷歌。但是人家有遺愛，就中蘇小感恩多。』蘇子瞻送杭妓往蘇州迎新守《菩薩蠻》詞云：（略）。又西湖席上代諸妓送陳述古詞云：（略）。此亦足覘一時之風氣矣。」

江城子 孤山竹閣送述古〔一〕①

翠蛾羞黛怯人看②。掩霜紈③。淚偷彈。且盡一尊、收淚唱陽關〔二〕④。漫道帝城天樣遠⑤。

天易見，見君難。　畫堂新締近孤山〔三〕。曲闌干。爲誰安。飛絮落花、春色屬明年。欲棹小舟尋舊事，無處問，水連天⑥。

【校　勘】

〔一〕「山」，原缺，據傅本、元本、朱本、龍本、《全宋詞》、曹本補。二妙集、毛本題作「述古去餘杭，爲去思者作」。

〔二〕「唱」，元本、朱本、龍本作「聽」。

〔三〕「締」，元本、朱本、龍本、曹本作「刱」，二妙集、毛本、《全宋詞》作「搆」。

【編　年】

熙寧七年甲寅（一〇七四年）七月，作於杭州。傅藻《東坡紀年錄》：「熙寧七年甲寅，是年，送述古赴南都作《江神子》。」王文誥《蘇詩總案》卷一一：「熙寧七年甲寅，七月，與陳襄放舟湖上，燕於孤山竹閣，作《江神子》詞。」

【箋　註】

① 竹閣：《乾道臨安志》卷二：「白公竹閣在孤山，與柏堂相連。」《蘇軾詩集》卷一〇《竹閣》詩查註：「《傳燈錄》：鳥窠禪師，富陽潘氏子，九歲出家。後見秦望山有長松，枝葉繁茂，盤屈如蓋，遂棲止其上。元和中，白居易出守茲郡，因入山禮謁，乃起竹閣於湖上，迎師居之。」

②翠蛾：美人之眉。見《菩薩蠻》（繡簾高捲傾城出）注④。此指送別述古的官妓。

③霜紈：用白色薄絹製作之扇。《文選》卷二七班婕妤《怨歌行》：「新裂齊紈素，皎潔如霜雪。裁爲合歡扇，團團似明月。」

④陽關：即《陽關曲》，又名《渭城曲》。屬琴曲。王維《送元二使安西》詩：「渭城朝雨裛輕塵，客舍青青柳色新。勸君更進一杯酒，西出陽關無故人。」後入樂府，以爲送別曲。因全曲分三段，原詩反復三次，故又稱「陽關三疊」。白居易《對酒五首》之四：「相逢且莫推辭醉，聽唱陽關第四聲。」

⑤帝城天樣遠：《世説新語》中卷下《夙惠》：「晉明帝數歲，坐元帝膝上。有人從長安來，元帝問洛下消息，潸然流涕。明帝問何以致泣，具以東渡意告之。因問明帝：『汝意謂長安何如日遠？』答曰：『日遠。不聞人從日邊來，居然可知。』元帝異之。明日，集群臣宴會，告以此意，更重問之。乃答曰：『日近。』元帝失色曰：『爾何故異昨日之言邪？』答曰：『舉目見日，不見長安。』」此即「天易見，見君難」所本。

⑥水連天：杜甫《渼陂西南臺》：「蒹葭離披去，天水相與永。」

【參考資料】

明·顧從敬《類選箋釋續選草堂詩餘》卷下：「日近長安遠，此天易見而人難見乎？」

今人曹樹銘《東坡詞》卷上：「上片第五句，元本、朱本、龍本俱作『收淚聽陽關』，惟傅、毛二本及《全宋詞》本『聽』作『唱』。考聽屬坐客，唱屬妓女。因上片有『淚偷彈』，本句復有『收淚』二字，故以『唱』

字爲長。否則坐客、妓女兩俱落淚，述古其何以堪。或云妓女只唱不飲，是又不然。以今例古，先進酒而後唱曲，乃爲常事。且上片末三句似即妓女之唱辭，此『見君難』之『君』字，雖云雙闕，但側重在述古，此乃致淚之由。如『聽』作『唱』，則上片全屬妓女，有一氣呵成之妙。」

菩薩蠻 西湖送述古〔一〕

秋風湖上蕭蕭雨。使君欲去還留住。今日漫留君①。明朝愁殺人。　佳人千點淚〔二〕。灑向長河水②。不用斂雙蛾。路人啼更多③。

【校　勘】

〔一〕題原作「西湖」，據傅本、元本、朱本、龍本、曹本補「送述古」三字。

〔二〕「佳人」，原缺，據傅本、元本、朱本、龍本、曹本補。明刊全集、二妙集、毛本作「尊前」。

【編　年】

熙寧七年甲寅（一〇七四年）七月，作於杭州。傅藻《東坡紀年錄》：「熙寧七年甲寅，送述古赴南都作《菩薩蠻》。」

【箋註】

① 漫：空，徒然。杜甫《有客》：「豈有文章驚海內，漫勞車馬駐江干。」岑參《行軍詩二首》之二：「早知逢世亂，少小漫讀書。」

② 灑向長河水：唐·令狐挺《題鄜州相思鋪》：「只應自古征人淚，灑向空川作浪波。」（案：《全唐詩》卷三三四又作令狐楚詩，題作《相思河》。）「長河」，指錢塘江。

③ 「路人」句：謂杭州父老夾道哭送陳襄去任。言外讚美陳襄政績。

清平樂 送述古赴南都〔一〕①

清淮濁汴②。更在江西岸〔二〕。紅旆到時黃葉亂。霜入梁王故苑③。　秋原何處攜壺。停驂訪古踟躕④。雙廟遺風尚在⑤，漆園傲吏應無⑥。

【校勘】

〔一〕題原作「秋詞」，據傅本改。元本、朱本無題。

〔二〕「江西」，傅本作「西南」。

【編年】

熙寧七年甲寅（一〇七四年）七月，作於杭州。傅藻《東坡紀年錄》：「熙寧七年甲寅，送述古赴南都作《清平樂》。」

【箋註】

① 南都：指宋時南京，今河南商邱市。《元豐九域志》卷一：「南京，應天府，睢陽郡。唐宋州。梁宣武軍節度。後唐改歸德軍。皇朝景德三年升應天府，大中祥符七年（一〇一四年）升南京。」

② 清淮：據《水經注》卷三〇：淮水出南陽平氏縣（今河南桐柏縣西北）胎簪山，東北過桐柏山，東過江夏平春縣（今河南信陽縣）北，東經新息縣（今河南息縣）、期思縣（今河南淮濱縣）、原鹿縣（今安徽阜南縣南）、壽春縣、當塗縣（今安徽懷遠縣）、鐘離縣、淮陰縣，至廣陵淮浦縣（今江蘇漣水縣）入於海。　濁汴：《宋史》卷九三《河渠》三：「汴河，自隋大業初，疏通濟渠，引黃河通淮，至唐，改名廣濟。宋都大梁，以孟州河陰縣南爲汴首受黃河之口，屬于淮、泗。每歲自春及冬，常於河口均調水勢，止深六尺，以通行重載爲準。歲漕江、淮、湖、浙米數百萬，及至東南之産，百物衆寶，不可勝計。又下西山之薪炭，以輸京師之粟，以振河北之急，内外仰給焉。故於諸水，莫此爲重。」

③ 梁王故苑：即梁苑，一名梁園，又稱兔園、東苑、竹園。在今河南商邱市東南（一説在開封市東南）。漢梁孝王劉武築。爲遊賞與延賓之所，當時名士司馬相如、枚乘、鄒陽皆爲座上客。《史記》卷五八《梁孝王世家》：「孝王築

東苑，方三百餘里。廣睢陽城七十里。大治宮室，爲複道，自宮連屬於平臺三十餘里。得賜天子旌旗，出從千乘萬騎。東西馳獵，擬於天子。出言趕，入言警。招延四方豪桀，自山以東游説之士莫不畢至。」晉·葛洪《西京雜記》卷二：「梁孝王好營宮室苑囿之樂，作曜華之宮，築兔園。園中有百靈山，山有膚寸石，落猿巖、棲龍岫。又有雁池，池間有鶴洲、鳧渚。其諸宮觀相連，延亘數十里，奇果異樹，瑰禽怪獸畢備。王日與宮人賓客弋釣其中。」唐·李泰《括地志》卷三《宋州·宋城縣》：「兔園在宋州宋城縣東南十里。……俗人言梁孝王竹園也。」（見中華書局一九八〇年二月版賀次君輯校本）

④驂：一指同駕一車之三馬，一指駕車時位於兩旁之馬。謝朓《新亭渚别范零陵詩》：「停驂君悵望，輟棹我夷猶。」

踟躕：緩行貌，猶言徘徊。《玉臺新詠》卷一《日出東南隅行》：「五馬立踟躕。」

⑤雙廟：傅注：「唐張巡、許遠，天寶之亂，二人守睢陽，力困城破，死於賊，列于《忠義傳》。今睢陽有二祠，世謂之雙廟。」案：《新唐書》卷一九二《忠義中·張巡傳》：「大中時，圖巡、遠、（南）霽雲像于淩煙閣。睢陽至今祠享，號『雙廟』云。」傅注本此。

⑥漆園傲吏：《史記》卷六三《莊子列傳》：「莊子者，蒙人也，名周。周嘗爲蒙漆園吏，與惠王、齊宣王同時。……楚威王聞莊周賢，使使厚幣迎之，許以爲相。莊周笑謂楚使者曰：『千金，重利；卿相，尊位也。子獨不見郊祭之犧牛乎？養食之數歲，衣以文繡，以入大廟。當是之時，雖欲爲孤豚，豈可得乎？子亟去，無污我。我寧游戲污瀆之中自快，無爲有國者所羈，終身不仕，以快吾志焉。』」故謂莊子爲「漆園傲吏」。郭璞《遊仙詩》之一：「漆園有傲

吏，萊氏有逸妻。」「應無」：猶曾無。李商隱《柳》詩：「動春何限葉，撼曉幾多枝。解有相思否？應無不舞時。」

南鄉子　送述古

回首亂山橫。不見居人只見城①。誰似臨平山上塔②，亭亭③。迎客西來送客行。　歸路晚風清〔一〕。一枕初寒夢不成。今夜殘燈斜照處，熒熒④。秋雨晴時淚不晴。

【校　勘】

〔一〕「歸」，明刊全集、二妙集、毛本作「臨」。

【編　年】

熙寧七年甲寅（一〇七四年）七月，作於杭州。傅藻《東坡紀年錄》：「熙寧七年甲寅，送述古赴南都作《南鄉子》。」王文誥《蘇詩總案》卷一二：「熙寧七年甲寅，七月，追送陳襄移守南都，別於臨平舟中，作《南鄉子》。」

【箋　註】

① 「不見」句：唐·歐陽詹《初發太原途中寄太原所思》：「驅馬覺漸遠，回頭長路塵。高城已不見，况復城中人」，謂

城，人皆不可見。此謂見城不見人（指述古），稍作變化。

② 誰似：猶何似。誰，何也。　臨平山上塔：傅注：「臨平山在杭州。」《淳祐臨安志》卷九：「臨平山，《祥符經》云：去仁和縣舊治五十四里，山高五十三丈，周圍十八里。……山上有塔。」蘇軾《次韻杭人裴維甫》：「餘杭門外葉飛秋，尚記居人挽去舟，一别臨平山上塔，五年雲夢澤南州。」見《詩集》卷二四。

③ 亭亭：高聳貌。張衡《西京賦》：「干雲霧而上達，狀亭亭以苕苕。」

④ 熒熒：微光閃爍貌。潘岳《悼亡賦》：「燈熒熒兮如故，帷飄飄兮若存。」

【參考資料】

宋·胡仔《苕溪漁隱叢話後集》卷三八引《復齋漫錄》：「魯直記江亭鬼所題詞，有『淚眼不曾晴』之句。余以此鬼剽東坡樂章『秋雨晴時淚不晴』之語。」

宋·陸游《入蜀記》卷一：「臨平者，太師蔡京葬其父準於此。以錢塘江爲水，會稽山爲案，山形如駱駝，葬於駝之耳，而築塔於駝之峰。蓋葬師云：駝負重則行遠也。然東坡先生樂府固已云：『誰似臨平山上塔，亭亭。迎客西來送客行。』則臨平有塔亦久矣，當是蔡氏葬後增築，或遷之耳。」

勸金船　和元素韻。自撰腔命名〔一〕

無情流水多情客。勸我如曾識〔二〕。杯行到手休辭卻①。這公道難得〔三〕。曲水池上，小字更書年月②。如對茂林修竹〔四〕，似永和節〔五〕③。　纖纖素手如霜雪。笑把秋花插。尊前莫怪歌聲咽。又還是輕別。此去翱翔，遍賞玉堂金闕〔六〕④。欲問再來何歲？應有華髮。

【校　勘】

〔一〕調名「勸」，元本、朱本、龍本、曹本作「泛」。詞題傅本「元素」下無「韻」字；「命名」下有「亦作泛金船」五字；元本、朱本、龍本、曹本題並作「流杯亭和楊元素」。

〔二〕「曾」，元本、朱本、龍本、曹本作「相」。

〔三〕此句元本、朱本、龍本、曹本並作「似軒冕相逼」。

〔四〕「如」，元本、朱本、龍本、《全宋詞》、曹本並作「還」。

〔五〕此句傅本作「永和時節」。元本「節」上衍「時」字。

〔六〕「賞」，元本、朱本、龍本、曹本並作「上」。

【編　年】

熙寧七年甲寅（一〇七四年）九月，作於杭州。傅藻《東坡紀年録》：「熙寧七年甲寅，和元素《泛金船》。」王文誥《蘇詩總案》卷一二：「熙寧七年甲寅，九月，告下，公以太常博士直史館權知密州軍州事，罷杭州通守任。……二十日往別南北山道友，同楊繪、魯有開、陳舜俞至下天竺題壁。楊繪餞別於中和堂。和韻作《勸金船》詞。」

【箋　註】

①「杯行」句：韓愈《贈鄭兵曹》：「杯行到君莫停手，破除萬事莫過酒。」

②「小字」句：指與道友楊繪、魯有開等至下天竺題壁紀游事。潛説友《咸淳臨安志》卷八〇《寺觀·寺院》靈鷲興聖寺蘇文忠公題名：「楊繪元素、魯有開元翰、陳舜俞令舉，蘇軾子瞻同遊。熙寧七年九月二十日。」

③永和節：晉王羲之於穆帝永和九年（三五三年）三月三日，同謝安等四十一人會於會稽山陰之蘭亭，臨流列坐，飲酒賦詩，修祓禊之禮。王羲之作《三月三日蘭亭詩序》云：「永和九年，歲在癸丑，暮春之初，會于會稽山陰之蘭亭，修禊事也。群賢畢至，少長咸集。此地有崇山峻嶺，茂林修竹，又有清流激湍，映帶左右，引以爲流觴曲水，列坐其次，雖無絲竹管弦之盛，一觴一咏，亦足以暢叙幽情。」

④玉堂：宮殿之美稱；漢代宮殿有名玉堂者。《漢書》卷七五《李尋傳》王先謙補注：「何焯曰：『漢時待詔於玉堂殿，唐時待詔於翰林院。至宋以後，翰林遂并蒙玉堂之號。』」傅注：「漢武帝作玉堂於太液池西南，去地二十丈。」

金闕：晉·崔豹《古今注》卷上：「闕，觀也。古每門樹兩觀於其前，所以標表宮門也。其上可居，登之則可遠觀，故謂之觀。人臣將朝至此，則思其所闕多少，故謂之闕。其上皆丹堊，其下皆畫雲氣仙靈奇禽怪獸，以昭示四方焉。」唐·蘇鶚《蘇氏演義》卷上：「闕者，缺也，門觀也。出於門兩旁，中間有道，遂謂之闕，蓋門觀者闕於中間也。」傅注：「闕，門旁兩觀也。飾之以黄，故曰金闕。」案：「玉堂」借指翰林，「金闕」借指皇宮。此二句意謂元素將赴東京翰林院任職。

【參考資料】

宋·張先《勸金船·流杯堂唱和。翰林主人元素自撰腔》云：「流泉宛轉雙開竇。帶染輕紗皺。何人暗得金船酒。擁羅綺前後。綠定見花影，並照與、豔妝爭秀。行盡曲名，休更再歌楊柳。光生飛動搖瓊甃。隔障笙簫奏。須知短景歡無足，又還過清晝。翰閣遲歸來，傳騎恨、留住難久。異日鳳凰池上，爲誰思舊。」案：張先與東坡同和楊元素，楊元素原作卻已失傳。《勸金船》係楊元素自度腔，不悉屬何宮調。今見張、蘇二調，韻既不同，句度又復參差。故龍榆生疑之曰：「豈自度腔可隨意偷聲減字耶？」附志備考。

清·焦循《雕菰樓詞話》：「毛大可稱詞本無韵，是也。如蘇軾《瑤池燕》用陳震、困願、問闕、粉吻。……《勸金船》用客陌、識職、月月、卻藥、節屑、插洽。……按唐人應試用官韵，其非應試，如韓昌黎贈張籍詩，以城、堂、江、庭、童、窮一韵，則庚、青、江、陽、東通協，不拘拘如律詩也。至於詞，更寬可知矣。」

清・萬樹《詞律》卷一三：「前後相同。『卻』字乃坡老借韻，非不叶也。」

南鄉子　和楊元素。時移守密州〔一〕①

東武望餘杭。雲海天涯兩杳茫〔二〕。何日功成名遂了②，還鄉。醉笑陪公三萬場③。不用訴離觴。痛飲從來別有腸④。今夜送歸燈火冷，河塘。墮淚羊公卻姓楊⑤。

【校　勘】

〔一〕「時移守密州」，原無，據傅本、元本、朱本、龍本、曹本補。

〔二〕「杳」，元本、朱本、龍本、曹本作「渺」。

【編　年】

熙寧七年甲寅（一〇七四年）九月，作於杭州。傅藻《東坡紀年錄》：「熙寧七年甲寅，移守密，和元素《南鄉子》。」

【箋　註】

① 移守密州：蘇軾于熙寧四年（一〇七一年）通判杭州，七年（一〇七四年）五月詔下改知密州，九月離杭赴任。蘇

轍《超然臺賦序》：「子瞻既通守餘杭，三年不得代，以轍之在濟南也，求爲東州守。」作者《密州謝上表》：「擕孥上國，預憂桂玉之不充。請郡東方，實欲弟昆之相近。」　密州：今山東諸城縣。《太平寰宇記》卷二四：「密州，……今州理即魯之諸城也。戰國時屬齊。漢文帝十六年，分齊立膠西國，都高密。宣帝更名高密國。後漢改爲北海國，屬青州。晉太康元年，立東莞郡，屬徐州。後魏延昌中，復置高密郡。永安二年，分青州立膠州。隋開皇五年，改膠州爲密州，取境中密水爲名。大業三年，罷密州改爲高密郡。隋氏喪亂，陷于寇賊。唐武德五年，山東底定，改置密州，領諸城、安邱、高密三縣。貞觀八年，省莒州，以莒縣來屬。天寶元年，改爲高密郡。乾元元年，復爲密州。皇朝爲安化郡節度。元領四縣：諸城、安邱、莒縣、高密。」

② 功成名遂：即取得功名成就。《老子》卷上第九章：「功成名遂身退，天之道。」

③ 三萬場：李白《襄陽歌》：「百年三萬六千日，一日須傾三百杯。」白居易《對酒》：「人生一百歲，通計三萬日。」

④ 痛飲：劉義慶《世説新語》下卷上《任誕》：「王孝伯(恭)言：『名士不必須奇才，但使常得無事，痛飲酒，熟讀《離騷》，便可稱名士。』」

⑤ 「墮淚」句：晉·習鑿齒《襄陽耆舊記》卷五《牧守》：「羊祜，字叔子。武帝將有滅吳之志，以祜爲都督荆州諸軍事，率營兵出鎮南夏。開設庠序，綏懷遠近，甚得江漢之心。……祜卒後，襄陽百姓于祜平生游憩之所，建碑立廟，歲時饗祭焉。望其碑者，莫不流涕，杜預因名爲『墮淚碑』。」　羊公：即羊祜。此句以襄陽人民所懷念而爲之墮淚的羊祜之「羊」與楊繪之「楊」同音，戲贊楊繪深得民心。

浣溪沙　菊節別元素〔一〕①

縹緲危樓紫翠間②。良辰樂事古難全〔二〕③。感時懷舊獨凄然〔三〕。　璧月瓊枝空夜夜④，菊花人貌自年年⑤。不知來歲與誰看。

【校　勘】

〔一〕此詞傅本存目缺詞。吳本題缺「別元素」三字，據二妙集、毛本補。元本、朱本、龍本、曹本題作「自杭移密守，席上別楊元素，時重陽前一日。」

〔二〕「古」，二妙集、毛本作「苦」。

〔三〕「感」，明刊全集作「幾」。

【編　年】

熙寧七年甲寅（一〇七四年）九月，作於杭州。傅藻《東坡紀年錄》：「熙寧七年甲寅，答元素〔作〕《浣溪沙》。」

【箋　註】

①菊節：古時九月九日重陽節有佩茱萸、食蓬餌、飲酒賞菊之俗，故亦稱重陽節爲菊花節。王維《奉和聖製重陽節宰臣及群臣上壽應制》詩：「無窮菊花節，長奉柏梁篇。」

②紫翠：狀山色也。杜牧《早春閣下寓直蕭九舍人亦直内署因寄書懷四韻》：「千峰横紫翠，雙闕凭欄干。」

③「良辰」句：謝靈運《擬魏太子鄴中集詩八首序》云：「天下良辰、美景、賞心、樂事，四者難并。」言天下「良辰」、「美景」、「賞心」、「樂事」這四件美好事物，很難同時出現。「良辰」句即本於此。

④璧月：謂月圓如璧。《陳書》卷七《張貴妃傳》：「其曲有《玉樹後庭花》《臨春樂》等，……其略曰：『璧月夜夜滿，瓊樹朝朝新。』」　瓊枝：屈原《離騷》：「溘吾遊此春宮兮，折瓊枝以繼佩。」洪興祖補注：「瓊，玉之美者。傳曰，南方有鳥，其名爲鳳，天爲生樹，名曰瓊枝，高百二十仞，大三十圍，以琳琅爲實。」

⑤「菊花」句：傅注：「戎昱詩：『菊花一歲歲相似，人貌一年年不同。』」案《全唐詩》戎昱卷無此句，疑爲戎昱佚詩。

又　重九〔一〕

白雪清詞出坐間①。愛君才器兩俱全。異鄉風景卻依然〔二〕。　可恨相逢能幾日，不知重會是何年。茱萸仔細更重看②。

【校　勘】

〔一〕此詞傳本存目缺詞。元本、朱本、龍本、曹本無題。《全宋詞》題下有「舊韻」二字。

〔二〕「卻」，二妙集誤作「各」。

【編　年】

熙寧七年甲寅（一〇七四年）九月，作於杭州。朱孝臧《東坡樂府》卷一：「案韻同前首，疑同時答元素作也。」

【箋　註】

①白雪：古曲名。宋·郭茂倩《樂府詩集》卷五七《白雪歌》序引謝希逸《琴論》：「劉涓子善鼓琴，制《陽春》《白雪》曲。琴集曰：《白雪》，師曠所作商調曲也。」《舊唐書》卷二八《音樂一》：「楚大夫宋玉對襄王云：『有客於郢中歌《陽春》《白雪》，國中和者數十人。』是知《白雪》琴曲，本宜合歌，以其調高，人和遂寡。自宋玉以後，迄今千祀，未有能歌《白雪曲》者。」原曲早已不傳，唐以後所流傳者，乃唐高宗顯慶六年（六六一年）太常丞呂才所造。清詞：清新雅麗的文詞。《宋書》卷六七《謝靈運傳》：「雖清辭麗句，時發乎篇，而蕪音累氣，固亦多矣。」杜甫《戲爲六絶句》其五：「不薄今人愛古人，清詞麗句必爲鄰。」坐間：猶云登時、一時。張相《詩詞曲語辭匯釋》卷四《坐來》條：「杜荀鶴《旅舍遇雨》詩：『月華星彩坐來收，嶽色江聲暗結愁。』此爲登時或一時義。楊萬里《小舟晚興》詩：『人在非晴非雨天，船行不浪不風間。坐來堪喜還堪恨，看得南山失北山。』言一時喜恨交集也。復次，陸游

《劍南詩稿》五有《北窗梧葉坐間落四五有感》題目，語意似從上述李白詩（案：指《單父東樓秋夜送族弟沈之秦》）「坐來黄葉落四五」脱胎來；特「坐來」則作「坐間」。按蘇軾自杭移密守席上别楊元素《浣溪沙》詞：「白雪清詞出坐間，愛君才氣兩俱全。」又朱敦儒洛川小飲和駒父《好事近》詞：「坐間玉潤賦妍辭，情語見真樂。」兩詞均指飲席臨時唱和而言，則「坐間」殆亦爲登時之義。」

②「茱萸」句：杜甫《九日藍田崔氏莊》：「明年此會知誰健，醉把茱萸仔細看。」「茱萸」，植物名，古俗重陽節佩戴茱萸，以祛邪避災。《西京雜記》卷三：「九月九日佩茱萸，食蓬餌，飲菊華酒，令人長壽。」

南鄉子

沈强輔雯上出文犀、麗玉作胡琴〔一〕①，送元素還朝，同子野各賦一首

裙帶石榴紅。卻水殷勤解贈儂。應許逐雞雞莫怕②，相逢。一點靈犀必暗通〔二〕③。　何處遇良工。琢刻天真半欲空。願作龍香雙鳳撥④，輕攏⑤。長在環兒白雪胸⑥。

【校　勘】

〔一〕題上原有「公舊序云」四字，顯係出自編蘇詞者之手，據毛本、龍本、曹本刪去。「文」字原缺，據傅本補。

〔二〕「犀」，傅本、元本、朱本、龍本、曹本作「心」。

【編年】

熙寧七年甲寅（一〇七四年）九月，作於湖州。案：此詞朱本、龍本、曹本均編熙寧七年甲寅九月，當據詞題。宋・吴聿《觀林詩話》云：「東坡在湖州，甲寅年，與楊元素、張子野、陳令舉，由苕霅泛舟至吴興。東坡家尚（案：疑有奪文）出琵琶，並沈冲宅犀玉共三面胡琴。又州妓一姓周，一姓邵，呼爲『二南』。」與詞題相符。張子野有《南鄉子》「送客過餘溪，聽天隱二玉鼓胡琴」，當爲與蘇軾同時所作。

【箋註】

① 雯上：未詳所指。或云乃「席上」之誤（見夏承燾《張子野年譜》引），如是則文意豁然曉暢。或疑當作「霅上」，即指霅溪。　文犀麗玉作胡琴：用貴重犀牛角和美玉貼飾製作的胡琴。文犀，有花紋的犀牛角。《後漢書》卷二四《馬援傳》：「及卒後，有上書譖之者，以爲前所載還，皆明珠文犀。」唐・李賢注：文犀，「犀之有文彩也」。麗玉：美玉。　胡琴：古時泛稱來自西北各民族的撥弦樂器。唐宋時或指琵琶，或指忽雷（形似琵琶）。

② 逐雞：晉・葛洪《抱朴子内篇》卷四《登涉》：「得真通天犀角三寸以上，刻以爲魚，而啣之以入水，水常爲人開，方三尺，可得炁息水中。又通天犀角，有一赤理如綖，自本徹末。以角盛米，置群雞中，雞欲啄之，未至數寸，即驚却

退。故南人或名通天犀爲駭雞犀。」

③「一點」句：李商隱《無題》詩：「身無彩鳳雙飛翼，心有靈犀一點通。」指兩心相通。

④龍香雙鳳撥：用龍香木雕刻成雙鳳狀的撥子。　撥：撥子，撥弦之具。唐·鄭嵎《津陽門詩》：「玉奴琵琶龍香撥，倚歌促酒聲嬌悲。」自注：「貴妃妙彈琵琶，其樂器聞於人間者，有邏沙檀爲槽，龍香柏爲撥者。」蘇軾《宋叔達家聽琵琶》：「數絃已品龍香撥，半面猶遮鳳尾槽。」一説，「雙鳳」指琵琶上像雙鳳一樣的花紋。宋·樂史《楊太真外傳》卷上：「妃子琵琶邏沙檀，寺人白季貞使蜀還獻。其木溫潤如玉，光耀可鑒，有金縷紅文，蹙成雙鳳。」

⑤輕攏：攏，彈奏弦樂器的一種指法，手指扣弦。唐·段安節《樂府雜錄·琵琶》：「次有裴興奴與(曹)綱同時。曹綱善運撥若風雨，而不事扣絃；興奴長於攏撚，不撥稍軟。時人謂：『曹綱有右手，興奴有左手。』」白居易《琵琶行》：「輕攏慢撚抹復挑，初爲霓裳後六幺。」

⑥環兒：傅注：「環兒，貴妃小字玉環也。凡作樂，若琴瑟類皆置而撫弦，惟琵琶則抱以按曲，故云『長在環兒白雪胸。』」此以玉環比歌妓。

【參考資料】

宋·張先(子野)《南鄉子·送客過餘溪聽天隱二玉鼓胡琴》：「相並細腰身。時樣宮妝一樣新。曲項胡琴魚尾撥，離人。入塞弦聲水上聞。　天碧染衣巾。血色輕羅碎褶裙。白卉已隨霜女妒，東君。

暗折雙花借小春。」

近人朱孝臧《東坡樂府》卷一：「案二詞（本詞及後一詞）一賦胡琴，一送元素，所謂『各賦一首』也。」

近人鄭文焯《手批東坡樂府》：「此詞題當分爲二，以『胡琴送元素還朝』爲第二題。集中《采桑子慢》題序『有胡琴者，姿色尤好，三公皆一時英秀，景之秀，妓之妙，真爲希遇』云云，是胡琴爲妓女可證。次闋過片所謂『粉淚怨離居』，即胡琴送元素之意。《定風波》送元素作，亦有『紅粉尊前添懊惱』之句，可知胡琴爲元素所眷已。朱云『一賦胡琴，一送元素』，誤甚。至犀麗玉亦妓名，詞中用典切，正可證託喻其人。本集中詠姬人名字，並如是例。此『作』字即結束前題，斷無詠作胡琴之理。況以玉作胡琴，更與送元素無關。詞中『良工』『琢刻』云云，皆喻言麗玉之天真，故下有『願作龍香雙鳳撥』之語，益足徵命題之義。且集中謂『某出妓』，或『侍姬某』，亦詞人恒例，豈可泥於『琢刻』等字，即謂其切『作』字，不亦死於句下乎？集中雙荷葉，本耘老侍兒小名，公即以爲曲名，且詞中以荷葉貼切，尤盡清妙之致，此犀麗玉並姓字亦曲曲寫出，獨何疑乎？」（轉引自龍榆生《東坡樂府箋》卷一）

又

贈行[一]①

旌旆滿江湖。詔發樓船萬舳艫②。投筆將軍因笑我③，迂儒。帕首腰刀是丈夫④。　粉淚怨離居⑤。喜子垂窗報捷書⑥。試問伏波三萬語⑦，何如。一斛明珠換緑珠⑧。

【校　勘】

[一]傅本、元本、朱本、龍本、曹本無題。

【編　年】

熙寧七年甲寅（一〇七四年）九月，作於湖州。案：朱本、龍本、曹本均編熙寧七年九月，當爲於湖州送元素還朝作。

【箋　註】

① 贈行：楊元素去杭守，似有典兵之議，故蘇軾作壯詞贈行，後未果。參看後附朱孝臧説。

② 樓船：有疊層之大船，多爲戰船。《史記》卷三〇《平準書》：「是時，越欲與漢用船戰逐，乃大修昆明池，列觀環

之，治樓船，高十餘丈，旗幟加其上，甚壯。」　舳艫：泛稱船隻。《漢書》卷六《武帝紀》：元封五年冬，行南巡狩，自尋陽浮江。「舳艫千里，薄樅陽而出」。注：「舳，船後持柂處也；艫，船前頭刺櫂處也。言其船多，前後相銜，千里不絕也。」

③投筆將軍：指東漢班超。《後漢書》卷四七《班超傳》：「班超字仲升，扶風平陵人。……爲人有大志，不修細節。……家貧，常爲官傭書以供養。久勞苦，嘗輟業投筆歎曰：『大丈夫無它志略，猶當效傅介子、張騫立功異域，以取封侯，安能久事筆研間乎？』左右皆笑之。超曰：『小子安知壯士志哉！』」

④帕首：裹頭巾幘。　腰刀：其形微彎而柄短，略如今之指揮刀。不用時入鞘佩於腰，故云。　韓愈《送鄭尚書序》：「大府帥或道過其府，府帥必戎服，左握刀，右屬弓矢，帕首袴韡，迎郊。」

⑤離居：離群索居之省。此謂夫婦分離。《楚辭·九歌·大司命》：「折疏麻兮瑤華，將以遺兮離居。」《文選》卷二九《古詩十九首》之六：「同心而離居，憂傷以終老。」

⑥喜子：蜘蛛之一種。喜通蟢，又名喜蜘蛛，古曰蠨蛸　《爾雅注疏》卷九《釋蟲》：「蠨蛸，長踦。」郭璞注：「小蜘蛛長腳者，俗呼爲喜子。」邢昺疏：「《詩·東山》云：『蠨蛸在户。』陸機疏云：「一名長腳，荆州河内人謂之喜母。此蟲來著人衣，當有親客至，有喜也。」

⑦伏波：漢將軍名號。西漢路博德、東漢馬援都受封伏波將軍，參見《漢書》卷六《武帝紀》、《後漢書》卷二四《馬援傳》。　鮑照《代苦熱行》：「戈船榮既薄，伏波賞亦微。」

⑧綠珠：晉石季倫歌妓，善吹笛，美而豔，極受寵愛。孫秀求之，崇不許，秀矯詔收崇，綠珠墜樓自盡。唐·劉恂《嶺表錄異》卷上：「綠珠井，在白州雙角山下。昔梁氏之女有容貌，石季倫爲交趾採訪使，以珍珠三斛買之。梁氏之居，舊井存焉。耆老傳云：汲飲此水者，生女必多美麗。閭里有識者，以美色無益於時，遂以巨石鎮之。爾後雖時有産女端麗，則七竅四肢多不完全。」

【參考資料】

近人朱孝臧《東坡樂府》卷一：「元素典兵，史無明文。張子野送元素詞云：『浴殿詞臣亦議兵，禁中頗牧黨羌平。』或者時有是命，寢而未行。」

定風波　送元素

千古風流阮步兵〔一〕①。平生遊宦愛東平②。千里遠來還不住。歸去。空留風韻照人清。紅粉尊前深懊惱〔二〕。休道〔三〕。怎生留得許多情〔四〕。記得明年花絮亂〔五〕。須看〔六〕。泛西湖是斷腸聲〔七〕③。

【校　勘】

〔一〕「千」，元本、朱本、龍本、曹本作「今」。

〔二〕「深」，元本、朱本、龍本、曹本作「添」。「惱」，原作「恨」，據諸本改。

〔三〕「休」，原作「知」，據元本、朱本、龍本、曹本、《全宋詞》改。

〔四〕「怎生」，元本、朱本、龍本、曹本作「如何」。

〔五〕「得」，傅本、元本、朱本、龍本、曹本作「取」。「絮」，原作「繁」，據諸本改。

〔六〕「須看」，傅本、元本、朱本、龍本、曹本作「看泛」。

〔七〕「泛西湖」，元本、朱本、龍本、曹本作「西湖總」。

【編　年】

熙寧七年甲寅（一〇七四年）九月，作於湖州。朱孝臧《東坡樂府》卷一：「案張子野送元素、送子瞻詞，皆同此韻，當在二公過湖州時作。元素守杭未久即内召，子野詞有『詔卷促歸』語，與此詞『千里遠來還不住』情事正合。『明年花絮』，與子野之『黄鶯相識晚』又俱謂元素去之速也。」夏承燾《張子野年譜》亦編熙寧七年九月作於湖州。孔《譜》編熙寧六年作於杭州，云：「楊繪自知鄆州來杭，旋别去，賦《定風波》送行。張先次韻贈繪及蘇軾。」又云：「《咸淳臨安志》卷四十六謂熙寧七年六月己巳，繪自應天府知杭，繪此來非爲知杭，故『不住』而歸。」案孔《譜》云楊繪熙寧六年「來杭，旋别去」，既不言何月，又無文獻資料佐證，僅憑《定風波》詞定論，當存疑。詞云：「千里遠來還不住，歸去，空留風韵照人清。」應指繪熙寧七年守杭時事，已見朱言。據《咸淳臨安志》卷四六：熙寧七年六月己巳（初三日），繪自應天府徙知，再入爲翰林學士兼侍讀，九月去任，知潭州沈起來代。繪在杭守任僅兩個多月便離去，是爲「千里遠來還不住，歸去」之注腳。「記取明年」三句，意謂今年你我皆離杭而去，明年花開季節，西湖美景無人再賞矣。九月，楊繪赴京，蘇軾赴密，二人同舟北上，在湖州同張先、劉孝叔、李公擇、陳令舉爲「六客之會」，蘇軾作詞送楊繪，張先和作二首，一送楊繪，一送蘇軾，乃意中事。果爲熙寧六年在杭州作，張先和詞曰「送元素内翰」則可，曰「送子瞻」則與情事不合，因爲蘇軾當時仍在杭州，張先何由送之？故仍從朱本並採夏説編於熙寧七年九月湖州作。

【箋　註】

①　阮步兵：晉朝文學家阮籍（二一〇——二六三年），曾爲步兵校尉，世稱阮步兵。「竹林七賢」之一。

②　「平生」四句：《晉書》卷四九《阮籍傳》：「籍容貌瓌傑，志氣宏放，傲然獨得，任性不羈，而喜怒不形於色。……及文帝輔政，籍嘗從容言於帝曰：『籍平生曾遊東平，樂其風土。』帝大悦，即拜東平相。籍乘驢到郡，壞府舍屏障，使内外相望，法令清簡，旬日而還。」此詞上片借阮籍譽元素。

③　斷腸聲：陳・張正見《度關山》：「還聽嗚咽水，併切斷腸聲。」

【參考資料】

宋・張先《定風波令・次子瞻韻送元素内翰》：「浴殿詞臣亦議兵。禁中頗牧黨羌平。詔卷促歸難自緩。溪館。綵花千數酒泉清。　春草未青秋葉暮。□去。一家行色萬家情。可恨黃鶯相識晚。望斷。湖邊亭上不聞聲。」又·《再次韻送子瞻》：「談辨纔疏堂上兵。畫船齊岸暗潮平。萬乘靴袍曾好問。須信。文章傳口齒牙清。　三百寺應遊未徧。□算。湖山風物豈無情。不獨渠丘歌叔度。行路。吳謠終日有餘聲。」

今人曹樹銘《東坡詞》卷一：「按朱註所稱『張子野送元素、送子瞻詞，皆同此韻。』惟查《全宋詞》本張先詞《定風波令·次子瞻韻送元素內翰》『浴殿詞臣亦議兵』，上片兵、平、緩、館、清；下片暮、去、情、晚、斷、聲。又《次韻送子瞻》『談辨纔疏堂上兵』，上片兵、平、問、信、清；下片徧、算、情、度、路、聲。與此詞叶韻，並不全同。附誌備考。」

減字木蘭花

過吴興，李公擇生子，三日會客，作此詞戲之〔一〕①

惟熊佳夢②。釋氏老君曾抱送〔二〕③。壯氣橫秋④。未滿三朝已食牛⑤。　犀錢玉果⑥。利市平分沾四坐⑦。多謝無功⑧。此事如何到得儂〔三〕。

【校　勘】

〔一〕元本、朱本、龍本、曹本題作「秘閣古《笑林》云：晉元帝生子，宴百官，賜束帛。殷羡謝曰：『臣等無功受賞。』帝曰：『此事豈容卿有功乎？』同舍每以爲笑。余過吳興，而李公擇適生子，三日會客。求歌辭，乃爲作此戲之。舉坐皆絶倒」。

〔二〕「曾」，元本、朱本、龍本、《全宋詞》、曹本作「親」。

〔三〕「到」，元本、朱本、龍本、曹本作「著」。

【編年】

熙寧七年甲寅（一〇七四年）九月，作於湖州。傅藻《東坡紀年録》：「熙寧七年甲寅，過吳興，李公擇生子，作《減字木蘭花》。」

【箋註】

① 李公擇：秦觀《故龍圖直學士中大夫知成都府李公行狀》：南康軍建昌縣李常，字公擇。皇祐中，登進士甲科，授防禦推官權江州軍事判官丁昌源郡。神宗即位，詔大臣舉館職，魯宣公以公應詔，召試學士院，除秘閣校理，改右正言。是時王荆公輔政，始作新法，諫官御史論不合者輒斥去。公上疏力抵其非，而其論青苗尤爲激切，至十餘上不已。於是落職，通判滑州。歲餘復職，知鄂州，徙知湖州，遷尚書祠部員外郎，賜五品服，徙知齊州。公去國十五年，還朝，士大夫喜見於色，以謂正人復用也。俄守兵部尚書，固辭不受，懇求外補，章屢上，遂出知鄧州。數月徙成都府。元祐五年二月二日暴卒於陝府閿鄉傳舍。《宋史》卷三四四有傳。

②「惟熊」句：《詩經·小雅·斯干》：「吉夢維何，維熊維羆。……大人占之，維熊維羆，男子之祥。」夢見熊羆是生男孩的吉兆。

③ 釋氏：謂佛。佛教始祖爲釋迦牟尼氏，省稱作釋氏。《晉書》卷七七《何充傳》：「于時郗愔及弟曇奉天師道，而充與弟準崇信釋氏，謝萬譏之云：『二郗諂於道，二何佞於佛。』」老君：俗稱老子爲老君或太上老君。《後漢書》卷七〇《孔融傳》：「融（謂李膺）曰：『然。先君孔子與君先人李老君，同德比義，而相師友。』」

④ 横秋：孔稚珪《北山移文》：「風情張日，霜氣横秋。」

⑤ 三朝：舊時風習，嬰兒出生後三日，會集親友，爲嬰兒洗浴稱「洗三」、「洗兒」。蘇軾《借前韻賀子由生第四孫斗老》：「況聞萬里孫，已報三日浴。」食牛：清·孫星衍輯本《尸子》卷下：「虎豹之駒，雖未成文，而有食牛之氣。」杜甫《徐卿二子歌》：「君不見徐卿二子生絶奇，感應吉夢相追隨。孔子釋氏親抱送，並是天上麒麟兒。大兒九齡色清澈，秋水爲神玉爲骨。小兒五歲氣食牛，滿堂賓客皆回頭。」

⑥ 犀錢玉果：均爲洗兒錢。唐·韓偓《金鑾密記》：「天復二年，大駕在岐，皇女生三日，賜洗兒果子。」宋·孟元老《東京夢華錄》卷五「育子」條：「至滿月則生色及繃繡錢，貴富家金銀犀玉爲之，並菓子，大展洗兒會。」宋·蔡絛《鐵圍山叢談》卷四：「祖宗故事，誕育皇子公主，每侈其慶，則有浴兒包子竝賚巨臣戚里。包子者，皆金銀大小錢、金粟、塗金果、犀玉錢、犀玉方勝之屬。如誕皇子，則賜包子罷，又逐後命中使人齎密賜來，約頒諸宰相，餘臣不可得也。密賜者必金合，多至二三百兩，中貯犀玉帶或珍珠瑰寶。」

⑦ 利市：舊時喜慶、節日所討的喜錢。宋·孟元老《東京夢華錄》卷五：「娶婦」條：「前一日，女家前來掛帳，鋪設房卧，謂之鋪房。女家親人有茶酒利市之類。」

⑧「多謝」二句：胡仔《苕溪漁隱叢話前集》卷三八引《漫叟詩話》云：「南唐時，宮中嘗賜洗兒果，有近臣謝表云：『猥蒙寵數，深愧無功。』李主曰：『此事卿安得有功？』」又引《世説》云：「元帝生子，普賜群臣，殷羨謝曰：『皇子誕育，普天同慶，臣無勳焉，而猥頒賚。』中宗笑曰：『此事豈可使卿有勳也？』」案「多謝無功」之語，蘇軾乃用南唐事。

南鄉子　席上勸李公擇酒

不到謝公臺①。明月清風好在哉〔一〕②。舊日髯孫何處去③，重來。短李風流更上才④。

秋色漸摧頹。滿院黃英映酒杯。看取桃花春二月⑤，爭開。盡是劉郎去後栽⑥。

【校　勘】

〔一〕「好」，傳本作「安」。

【編　年】

熙寧七年甲寅(一〇七四年)九月,作於湖州。王文誥《蘇詩總案》卷一二:「熙寧七年甲寅,九月,席上勸李常酒,再作《南鄉子》詞。」又云:「詞有『髯孫』、『短李』句,亦湖州作。」案:此詞傅藻《東坡紀年録》以爲熙寧十年丁巳過齊,時公擇守齊,席上作。朱本、龍本、曹本俱依《紀年録》。然細味此詞「秋色漸摧頹,滿院黄英映酒杯」等語,當作於秋季菊花盛開之時。東坡熙寧十年路經齊州與李公擇相會,時在正月,與詞意不符。

【箋註】

① 謝公臺:傅注:「謝公臺在維揚。」在今揚州。

② 好在:存問之辭。猶言無恙。白居易《履道池上》詩:「家池動作經年别,松竹琴魚好在無?」

③ 髯孫:三國時孫權有紫髯,人稱「髯孫」。《三國志》卷四七《吴書·吴主傳第二》注引《獻帝春秋》云:「張遼問吴降人:『向有紫髯將軍,長上短下,便馬善射,是誰?』降人答曰:『是孫會稽。』」此戲指孫覺。孫曾於熙寧四年十一月知湖州,熙寧六年三月移知廬州,李公擇由鄂州來代。

④ 短李:晚唐詩人李紳,爲人短小精悍,時號「短李」。白居易《編集拙詩成一十五卷因題卷末戲贈元九李二十》:「一篇長恨有風情,十首秦吟近正聲。每被老元偷格律,苦教短李伏歌行。」公擇矮小,亦善詩,故借「短李」戲稱公擇。

⑤ 看取:看着。取,語助辭,猶着。李白《長相思》:「不信妾腸斷,歸來看取明鏡前。」

⑥「盡是」句：唐·孟棨《本事詩·事感第二》：「劉尚書（禹錫）自屯田員外左遷郎州司馬，凡十年始徵還。方春，作《贈看花諸君子》詩曰：『紫陌紅塵拂面來，無人不道看花回。玄都觀裏桃千樹，盡是劉郎去後栽。』其詩一出，傳於都下。有素嫉其名者，白於執政，又誣其有怨憤。他日見時宰，與坐，慰問甚厚。既辭，即曰：『近者新詩，未免爲累，奈何？』不數日，出爲連州刺史。其自叙云：『貞元二十一年春，余爲屯田員外，時此觀未有花。……居十年，詔至京師，人人皆言有道士手植仙桃滿觀，盛如紅霞，遂有前篇，以記一時之事。旋又出牧，於今十四年，始爲主客郎中。重遊玄都，蕩然無復一樹，唯兔葵燕麥動搖於春風耳。因再題二十八字，以俟後再遊。時太和二年三月也。』詩曰：『百畝庭中半是苔，桃花淨盡菜花開。種桃道士歸何處，前度劉郎今獨來。』」劉郎乃劉禹錫自指，此處似借喻倡導改革的王安石「新黨」，詞中「黃英」則爲作者和李常的比況。

菩薩蠻　席上和陳令舉〔一〕①

天憐豪俊腰金晚〔二〕②。故教月向松江滿〔三〕③。清景爲淹留〔四〕④。從君都占秋。

身閒惟有酒〔五〕。試問邀遊首〔六〕⑤。帝夢已遙思〔七〕⑥。怱怱歸去時。

【校　勘】

〔一〕原無題，據傅本、元本、朱本、龍本、曹本補。明刊全集、二妙集、毛本調下註有「缺文」二字。
〔二〕「腰金晚」，原缺，據傅本、元本、朱本、龍本、《全宋詞》、曹本補。
〔三〕「故教月」，原缺，據傅本、元本、朱本、龍本、《全宋詞》、曹本補。
〔四〕「清」，原缺，據傅本、元本、朱本、龍本、《全宋詞》、曹本補。
〔五〕「有酒」，原缺，據傅本、元本、朱本、龍本、《全宋詞》、曹本補。
〔六〕「試問」，原缺，據傅本、元本、朱本、龍本、《全宋詞》、曹本補。「邀」，明刊全集、《全宋詞》作「清」。
〔七〕「已遙思」，原缺，據傅本、元本、朱本、龍本、《全宋詞》、曹本補。

【編　年】

熙寧七年甲寅（一〇七四年）九月，游松江作。朱孝臧《東坡樂府》卷一：「案本集《書游垂虹亭記》：『吾昔自杭移守高密，與楊元素同舟，而陳令舉、張子野皆從吾過公擇於湖，遂與劉孝叔俱至松江。』詞必是時作。」案：蘇軾與劉述、張先游松江事，《蘇詩總案》繫於熙寧七年九月，詞當九月作。

【箋　註】

①　陳令舉：《宋史》卷三三一《陳舜俞傳》：「舜俞，字令舉，湖州烏程人。博學強記。舉進士，又舉制科第一。熙寧三年，以屯田員外郎知山陰縣，詔俟代還試館職。……青苗法行，舜俞不奉令，上疏自劾，……責監南康軍鹽酒

稅，五年而卒。……蘇軾爲文哭之，稱其『學術才能，兼百人之器』」。蘇文見《蘇軾文集》卷六三《祭陳令舉文》。

② 腰金：腰束金飾之帶。《宋史》卷一五三《輿服志》五：「帶，古惟用革，自曹魏而下，始有金、銀、銅之飾。宋制尤詳，有玉、有金、有銀、有犀，其下銅、鐵、角、石、墨玉之類，各有等差。」又：「太宗太平興國七年正月，翰林學士承旨李昉等奏曰：奉詔詳定車服制度，請從三品以上服玉帶，四品以上服金帶。」杜甫《季夏送鄉弟韶陪黄門從叔朝謁》：「捨舟策馬論兵地，拖玉腰金報主身。」

③ 松江：又名吳松江。《元和郡縣圖志》卷二五《蘇州》：「松江在（吳）縣南五十里，經崑山入海。《左傳》云：『越伐吳，軍於笠澤』，即此江。」《太平寰宇記》卷九一《蘇州·吳江縣》：「吳江本名松江，又名松陵，又名笠澤。其江出太湖，二源：一江東五十里入小湖；一江東二百六十里入大海，至秋月多生鱸魚，張翰所思鱸鱠之處也。」

④ 淹留：久留。屈原《離騷》：「時繽紛其變易兮，又何可以淹留。」

⑤ 遨遊首：傅注：「成都風俗，以遨遊相尚，綺羅珠翠，雜沓衢巷，所集之地，行肆畢備，須得太守一往後方盛，士人因目太守爲遨頭云。」

⑥ 帝夢：傅注：「高宗夢傅説，使以像求之，立以爲相。」《尚書·説命上》：「高宗夢得説，使百工營求諸野，得諸傅巖，作《説命》三篇。」傅注本此。此用殷高宗（武丁）因夢而尋訪傅説爲相，喻神宗皇帝詔用楊繪。

【參考資料】

宋·張先《定風波令》序云：「霅溪席上，同會者六人，楊元素侍讀、劉孝叔吏部、蘇子瞻、李公擇二學士、陳令舉賢良。」詞云：「西閣名臣奉詔行。南牀吏部錦衣榮。中有瀛仙賓與主。相遇。平津選首更神清。　溪上玉樓同宴喜。歡醉。對堤杯葉惜秋英。盡道賢人聚吳分。試問。也應旁有老人星。」

宋·蘇軾《東坡志林》卷一《記遊松江》：「吾昔自杭移高密，與楊元素同舟，而陳令舉、張子野皆從余過李公擇于湖，遂於劉孝叔俱至松江。夜半月出，置酒垂虹亭上。子野年八十五，以歌詞聞天下，作《定風波令》，其略云：『見和賢人聚吳分，試問，也應傍有老人星。』坐客歡甚，有醉倒者，此樂未嘗忘也。今七年耳，子野、孝叔、令舉皆爲異物，而松江橋亭，今歲七月九日海風架潮，平地丈餘，蕩盡無復孑遺矣。追思曩時，真一夢耳。元豐四年十二月十二日，黄州臨皋亭夜坐書。」

阮郎歸　蘇州席上作〔一〕

一年三度過蘇臺①。清尊長是開。佳人相問苦相猜。這回來不來？　情未盡，老先催。人生真可咍②。他年桃李阿誰栽？劉郎雙鬢衰〔二〕③。

【校勘】

〔一〕元本、朱本、龍本、曹本題作「一年三過蘇，最後赴密州時，有問『這回來不來』，其色凄然。太守王規父嘉之，令作此詞」。

〔二〕「哀」，原作「摧」，據元本、朱本、龍本、曹本、《全宋詞》改。

【編年】

熙寧七年甲寅（一〇七四年）十月，作於蘇州。傅藻《東坡紀年錄》：「熙寧七年甲寅，赴密過蘇，有問『這回來不來』者，其色凄然。蘇守嘉之，令求詞，作《阮郎歸》。」王文誥《蘇詩總案》卷一二：「熙寧七年甲寅，十月至金閶，飲於王誨席上，時已三過蘇臺。誨令歌者求公詞，因作《阮郎歸》詞。」

【箋註】

①「一年」句：王文誥《蘇詩總案》卷一二：「詞云『一年三度』者，自（熙寧）六年十一月計至（熙寧）七年十月爲一年三度也。」案：熙寧六年十一月，蘇軾以轉運司檄往常、潤、蘇、秀賑濟飢民，十二月至蘇，七年五月末又至，此次爲第三次，故云。　蘇臺：即姑蘇臺。傅注：「姑蘇臺在蘇州。」詳見《菩薩蠻》（玉童西迓浮丘伯）注⑦。

②咍：嗤笑。屈原《九章·惜誦》：「行不群以巔越兮，又衆兆之所咍。」王逸註：「咍，笑也。楚人謂相啁笑曰咍。」

③劉郎：此處作者以「劉郎」自比，以「桃李」喻佳人。詳見《南鄉子》（不到謝公臺）注⑥。

醉落魄　蘇州閶門留别〔一〕①

蒼顔華髮。故山歸計何時決。舊交新貴音書絶②。惟有佳人，猶作殷勤别。　離亭欲去歌聲咽〔二〕③。瀟瀟細雨涼吹頰〔三〕。淚珠不用羅巾裛④。彈在羅衣〔四〕，圖得見時説。

【校　勘】

〔一〕題原作「憶别」，據傅本、元本、二妙集、毛本、朱本、龍本、曹本改。

〔二〕「欲」，原作「一」，據諸本改。

〔三〕「吹」，傅本作「生」。

〔四〕「衣」，元本、朱本、龍本、曹本作「衫」。

【編　年】

熙寧七年甲寅（一〇七四年）十月，作於蘇州。朱孝臧《東坡樂府》卷一：「案此與前調，疑同時作。」案：朱本將此詞編甲寅十月，並無自信。龍本、曹本並從朱本。今暫編甲寅十月，以俟詳考。

【考　辨】

毛本題下有注云：「一刻山谷，但『故山歸計何時決』作『故鄉歸路無因得』。」《全宋詞》於蘇軾此詞末注云：「又案此首別見黃庭堅《豫章黃先生詞》。」查明弘治刻嘉靖遞修本《豫章黃先生詞》確曾收此詞，明·卓人月《古今詞統》亦作黃庭堅詞，題作「吳閶留別」，注：「一刻東坡。」《全宋詞》據明本《豫章黃先生詞》補入黃庭堅詞集，注：「案此首別又見《東坡詞》卷下。」無題，「何時決」作「無因得」，「佳人」作「家人」，「吹」作「生」。南宋閩刻本《山谷琴趣外編》不收此詞，吳訥《唐宋名賢百家詞》本《山谷詞》、汲古閣本《山谷詞》亦均不載。汲古閣本有注云：「舊刻五調，考『蒼顏華髮』是東坡作，删去。」一九五七年龍榆生校訂《豫章黃先生詞》，從汲古閣本。案：此詞《東坡詞》諸本均收，明·沈際飛《草堂詩餘別集》卷二、潘游龍《古今詞餘醉》卷八、清·黃式《古今別腸詞選》卷二亦並作蘇軾詞，足證原詞當爲蘇軾作而誤入黃山谷集中。曹樹銘校編《東坡詞》卷一亦云：「案山谷攜妻子在外遊宦貶謫多年，故山谷詞中多寄家人之作。今此詞上片既云『故山歸計無因得』，又續云『惟有家人猶作殷勤別』，此乃矛盾之詞。又考山谷集中，僅《撥棹子》『歸去來』一首內，有『攜手舊山歸去來』一句，而東坡詩詞尺牘中，『故山歸計』一語，數見不鮮，此與山谷之口吻又不類。故此詞斷非山谷所作。」

【箋註】

① 閶門：又名閶闔門。《太平寰宇記》卷九一《蘇州·吳縣》：「閶闔門，吳城西門也，以天門通閶闔，故名之。」又引《郡國志》云：「舊閶闔門，春申君改爲閶門。」《吳越春秋》卷四《闔閭內傳》：「立閶門者，以象天門，通閶闔風也。」

……闔閭欲西破楚，楚在西北，故立閶門，以通天氣，因復名之破楚門。」

② 「舊交新貴」句：言困厄之時，新貴們雖爲舊交，書信早已斷絶。《漢書》卷五〇《鄭當時傳》：「先是下邽翟公爲廷尉，賓客亦填門，及廢，門外可設爵羅。後復爲廷尉，客欲往，翟公大署其門曰：『一死一生，乃知交情；一貧一富，乃知交態；一貴一賤，交情乃見。』」杜甫《狂夫》：「厚禄故人書斷絶，恒饑稚子色凄涼。」

③ 離亭：秦漢時所設置的供旅客食宿的處所。其去郡縣遠者，謂之離亭，猶言離宫也。其在郭内者，謂之都亭。漢《曹全碑》：「大女桃婓等，合七首藥神明膏，親至離亭。」唐・駱賓王《送劉少府遊越州》：「離亭分鶴蓋，別岸指龍川。」

④ 裛：原意爲沾濕，此作揩拭解。

【參考資料】

明・沈際飛《草堂詩餘別集》卷二：「止有佳人惜別可悲，既有佳人惜別可慰。墨香猶噴。」

菩薩蠻　潤州和元素〔一〕

玉笙不受朱脣暖〔二〕①。離聲凄咽胸填滿。遺恨幾千秋〔三〕。恩留人不留〔四〕。　他年京國酒②。泫淚攀枯柳〔五〕③。莫唱短因緣④。長安遠似天⑤。

【校　勘】

〔一〕題原作「感舊」，據傅本、元本、朱本、龍本、曹本改。

〔二〕「朱」，明刊全集、二妙集、毛本、朱本、龍本作「珠」。

〔三〕「秋」，傅本作「愁」。

〔四〕「恩」，元本、朱本、龍本、曹本作「心」。

〔五〕「泫」，元本、朱本、龍本、曹本作「墮」。

【編　年】

熙寧七年甲寅（一〇七四年）十月，作於潤州。傅藻《東坡紀年録》：「熙寧七年甲寅，潤州和元素（作）《菩薩蠻》。」

【箋　註】

① 「玉笙」句：漢·應劭《風俗通義》卷六《聲音·笙》：「《世本》：『隨作笙。』長四寸，十二（當作十三）簧，像鳳之身，正月之音也，物生，故謂之笙。」《宋書》卷一九《樂志》一：「笙，隨所造，不知何代人。……漢章帝時，零陵文學奚景於舜祠得笙。白玉管。後世易之以竹乎。」梁·陸罩《詠笙詩》：「管清羅袖拂，響合絳脣吹。」

② 京國酒：古代京口名酒。《晉書》卷六七《郄超傳》：「（桓）溫恒云：『京口酒可飲，兵可用。』」案：京口即宋潤州。

京口爲三國時吴國國都，故稱京口酒爲京國酒。

③ 攀枯柳：《晉書》卷九八《桓溫傳》：「溫自江陵北伐，行經金城，見少爲琅邪時所種柳，皆已十圍，慨然曰：『木猶如此，人何以堪！』攀枝執條，泫然流涕。」

④ 短因緣：《太平廣記》卷三四九引《纂異記》：唐開成初有鮑生者，家多麗妓。遇外弟韋生有良馬，鮑出二妓爲酒勸韋，韋請以馬换妓。鮑許以抱胡琴者，乃命歌以送韋酒。既而妓又歌以送鮑酒。歌曰：「風飈荷珠難暫圓，多生信有短因緣。西樓今夜三更月，還照離人泣斷弦。」

⑤ 長安遠：注見《江城子》（翠蛾羞黛怯人看）注⑤。

采桑子　潤州多景樓與孫巨源相遇〔一〕

多情多感仍多病，多景樓中①。尊酒相逢②。樂事回頭一笑空。　停杯且聽琵琶語③，細撚輕攏④。醉臉春融〔二〕。斜照江天一抹紅⑤。

【校　勘】

〔一〕「多」，明刊全集、二妙集、毛本作「東」。元本、朱本、龍本、曹本題並作「潤州甘露寺多景樓，天下之殊景也。甲寅仲冬，余同孫巨源、王正仲參會於此。有胡琴者，姿色尤好。三公皆一時英秀，景之秀，妓之妙，真爲希遇。飲闌，巨源請於余曰：『殘霞晚照，非奇才不盡。』余作此詞。」

〔二〕「融」，原作「容」，據諸本改。

【編年】

熙寧七年甲寅（一〇七四年）十月，作於潤州。傅藻《東坡紀年錄》：「熙寧七年甲寅，多景樓與孫巨源相遇作《採桑子》。」

【箋註】

① 多景樓：《太平寰宇記》卷八九：「多景樓在甘露寺内。」宋·王象之《輿地紀勝》卷七《鎮江府·景物下》：「甘露寺在北固山，唐·李德裕建。時甘露降此山，因名。……中興以來，郡守陳天麟作多景樓於其上。」孫巨源：《宋史》卷三二一《孫洙傳》：孫洙字巨源，廣陵（今揚州）人。羈丱能文，未冠擢進士。應制科，進策五十篇，指陳政體，明白剴切。韓琦讀之，太息曰：「慟哭流涕，極論天下事，今之賈誼也。」再遷集賢校理、知太常禮院。治平中，兼史館檢討、同知諫院。王安石主新法，多逐諫官御史，洙知不可，力求補外，得知海州。尋幹當三班院，同修起居注，進知制誥。元豐初，兼直學士院，擢翰林學士，纔踰月，得疾，於是竟卒，年四十九。

② 尊酒相逢：韓愈《贈鄭兵曹》：「尊酒相逢十載前，君爲壯夫我少年。尊酒相逢十載後，我爲壯夫君白首。」

③ 琵琶語：白居易《琵琶行》：「今夜聞君琵琶語，如聽仙樂耳暫明。」此指席上歌妓所彈琵琶曲調。

④ 細撚輕攏：見《南鄉子》(裙帶石榴紅)注④。

⑤ 一抹紅：唐·羅虬《比紅兒詩》之一七：「一抹濃紅傍臉斜，妝成不語獨攀花。」此指晚霞映江景色。

【參考資料】

宋·蘇軾《與李公擇十七首》之四(赴密州)：「某已到揚州，此行天幸，既得李端叔與老兄，又途中與完夫、正仲、巨源相會，所至輒作數劇飲笑樂。人生如此有幾，未知他日能復繼此否？乍爾暌違，臨紙於邑。」(中華書局本《蘇軾文集》卷五一)

宋刊《王狀元集百家注分類東坡先生詩》卷一二《潤州甘露寺彈箏》堯卿註引楊元素云：「孫洙巨源、王存正仲，與東坡同遊多景樓。京師官伎皆在，而胡琴者，姿伎尤妙。三公皆一時英彥，境之勝，客之秀，妓之妙，真爲希遇。酒闌，巨源請於東坡曰：『殘霞晚照非奇詞。』遂作《采桑子》，所謂『多情多感仍多病，多景樓中』是也。」(黃善夫家塾刊本)

近人龍榆生《東坡樂府箋》卷一：「案(以上)二説同出一源，雖字句頗有參差，然味其語意，必皆元素紀錄之詞。而王文誥註(見《蘇詩編注集成》卷一二)，以三公爲不可解，遽引胡完仲以足之，殊爲可笑。元本如此標題，疑亦旁注混入，或他人引《本事集》爲之，彊邨本亦沿其謬。愚意此詞題自當從傅注本爲妥。」

清·查慎行《蘇詩補註》卷一二《潤州甘露寺彈箏》引《京口志》：「甘露寺有多景樓，中刻東坡熙寧甲寅與孫巨源輩會此賦《采桑子》詞。碑石今尚存。」

清·陳世焜《雲韶集》卷二：「語亦别緻，詩情畫景。只此七字（按：指「斜照江天一抹紅」句），便寫出晚江景色來。」

減字木蘭花〔一〕

銀箏旋品①。不用纏頭千尺錦②。妙思如泉。一洗閒愁十五年。　　爲公少止。起舞屬公公莫起③。風裏銀山④。擺撼魚龍我自閒⑤。

【校　勘】

〔一〕此詞傳本、元本不載。

【編　年】

熙寧七年甲寅（一〇七四年）十月，作於潤州。案：此詞朱本、龍本俱未編年。曹本云：「考此詞與詩集《潤州甘露寺彈箏》，可以相合。此詩首句爲『多景樓上彈神曲』，編在熙寧七年甲寅。復考此詞上片末句内之『十五年』，從嘉祐四年己亥終母喪後還朝起計算，適與此詩之編年相合。可見此詞與本集《采桑子》『多情多感仍多病』，係同時所作。今從詩集移編熙寧七年甲寅。」薛本云：「《詩集》

卷三五有《在彭城日，與定國爲九日黄樓之會。今復以是日，相遇於宋。凡十五年，憂樂出處，有不可勝言者……感之作詩》。案此詞似應同時作。」因編元祐七年自揚州還朝，「九月與王鞏相會於南都」作。又有日本學者認爲，此「十五年」應從熙寧二年二月蘇軾罷父喪還朝，被捲進「黨爭」開始，「十五年」後，相當於元豐六年。則此詞應作於元豐五年十二月張商英過黄州，徐君猷舉行酒宴之時。蘇軾在此宴會上，作有四首《減字木蘭花》，也是吟咏歌女演奏銀筝之美的，且詞牌也相同。以上諸説，係對「十五年」理解有别而各成其説，均爲見仁見智之詞，顯證不足。今暫依曹説編年，以俟詳考。

【箋　註】

①　銀筝：漢·應劭《風俗通義》卷六：「《禮·樂記》：『筝，五弦筑身也。』今并、涼二州筝形如瑟，不知誰所改作也。或曰秦蒙恬所造。」《宋書》卷六四《何承天傳》：「承天又能彈筝，上又賜銀裝筝一面。」　品：品賞、玩味。

②　纏頭：古代歌舞藝人表演時以錦纏頭，演畢，客以羅錦爲贈，稱纏頭。後又作爲贈送女妓財物之通稱。《舊唐書》卷一二〇《郭子儀傳》：「（大曆）二年二月，子儀入朝，宰相元載、王縉、僕射裴冕、京兆尹黎幹、内侍魚朝恩共出錢三十萬，置宴於子儀第，恩出羅錦二百匹，爲子儀纏頭之費，極歡而罷。」餘見《南歌子》（紺綰雙蟠髻）注⑧。

③　「起舞」句：言請你起舞，從《公莫》舞開始。　公莫：舞蹈名。《晉書》卷二三《樂志》：「《公莫舞》，今之《巾舞》也。相傳云項莊劍舞，項伯以袖隔之，使不得害漢高祖，且語項莊云『公莫』。古人相呼曰公，言公莫害漢王也。

今之用巾蓋像項伯衣袖之遺式。」

④銀山：漢·東方朔《神異經·南荒經》：「西南有銀山，長五十餘里，高百餘丈，悉是白銀。」此指舞蹈的內容形象。

⑤擺撼魚龍：漢代少數民族舞蹈動作，像魚龍搖擺。《漢書》卷九六下《西域傳贊》：「設酒池肉林以饗四夷之客，作《巴俞》都盧、海中《碭極》、漫衍魚龍、角抵之戲以觀視之。」顏師古注：「巴俞之人，所謂賨人也，勁鋭善舞。……高祖善觀其舞，因令樂人習之，故有《巴俞》之樂。……魚龍者，爲舍利之獸，先戲於庭極，畢，乃入殿前激水，化成比目魚，跳躍漱水，作霧障日，畢，化成黃龍八丈，出水敖戲於庭，炫燿日光。」　閒：通嫻，熟練。

醉落魄　席上呈元素〔一〕

分攜如昨①。人生到處萍飄泊②。偶然相聚還離索③。多病多愁，須信從來錯。　尊前一笑未辭卻。天涯同是傷淪落④。故山猶負平生約⑤。西望峨嵋，長羨歸飛鶴⑥。

【校　勘】

〔一〕元本、朱本、龍本、曹本「呈」下有「楊」字。

【編　年】

熙寧七年甲寅(一〇七四年)十月,作於潤州。傅藻《東坡紀年錄》:「熙寧七年甲寅,離京口呈元素作《醉落魄》。」案,《蘇軾詩集》卷一二《次韵答元素》施注云:「東坡在杭三年,將去而元素來守杭,席上作《醉落魄》詞。」據此,當作於杭州,元素剛到杭州不久。今依《紀年錄》,蓋蘇軾赴密,元素還朝,同行至京口而別,作此詞。

【箋　註】

① 分攜:離別,意同「分手」。李商隱《飲席戲贈同舍》:「洞中屐響省分攜,不是花迷客自迷。」 如昨:熙寧四年蘇軾通判杭州,在京與元素離別,今又在潤州分手,情景相似,故言如昨。

② 萍飄泊:傅注:「萍無根,逐流而已,豈復有定居?」此言人生如萍在水,任其飄泊也。

③ 離索:見《南鄉子》(旌旆滿江湖)注④。

④ 「天涯」句:白居易《琵琶行》:「同是天涯淪落人,相逢何必曾相識。」

⑤ 「故山」句:白居易《寄王質夫》:「因話出處心,心期老巖壑。……去處雖不同,同負平生約。」此句意含:原來同元素約定要早日返回故鄉,但現在天涯同淪落,同負平生約,都回不去了。

⑥ 歸飛鶴:晉·陶潛《搜神後記》卷一:「丁令威,本遼東人,學道于靈虛山,後化鶴歸遼。」杜甫《卜居》:「歸羨遼東鶴,吟同楚執珪。」丁令威道學成後還能化鶴歸遼,蘇軾與元素都是蜀人却不能回蜀,故「西望峨嵋,長羨歸飛鶴。」

訴衷情　琵琶女〔一〕

小蓮初上琵琶弦①。彈破碧雲天②。分明繡閣幽恨③，都向曲中傳④。　膚瑩玉，鬢梳蟬⑤。綺窗前〔二〕。素娥今夜⑥，故故隨人⑦，似鬭嬋娟⑧。

【校　勘】

〔一〕傅本、元本、朱本、龍本、曹本無題。

〔二〕「綺」，毛本作「依」。

【編　年】

熙寧七年甲寅（一〇七四年）十月，作於潤州。案：此詞朱本、龍本、曹本俱未編年。傅藻《東坡紀年錄》云：「熙寧七年甲寅，離京口呈元素作《醉落魄》《訴衷情》。」京口即潤州。《醉落魄》即前闋「分攜如昨」。《訴衷情》一調，詞集凡三闋：其一爲「錢塘風景古今奇」。此詞諸家俱編入熙寧七年七月於杭州送述古，迎元素作。其二爲「海棠珠綴一重重」。此首係咏物詞，與離情無涉，別見晏殊《珠玉詞》中，是否東坡所作，尚難斷言。即使出自東坡之手，據下片「看葉嫩，惜花紅」、「歲歲年年，共占春風」等語，顯係作於春天。而蘇軾自杭移密守過京口時，乃在十月，即以時令而言亦頗不合。故知此闋亦非《紀年錄》所指。其三即爲本詞。詞借描寫樂女於離筵上彈奏琵琶傳達心中幽恨，抒發作者惜别之情，與《紀年錄》所云「離京口，呈元素」悉相吻合，故知傅藻所指必爲此詞。今據《紀年錄》編入熙寧七年甲寅十月。薛本據《詩集》卷六《宋叔達家聽琵琶》詩，編於熙寧三年，云：「似爲一時之作，故暫編於此。」並無自信，錄以備考。

【考辨】

曹本注：「按東坡此類詞，多在題内書名，同時寫明誰屬，從無直呼小名如此詞者。頗疑此係晏幾道之佚詞。無論如何，非東坡詞。今移列誤入詞。」案：此詞東坡詞諸本均載，别無異説，曹本疑其爲晏幾道佚詞，並無確證，不足信。

【箋註】

① 小蓮：《北史》卷一四《后妃傳》下：「馮淑妃名小憐，大穆后從婢也。……慧黠能彈琵琶，工歌舞。」「小蓮」即「小憐」。《太平御覽》卷九七五《果部·蓮》引《三國典略》云：「馮淑妃，名小蓮也。」（見《四庫全書》本）此以北齊善彈琵琶的馮淑妃比琵琶女。　琵琶：也作「批把」、「枇杷」。應劭《風俗通義·聲音·批把》：「此近世樂家所作，不知誰也。以手批把，因以爲名。長三尺五寸，法天地人與五行，四弦象四時。」劉熙《釋名·釋樂器》：「枇杷本出於胡

中，馬上所鼓也。推手前曰枇，引手却曰杷，象其鼓時，因以爲名也。」《宋書》卷一九《樂記》一引傅玄《琵琶賦》曰：「漢遣烏孫公主嫁昆彌，念其行道思慕，故使工人裁箏、筑，爲馬上之樂。欲從方俗語，故名曰琵琶，取其易傳於外國也。」

②「彈破」句：言琵琶曲調高昂激越，欲將天空震破，即響徹雲天之意。　碧雲天：唐·鄭還古《贈柳氏妓》詩云：「冶豔出神仙，歌聲勝管絃。詞輕白苧曲，歌遏碧雲天。」（此詩傅注引《詩話》誤作柳還古）

③繡閣：猶繡房。少女華麗居室。此代琵琶女。　幽恨：隱藏於内心的感情。

④曲中傳：用樂曲表達出來。杜甫《詠懷古跡五首》之三：「千歲琵琶作胡語，分明怨恨曲中論。」

⑤鬢梳蟬：晉·崔豹《古今註》卷下《雜註》：「魏文帝宮人絶所寵者，有莫瓊樹、薛夜來、田尚衣、段巧笑四人，日夕在側。瓊樹乃製蟬鬢，縹緲如蟬翼，故曰蟬鬢。」白居易《婦人苦》：「蟬鬢加意梳，蛾眉用心掃。」

⑥素娥：嫦娥。月之代稱。南朝·宋·謝莊《月賦》：「引玄兔於帝臺，集素娥於後庭。」李周翰注：「常娥竊藥奔月，月色白，故云素娥。」

⑦故故：常常，頻頻。杜甫《月》詩：「萬里瞿塘峽，春來六上弦。時時開暗室，故故滿青天。」

⑧鬬：猶引也，與逗通。逗，挑逗。見張相《詩詞曲語辭匯釋》卷二「鬬（一）」條。　嬋娟：姿態美好貌。李商隱《霜月》：「青女素娥俱耐冷，月中霜裏鬬嬋娟。」

【參考資料】

明・沈際飛《草堂詩餘别集》卷一：「後段誇女飛宕。」

更漏子 送孫巨源

水涵空，山照市。西漢二疏鄉里①。新白髮②，舊黄金。故人恩義深。　海東頭，山盡處。自古客槎來去③。槎有信，赴秋期。使君行不歸④。

【編　年】

熙寧七年甲寅（一〇七四年）十月，作於楚州。案：此詞傅藻《東坡紀年錄》繫於熙寧七年甲寅，既未言明何月，又未言明何地。王文誥《蘇詩總案》卷一二繫於熙寧七年十月《次韻陳海州乘槎亭》和《次韻陳海州書懷》詩之後，據此當作於海州。朱本據《紀年錄》及《總案》編年，但繫於《醉落魄》（席上呈楊元素）之前。《醉落魄》作於潤州，意爲此詞亦作於潤州。龍本、曹本並同朱本。以上兩説均誤。傅幹《注坡詞》卷七《永遇樂》（長憶别時）有題序云：「孫巨源以八月十五日離海州，坐别於景疏樓上。既而與余會於潤州，至楚州乃别。」孫巨源爲揚州人，曾知海州。當其罷海州内召之時，先由海州回家。揚、潤一水之隔，故得與東坡相遇于潤州，爲多景樓之游。然後一同北上，到楚州後二人分手，蘇軾赴密州，巨源赴汴京。此詞題爲《送孫巨源》，當爲楚州分手時贈别之作。

【箋　註】

①二疏鄉里：二疏皆海州人。《蘇軾詩集》卷十二《次韵孫巨源寄漣水李盛二著作並以見寄五絶》之二「查註」引《名勝志》：「景疏樓在海州治東北。石刻云：宋葉祖洽慕二疏之賢而建。疏廣、疏受，皆東海人。」《漢書》卷七一《疏廣傳》：漢疏廣，其侄疏受，東海人。廣爲太子太傅，受爲少傅，並乞骸骨歸鄉里。宣帝賜黄金二十斤，皇太子贈五十斤，公卿大夫故人邑子設祖道，供帳東都門外。觀者皆曰：「賢哉，二大夫。」廣既歸鄉里，日與故舊賓客，相與飲樂。數問其家金餘尚有幾所？趣賣以共具。曰：「此金者，聖主所以惠養老臣也。故樂與鄉黨宗族共享其賜，以盡吾餘日，不亦可乎？」於是鄉黨族人悦服。

②「新白髮」三句：白髮：指二疏年老，乞骸骨歸鄉里事。黄金：指宣帝及皇太子賜二疏黄金還鄉事，恩深義厚。

③「自古」三句：乘槎亭在海州，故言。餘見《鵲橋仙》（緱山仙子）註④。

④使君：此指孫巨源。

浣溪沙　贈陳海州①。陳嘗為眉令，有聲〔一〕

長記鳴琴子賤堂〔二〕②。朱顔緑髮映垂楊③。如今秋鬢數莖霜④。　聚散交遊如夢寐，升沉閒事莫思量。仲卿終不避桐鄉〔三〕⑤。

【校勘】

〔一〕詞題原作「憶舊」，據傅本、元本、朱本、龍本、曹本改。

〔二〕「堂」，原誤作「琴」，據諸本改。

〔三〕「避」，元本、朱本、龍本、曹本作「忘」。

【編年】

熙寧七年甲寅（一〇七四年）十月，作於海州。朱孝臧《東坡樂府》卷一：「案《詩集》甲寅十月，《次韻陳海州書懷》詩：『酒醒卻憶兒童事，長恨雙鳧去莫攀。』自註：『陳嘗令鄉邑。』詞當是同時作。」

【箋註】

① 陳海州：海州知州陳某，名失考。《蘇軾詩集》卷一二有《次韻陳海州書懷》、《次韻陳海州乘槎亭》詩。

② 鳴琴子賤堂：秦·呂不韋《呂氏春秋》卷二一《開春論第一·察賢》：「宓子賤治單父，彈鳴琴，身不下堂，而單父治。巫馬期以星出，以星入，日夜不居，以身親之，而單父亦治。巫馬期問其故於宓子，宓子曰：『我之謂任人，子之謂任力；任力者故勞，任人者故逸。』宓子則君子矣。」此喻陳海州爲眉令時善任人而治。

③朱顔：面容紅潤。宋玉《招魂》：「美人既醉，朱顔酡些。」　緑髮：黑髮。李白《古風》之五：「中有緑髮翁，披雲卧松雪。」此言陳海州爲眉令時英俊倜儻，春風得意。
④秋鬢：鬢髮衰老。劉禹錫《聞董許事疾因以書贈》：「攲枕晝眠晚，折巾秋鬢疏。」
⑤桐鄉：在今安徽省桐城縣西北，春秋時桐國地。《漢書》卷八九《循吏傳》：「朱邑字仲卿，廬江舒人也。少時爲舒桐鄉嗇夫，廉平不苛，以愛利爲行，未嘗笞辱人，存問耆老孤寡，遇之有恩，所部吏民愛敬焉。遷補太守卒史，舉賢良，爲大司農丞，遷北海太守，以治行第一入爲大司農。……初邑病且死，屬其子曰：『我故爲桐鄉吏，其民愛我，必葬我桐鄉。後世子孫奉嘗我，不如桐鄉民。』及死，其子葬之桐鄉西郭外，民果(然)共爲邑起冢立祠，歲時祠祭，至今不絶。」此句以朱邑比陳海州，謂陳「令鄉邑」亦有政聲，深得百姓愛戴，而陳亦終不忘眉山。

永遇樂　寄孫巨源〔一〕

長憶别時，景疏樓下〔二〕①，明月如水②。美酒清歌，留連不住，月隨人千里③。别來三度④，孤光又滿，冷落共誰同醉？捲珠簾、凄然顧影，共伊到明無寐。　今朝有客⑤，來從淮上〔三〕，能道使君深意〔四〕。憑仗清淮⑥，分明到海，中有相思淚。而今何在？西垣清禁⑦，夜永露華侵被〔五〕⑧。此時看、回廊曉月，也應暗記。

【校勘】

〔一〕傅本有題注作「公自序云：孫巨源以八月十五日離海州，坐別於景疏樓上。既而與余會於潤州，至楚州乃別。余以十一月十五日至海州，與太守會於景疏樓上，作此詞以寄巨源。」元本、朱本、龍本、曹本略同，唯首無「公自序云」四字。

〔二〕「下」，元本、朱本、龍本、曹本、《全宋詞》並作「上」。

〔三〕「淮」，元本、朱本、龍本、曹本作「滙」。

〔四〕「使」，元本作「史」。

〔五〕「露」，明刊全集、二妙集、毛本作「雲」。

【編年】

熙寧七年甲寅（一〇七四年）十月，作於海州。案：此詞寫作時間、地點，諸説不一。傅藻《東坡紀年録》謂「熙寧七年甲寅，海州寄巨源作」，不言月日。朱本據《紀年録》編於甲寅，而謂作於十一月十五日。龍本、曹本從朱本。詩集施註於《廣陵會三同舍各以其字爲韻仍邀同賦》「孫巨源」題下云：「東坡與巨源『既別於海州景疏樓，後登此樓，懷巨源作《永遇樂》詞以寄。』」王文誥《蘇詩總案》卷一三將此詞繫於熙寧八年乙卯（一〇七五年）正月，並案：「此詞有『別來三度，孤光又滿』句，乃與巨源相別三月而客至東武，爲道巨源寄語，故作此詞。……此詞作於乙卯，確不可易。」薛本亦主此説。張志烈

《蘇軾由杭赴密詞雜議》(見《東坡詞論叢》四川人民出版社一九八二年出版)斷爲熙寧七年十月十五日作於海州，云：「傅藻《紀年錄》繫蘇軾到密州任的日期是熙寧七年十一月三日(王文誥採其說)，這是正確的。……所以朱彊村關于十一月十五日蘇軾尚在海州(在密州南四百多里)作此詞之說，是不能成立的。」又云：「我認爲本詞詞序是可靠的。其唯一錯謬，在於後人於『十』字下誤添『一』字，變成『十一月十五日到海州』，以致産生許多混亂。倘去『一』字，則全序全詞與蘇孫行踪皆可吻合無間：孫以八月十五日離海州回老家揚州，東坡九月下旬離杭，二人相會潤州，然後同舟北上，至楚州分別。東坡十月十五日到海州，與新任知州、原曾爲眉山縣令的陳某相會于景疏樓，其後作此詞寄孫。」張說較爲可信，故依之編年。

【箋　註】

① 景疏樓：在海州東北，宋·葉祖洽因仰慕漢人二疏(疏廣、疏受)而建，參見《更漏子》(水涵空)注①。蘇軾《次韻孫巨源寄漣水李盛二著作並以見寄五絶》之二：「不獨二疏爲可慕，他時當有景孫樓。」蘇軾自註：「巨源近離東海，郡有景疏樓。」案：傅幹以爲此詞作於密州，故臆說「今東武(即密州)有景疏樓」，誤。

② 明月如水：杜甫《江月》：「江月光於水，高樓思殺人。」

③ 月隨人千里：指月隨人走，即千里共明月之意。謝莊《月賦》：「美人邁兮音塵闕，隔千里兮共明月。」案：此上六句是作者設想巨源當時離別海州的情景。

④別來三度：指孫與景疏樓別後第三次月圓。即八月十五日月下與樓分別爲一度；九月十五日爲二度；今十月十五日作者登此樓作詞以寄，恰爲三度。

⑤「今朝有客」三句：謂有客從巨源處來，深致巨源相思存問之意。

⑥憑：猶仗，亦猶煩或請。憑與仗同義，聯綴成一辭。鄭谷《蓼花》詩：「故溪歸不得，憑仗繫漁舟。」周邦彦《點絳脣》詞：「憑仗桃根，説與相思意。」

⑦西垣：中書省別稱西臺、西掖、西垣。魏·劉楨《贈徐幹詩》：「誰謂相去遠，隔此西掖垣。」唐·韋應物《和張舍人夜直中書寄吏部劉員外》：「西垣草詔罷，南宫憶上才。」清禁：謂皇宫。《風俗通義》卷五《十反》：「臣願陛下思周旦之言，詳左右清禁之内，謹供養之官，嚴宿衛之身。」時孫巨源任修起居注、知制誥，寓直臺省。

⑧露華：寒露之氣。李白《清平調三首》之一：「雲想衣裳花想容，春風拂檻露華濃。」

沁園春　赴密州早行馬上寄子由（二）①

孤館燈青，野店鷄號②，旅枕夢殘。漸月華收練，晨霜耿耿③，雲山摛錦④，朝露漙漙⑤。世路無窮，勞生有限，似此區區長鮮歡。微吟罷，憑征鞍無語，往事千端。　當時共客長安。似二陸、初來俱少年⑥。有筆頭千字，胸中萬卷⑦，致君堯舜⑧，此事何難。用舍由時⑨，行藏在我，袖手何妨閒處看。身長健，但優游卒歲⑩，且鬭尊前⑪。

【校　勘】

〔一〕傅本詞調、詞題及詞「有筆頭千字」以上全缺。原無題，據元本、朱本、龍本、曹本補。

【編　年】

熙寧七年甲寅（一〇七四年）十月，作於由海州赴密州途中。傅藻《東坡紀年錄》：「熙寧七年甲寅，十月赴密州，早行馬上作《沁園春》。」王文誥《蘇詩總案》卷一二：「公時由海州赴密，不復繞道至齊一視子由，故其詞如此耳。」

【箋　註】

①子由：《宋史》卷三三九：蘇轍字子由，年十九，與兄軾同登進士科，又同策制舉。熙寧三年，授齊州掌書記。又三年，改著作佐郎。復從張方平簽書南京判官。居二年，坐兄軾以詩得罪，謫監筠州鹽酒税，五年不得調。哲宗立，以祕書省校書郎召。元祐元年，爲右司諫。六年，拜尚書右丞，進門下侍郎。紹聖元年因上疏言事得罪哲宗，落職知汝州，未至，降朝議大夫、試少府監，分司南京，筠州居住。三年，又責化州别駕，雷州安置，移循州。徽宗即位，徙永州、岳州，已而復太中大夫，提舉鳳翔上清太平宮。崇寧中，因蔡京當國，又降朝請大夫，罷祠，居許州。再復太中大夫致仕。築室于許，號潁濱遺老，自作傳萬餘言，不復與人相見。終日默坐，如是者幾十年。政和二

年卒，年七十四。追復端明殿學士。淳熙中，謚文定。轍性沉靜簡潔，爲文汪洋澹泊，似其爲人，不願人知之，而秀傑之氣終不可掩，其高處殆與兄軾相迫。所著《詩傳》《春秋傳》《古史》《老子解》《欒城文集》並行於世。

② 野店鷄號：温庭筠《商山早行》：「鷄聲茅店月，人跡板橋霜。」

③ 耿耿：明亮貌。謝朓《暫使下都夜發新林至京邑贈西府同僚》：「秋河曙耿耿，寒渚夜蒼蒼。」

④ 摛錦：似錦緞展開。漢·班固《西都賦》：「若摛錦布繡，燭耀乎其陂。」

⑤ 漙漙：露多貌。《詩經·鄭風·野有蔓草》：「野有蔓草，零露漙兮。」

⑥ 二陸：指西晉文學家陸機、陸雲兄弟。《晉書》卷五四《陸雲傳》：「（陸雲）少與兄機齊名，雖文章不及機，而持論過之，號曰『二陸』。」高適《酬裴員外以詩代書》：「兄弟真二陸，聲華連八裴。」此以二陸兄弟同在洛陽，比自己與弟子由當年共客汴京。

⑦ 萬卷：杜甫《奉贈韋左丞丈二十二韻》：「讀書破萬卷，下筆如有神。」

⑧ 致君堯舜：《孟子·萬章上》：伊尹曰：「與我處畎畝之中，由是以樂堯舜之道，吾豈若使是君爲堯舜之君哉。」杜甫《奉贈韋左丞丈二十二韻》：「致君堯舜上，再使風俗淳。」此爲追述兄弟二人當年在汴京時的抱負。

⑨ 「用舍」二句：《論語·述而》：「子謂顔淵曰：『用之則行，舍之則藏，惟我與爾有是夫。』」

⑩ 優游卒歲：悠閒地度過一生。《左傳·襄公二十一年》引詩曰：「優哉游哉，聊以卒歲。」

⑪ 「且鬭」句：唐·牛僧孺《席上贈劉夢得》：「休論世上昇沉事，且鬭尊前見在身。」（傅注、龍箋均誤作杜牧詩）鬭，喜

樂戲耍之辭。「且鬭尊前」猶且樂尊前。歐陽修《采桑子》：「白首相逢，莫話衰翁，但鬭尊前語笑同。」

【參考資料】

金·元好問《遺山先生文集》卷三六《東坡樂府集引》：「絳人孫安嘗注坡詞，參以汝南文伯起《小雪堂詩話》，删去他人所作《無愁可解》之類五十六首，其所是正，亦無慮數十百處，坡詞遂爲完本，不可謂無功。然尚有可論者，如『古岸開青葑』《南柯子》，以末後二句倒入前篇，此等猶爲未盡，然特其小小者耳。就中『野店鷄號』一篇，極害義理，不知誰所作，世人誤爲東坡，而小説家又以神宗之言實之，云『神宗聞此詞，不能平，乃貶坡黄州，且言：教蘇某閒處袖手，看朕與王安石治天下』。安常不能辨，復收之集中。如『當時共客長安。似二陸初來俱少年。有胸中萬卷，筆頭千字；致君堯舜，此事何難。用舍由時，行藏在我，袖手何仿閒處看』之句，其鄙俚淺近，叫呼衒鬻，殆市駔之雄，醉飽而後發之，雖魯直婢僕且羞道，而謂東坡作者，誤矣。」

今人曹樹銘校編《東坡詞》卷一：「按龍本附考所引元好問對於此詞之見解，亦見本書末《東坡詞籍著録》第十五節，純係腐儒之見。孰知東坡詞中有我，有真性情，有真面目，一生壯志，盡於此矣。至於『用舍由時，行藏在我』，既合孔子之道，亦係當時政制與思想之局限。若不如此，在元氏心目中，果應出於何途，殊不可解。」

南鄉子　梅花詞和楊元素

寒雀滿疏籬。爭抱寒柯看玉蕤①。忽見客來花下坐，驚飛。踏散芳英落酒卮②。　痛飲又能詩。坐客無氈醉不知③。花盡酒闌春到也，離離〔一〕④。一點微酸已著枝⑤。

【校　勘】

〔一〕「盡」，傅本、元本、朱本、龍本、曹本作「謝」。

【編　年】

熙寧七年甲寅（一〇七四年）冬，作於密州。案：此詞朱本編熙寧七年九月，云：「案二詞（本詞及『涼簟碧紗廚』）題調皆同前首（指『東武望餘杭』），似是一時唱和之作。」龍本、曹本同朱本。陳邇冬《蘇軾詞選》云「熙寧七年冬作」。據陳説，當作於密州。詞寫寒梅報春景象，與陳説較合，從陳説。

【箋　註】

此詞當爲是年冬元素以梅花詞見寄，蘇軾和作。

①玉蕤：傅注：「梅花綴樹，葳蕤如玉。」故云。唐·戎昱《早梅》：「一樹寒梅白玉條，迥臨村路傍溪橋。應緣近水花先發，疑是經春雪未銷。」

②「踏散」句：唐·王質《金谷園花發懷古》：「繁蕊風驚散，輕紅鳥乍翻。」（案傅注引作皇甫冉詩，誤。）

③無氈：《晉書》卷九〇《吳隱之傳》：「吳隱之在官清儉，勤苦同於貧庶。「尋拜度支尚書、太常，以竹篷爲屏風，坐無氈席。」《新唐書》卷二〇二《鄭虔傳》：「鄭虔，鄭州滎陽人。天寶初爲協律郎，集掇當世事，著書八十餘篇。……諸儒服其善著書，時號『鄭廣文』。在官貧約甚，澹如也。杜甫嘗贈以詩曰：『才名四十年，坐客寒無氈』云。」案杜詩題作《戲簡鄭廣文虔兼呈蘇司業源明》。

④離離：稀疏貌。

⑤微酸：謂梅子。著枝：生於枝。著（着），生也，發也。陳師道《楝花》詩：「密葉已成陰，高花初着枝。」

【參考資料】

宋·胡仔《苕溪漁隱叢話後集》卷二一：「東坡《梅詞》云：『花謝酒闌春到也，離離。一點微酸已着枝。』《張右史集》有《梅花十絶》，《後山集》有《梅花七絶》。其無己《七絶》，乃文潛《十絶》中詩，但三絶不是，未知竟誰作者。其間有云：『誰知檀萼香鬚裏，已有調羹一點酸。』用東坡語也。」

蝶戀花 密州上元〔一〕①

燈火錢塘三五夜②。明月如霜，照見人如畫。帳底吹笙香吐麝③。此般風味應無價〔二〕。

寂寞山城人老也。擊鼓吹簫④，乍入農桑社〔三〕。火冷燈稀霜露下⑤。昏昏雪意雲垂野。

【校　勘】

〔一〕此詞傅本存目缺詞。

〔二〕此句元本、朱本、龍本、曹本作「更無一點塵隨馬」。

〔三〕「乍」，元本、朱本、龍本、曹本作「却」。

【編　年】

熙寧八年乙卯(一〇七五年)正月十五日，作於密州。傅藻《東坡紀年錄》：「熙寧八年乙卯，公在密州，上元作《蝶戀花》。」

【箋　註】

① 上元：正月十五日俗稱上元，蓋本道家之說。《資治通鑑》卷二五七《唐紀·僖宗光啓三年》：「鄭杞、董瑾謀因中元夜，邀高駢至其第建黄籙齋。」胡三省注：「道書以正月十五爲上元，七月十五爲中元，十月十五爲下元。」

② 三五夜：十五日夜晚。《古詩十九首》之一七：「三五明月滿，四五蟾兔缺。」

③ 香吐麝：《説文》：「麝，如小鹿，臍有香。」梁·劉遵《繁華應令詩》：「腕動飄香麝，衣輕任好風。」上片回憶杭州上元節繁榮景象。

④ 「擊鼓」二句：謂社祭。《周禮注疏》卷一二：「以雷鼓鼓神祀，以靈鼓鼓社祭。」注：「社祭，祭地祇也。」

⑤ 「火冷」二句：謂燈火闌珊，天陰欲雪。下片寫密州上元節陰冷氣氛。

江城子　乙卯正月二十日夜記夢〔一〕

十年生死兩茫茫。不思量。自難忘。千里孤墳、無處話淒涼。縱使相逢應不識，塵滿面，鬢如霜。　夜來幽夢忽還鄉①。小軒窗②。正梳妝。相顧無言、惟有淚千行。料得年年斷腸處〔二〕③，明月夜，短松岡。

【校勘】

〔一〕此詞傳本存目缺詞。原無題，據元本、朱本、龍本、曹本補。調名下原有小註「公之夫人王氏先卒，味此詞，蓋悼亡也」，刪。

〔二〕「斷腸」，元本、朱本、龍本、曹本作「腸斷」。

【編　年】

熙寧八年乙卯（一〇七五年）正月二十日，作於密州。傅藻《東坡紀年錄》：「熙寧八年乙卯，（正月）二十日，記夢作《江神子》。」王文誥《蘇詩總案》卷一三：「詞註謂公悼亡之作，考通義君卒於治平二年乙巳（一〇六五年）至是熙寧八年乙卯正十年也。」

【箋　註】

① 幽夢：夢境隱約。李商隱《銀河吹笙》：「重衾幽夢他年斷，別樹羈雌昨夜驚。」

② 小軒：小室。唐·李嶠《夏晚九成宮呈同僚》：「小軒恒共處，長坂屬相從。」此指夢中王弗卧室。

③ 「料得」三句：孟棨《本事詩·徵異第五》錄張姓妻孔氏贈夫詩：「欲知斷腸處，明月照孤墳。」　短松崗：指王弗墓地。

【參考資料】

宋·蘇軾《亡妻王氏墓誌銘》：「治平二年五月丁亥，趙郡蘇軾之妻王氏，卒于京師。六月甲午，殯于京城之西。其明年六月壬午，葬於眉之東北彭山縣安鎮鄉可龍里先君先夫人墓之西北八步。軾銘其墓曰：君諱弗，眉之青神人，鄉貢進士方之女。生十有六年，而歸于軾。有子邁。君之未嫁，事父母，既嫁，事吾先君、先夫人，皆以謹肅聞。其始，未嘗自言其知書也。見軾讀書，則終日不去，亦不知其能通也。其後軾有所忘，君輒能記之。問其他書，則皆略知之。由是始知其敏而靜也。從軾官于鳳翔，軾有所爲於外，君未嘗不問知其詳。曰：『子去親遠，不可以不慎。』日以先君之所以戒軾者相語也。軾與客言於外，君立屏間聽之，退必反覆其言曰：『某人也，言輒持兩端，惟子意之所嚮，子何用與是人言。』有來求與軾親厚甚者，君曰：『恐不能久。』其與人鋭，其去人必速。』已而果然。將死之歲，其言多可聽，類有識者。其死也，蓋年二十有七而已。始死，先君命軾曰：『婦從汝于艱難，不可忘也。他日汝必葬諸其姑之側。』未朞年而先君没，軾謹以遺令葬之。銘曰：（略）。」

（中華書局本《蘇軾文集》卷一五）

雨中花慢〔一〕

今歲花時深院〔二〕，盡日東風，蕩颺茶煙〔三〕①。但有緑苔芳草，柳絮榆錢②。問道城西，長廊古寺③，甲第名園④。有國豔帶酒⑤，天香染袂，爲我留連。　清明過了，殘紅無處，對此淚灑尊前。秋向晚，一枝何事，向我依然。高會聊追短景，清商不假餘妍〔四〕⑥。不如留取⑦，十分春態，付與明年。

【校勘】

〔一〕原無「慢」，據《詞律》《詞譜》及龍本、曹本補。傅本調下有題注：「公初至密州，以累歲旱蝗，齋素累月，方春，牡丹盛開，遂不獲一賞。至九月，忽開千葉一朵，雨中特爲置酒，遂作此詞。」元本、朱本、龍本、曹本删「公」及「此詞」三字，變題注爲詞序。二妙集、毛本又改作「初至密州，以旱蝗，齋素者累月。方春，牡丹盛開，不獲一賞，至九月，忽開千葉一朵，雨中爲置酒作。」明刊全集題作「牡丹菊」。

〔二〕傅本以下詞全缺。

〔三〕「蕩」，元本、朱本、龍本、曹本作「輕」。

〔四〕「假」，原作「暇」，據毛本、朱本、龍本、曹本改。

【編年】

熙寧八年乙卯（一〇七五年）九月，作於密州。傅藻《東坡紀年錄》：「熙寧八年乙卯，以旱蝗齋素，方春，牡丹盛開，不獲賞，九月忽開一朵，雨中特置酒，作《雨中花》。」

【箋註】

① 蕩颺茶煙：蘇軾初至密州，適逢旱蝗，爲了祭祀上天，免除旱蝗，素齋累月。此寫素齋生活。杜牧《題禪院》：「今月鬢絲禪榻畔，茶煙輕颺落花風。」

② 柳絮榆錢：宋·楊伯嵒《臆乘》：「柳花與柳絮迥然不同。生於葉間成穗作鵝黃色者，花也；迨花既開，就蒂結實，其實之熟，亂飛如緜者，絮也。古今吟詠，往往以絮爲花，以花爲絮，略無分别，可發一笑。」榆錢又稱榆莢。李時珍《本草綱目》卷三五《木·榆》云：榆「未生葉時，枝條間先生榆莢，形狀似錢而小，色白成串，俗呼榆錢。」杜甫《絶句漫興九首》之五：「顛狂柳絮隨風去，輕薄桃花逐水流。」庾信《燕歌行》：「桃花顏色好如馬。榆莢新開巧似錢。」

③ 古寺：《蘇軾詩集》卷一四《玉盤盂并序》：「東武舊俗，每歲四月，大會於南禪、資福兩寺，以芍藥供佛，而今歲最盛。凡七千餘朵，皆重跗累萼，繁麗豐碩。中有白花，正圓如覆盂，其下十餘葉，稍大，承之如盤，姿格絶異，獨出於七千朵之上。云：得之於城北蘇氏園中，周宰相莒公之别業也。」據此可知，古寺當指南禪寺或資福寺。

④ 甲第：舊時豪門貴族宅第。《史記》卷一二《孝武本紀》：「其以二千户封地土將軍(欒)大爲樂通侯。賜列侯甲第，僮千人。」集解：「《漢書音義》曰：有甲乙第次，故曰第。」案：據作者《玉盤盂引》可知，此甲第當指五代後周宰相蘇禹珪(莒公)别業。

⑤ 「有國豔」三句：唐·李濬《松窗雜録》載：大和、開成中，暮春内殿賞牡丹花。文宗頗好詩，因問程修己曰：「今京邑傳唱牡丹花詩，誰爲首出？」修己對曰：「臣嘗聞公卿間多吟賞中書舍人李正封詩，曰：『國色朝酣酒，天香夜

染衣。』」文宗聞之，歎賞移時。「國豔帶酒」、「天香染袂」本此。這兩句既形容牡丹花色香名貴，又暗含兩種牡丹花名：「國豔帶酒」指緋紅色牡丹，今名「醉楊妃」；「天香染袂」指貢黃色牡丹，今名「御袍黃」。

⑥清商：商聲，古代五聲之一。古代以宮、商、角、徵、羽五聲與金、木、水、火、土五行相配，商爲金；與東、西、南、北、中五方相配，商爲西；與春、夏、秋、冬四時相配，商爲秋。此取商爲秋意。《文選》卷二三載潘岳《悼亡詩三首》之二：「清商應秋至，溽暑隨節闌。」李善注：「秋風爲商。」

⑦取：語助辭，猶着。「不如留取」即「不如留着」。

【參考資料】

清·劉熙載《藝概》卷四《詞曲概》：「詞有尚風，有尚骨。歐公《朝中措》云：『手種堂前楊柳，别來幾度春風。』東坡《雨中花慢》云：『高會聊追短景，清商不假餘妍。』孰風孰骨可辨。」

江城子　獵詞〔一〕

老夫聊發少年狂。左牽黄①。右擎蒼。錦帽貂裘②、千騎卷平岡③。爲報傾城隨太守〔二〕④，親射虎⑤，看孫郎。　酒酣胸膽尚開張⑥。鬢微霜。又何妨。持節雲中⑦、何日遣馮唐⑧？會挽雕弓如滿月〔三〕，西北望，射天狼⑨。

【校　勘】

〔一〕傅本、元本、朱本、龍本、曹本題作「密州出獵」。外集題作「徐州出獵」。

〔二〕「隨」，原作「賢」，據諸本改。

〔三〕傅本以下三句缺。

【編　年】

熙寧八年乙卯（一〇七五年）十月，作於密州。傅藻《東坡紀年錄》：「熙寧八年乙卯，冬，祭常山回，與同官習射放鷹作詩《和梅户曹會獵鐵溝行》……，又作《江神子》。」案：劉崇德《蘇軾〈江城子·獵詞〉編年考辨》斷此詞爲元豐元年（一〇七八年）正月作於徐州。並云明刊《東坡先生外集》此詞題爲《徐州行獵》，（劉文見《河北大學學報》一九八六年第二期）。案，此説難以服人。王水照《蘇軾的書簡〈與鮮于子駿〉和〈江城子·密州出獵〉》已論證此詞作於密州，不容置疑（詳見《學術月刊》一九八四年五月號）。

【箋　註】

①「左牽黄」二句：黄，黄犬；蒼，蒼鷹。古人常以牽犬擎鷹顯示狩獵時氣概之豪邁。《太平御覽》卷九二六《羽族

部·鷹》引《史記》：「李斯臨刑，思牽黄犬，臂蒼鷹，出上蔡東門，不可得矣。」（今本《史記》無「臂蒼鷹」句）後漢·崔駰《與竇憲牋》：「今且漢陽太守稜率吏卒數十人，皆臂鷹牽狗，陳于道側。」

② 錦帽貂裘：錦蒙帽、貂鼠裘，原爲漢羽林軍裝束，此指蘇軾隨從。

③ 千騎：一人一馬合稱騎。千騎，暗示知州身份。傳注：「古者諸侯千乘。今太守，古諸侯也，故出擁千騎。」

④ 傾城：全城之人，極言隨觀者衆。《詩·鄭風·叔于田》：「叔于田，巷無居人。」亦言因畋獵而萬人空巷。

⑤ 「親射虎」二句：孫郎：孫權。《三國志》卷四七《吴書·吴主傳》：「（建安）二十三年十月，權將如吴，親乘馬射虎于庱亭（今江蘇丹陽東）。馬爲虎所傷，權投以雙戟，虎卻廢，常從張世擊以戈，獲之。」此以孫權自比。

⑥ 胸膽尚開張：宋·蘇舜欽《舟中感懷寄館中諸君》：「胸膽森開張，彎弓射攙槍。」此言心胸開擴，膽氣雄壯。

⑦ 「持節」句：節：符節，古代使者持之以作憑信。《周禮·地官·掌節》：「掌節掌守邦節而辨其用，以輔王命。守邦國者用玉節，守都鄙者用角節。凡邦國之使節，山國用虎節，土國用人節，澤國用龍節。……門關用符節，貨賄用璽節，道路用旌節，皆有期以反節。」雲中：《元和郡縣圖志》卷四：「雲中故城，在（榆林）縣東北四十里。趙雲中城，秦雲中郡也。《史記》曰趙武靈王北破林胡、樓煩所置。秦因之。」今內蒙古自治區托克托縣及山西西北部屬其地。

⑧ 馮唐：《史記》卷一〇二《馮唐列傳》：漢文帝時魏尚爲雲中太守，抵禦匈奴，頗有戰功。卻因「坐上功首虜差六級」，被「下之吏，削其爵，罰作之」。馮唐向文帝勸諫，「文帝説。是日令馮唐持節赦魏尚，復以爲雲中守，而拜唐

爲車騎都尉，主中尉及郡國車士」。此以馮唐自比，兼採左思《詠史》「馮公豈不偉，白首不見招」及唐王勃《滕王閣序》所謂「馮唐易老」等意。

⑨天狼：星名，在東井東南。古代以爲主侵掠，以喻貪殘、盜賊等。《楚辭·九歌·東君》：「青雲衣兮白霓裳，舉長矢兮射天狼。」此以天狼喻西夏。

【參考資料】

蘇軾《與鮮于子駿（侁）書》：「近却頗作小詞，雖無柳七郎風味，亦自是一家。呵呵。數日前，獵於郊外，所獲頗多。作得一闋，令東州壯士抵掌頓足而歌之，吹笛擊鼓以爲節，頗壯觀也。寫呈取笑。」（見《蘇軾文集》卷五三）又《祭常山回小獵》：「青蓋前頭點皂旗，黄茅岡下出長圍。弄風驕馬跑空立，趁兔蒼鷹掠地飛。回望白雲生翠巘，歸來紅葉滿征衣。聖明若用西涼簿，白羽猶能效一揮。」（見《蘇軾詩集》卷一三）

減字木蘭花

送東武令趙晦之〔一〕①

賢哉令尹②。三仕已之無喜愠。我獨何人。猶把虚名玷縉紳③。不如歸去。二頃良田無覓處④。歸去來兮⑤。待有良田是幾時。

【校勘】

〔一〕傅本題下有「失官歸海州」五字。元本、朱本、龍本、曹本題作「送東武令趙昶失官歸海州」。

【編年】

熙寧八年乙卯（一〇七五年）冬，作於密州。傅藻《東坡紀年録》：「熙寧八年乙卯，送東武令趙晦之歸海州作《減字木蘭花》。」案蘇軾《送趙寺丞寄陳海州》詩云：「莫忘衝雪送君時。」詞亦當作於是年冬。

【箋註】

①東武：山東諸城縣。《元和郡縣圖志》卷一一：「諸城縣，本漢東武縣也，屬琅邪郡，樂府章所謂《東武吟》者也。……隋開皇十八年，改東武爲諸城縣，取縣西三十里漢故諸縣城爲名。」趙晦之：名昶，本蜀人，因其父棠曾官南海（今廣州市），遂爲南海人。曾任楚州團練判官，後以大理寺丞知藤州。時罷東武令歸漣水，蘇軾作此詞及《送趙寺丞寄陳海州詩》送行。

②「賢哉」二句：《論語·公冶長》：「令尹子文三仕爲令尹，無喜色；三已之，無慍色。」此以楚令尹子文喻趙昶，稱贊其不計較仕途得失。

③縉紳：插笏於帶間。紳，大帶。古時仕宦者垂紳插笏，因稱士大夫爲縉紳。《莊子·雜篇·天下》：「其在於詩書禮樂者，鄒魯之士，縉紳先生，多能明之。」

④　二頃良田：《史記》卷六九《蘇秦列傳》：蘇秦喟然歎曰：「且使我有雒陽負郭良田二頃，吾豈能佩六國相印乎。」作者《東坡志林》卷一《人生有定分》：「吾無求於世矣，所須二頃田，以足饘粥耳。而所至訪問，終不可得。豈吾道方艱難，無適而可耶？抑人生自有定分，雖一飽亦如功名富貴不可輕得也？」

⑤　歸去來兮：晉陶淵明爲彭澤令，解印去縣，乃賦《歸去來辭》，首章云：「歸去來兮，田園將蕪，胡不歸？」此取用之。

【參考資料】

宋·葉寘《愛日齋叢鈔》卷三：「《夢溪筆談》記商洛間兵官賦詩云：『人生心無累，何必買山錢。』遂投檄去。頗類坡詞：『不如歸去，二頃良田無覓處。歸去來兮，待有良田是幾時。』」

又

送趙令〔一〕①

春光亭下②。流水如今何在也③？歲月如梭④。白首相看擬奈何。　故人重見⑤。世事年來千萬變。官況闌珊⑥。慚愧青松守歲寒⑦。

【校　勘】

〔一〕傅本題下有「晦之」二字。

【編年】

熙寧八年乙卯（一〇七五年）冬，作於密州。朱本、龍本此詞俱未編年。曹本編在元祐七年壬申（一〇九二年）三月，蘇軾自潁州赴揚州任所，途中抵泗州，趙晦之從海州來迎時所作。石唐本編元豐八年六月起知登州，十月過海州漣水，送趙令晦之作。薛本云，元祐六年四月，自杭還朝過高郵，趙晦之爲高郵令，詞當作於是時。劉崇德《蘇詞編年考》云：「此詞題『趙令』下，傅本有『晦之』二字，而曾本、元本、毛本俱無。恐傅本因另一首《減字木蘭花·送東武令趙晦之》而誤增。此處之趙令，當指趙成伯，因其曾任眉州丹稜令，故有是稱。蘇軾《密州倅廳題名記》一文，于趙成伯事叙述頗詳。文中云：『始尚書趙君成伯爲眉之丹稜令，邑人至今稱之。余其鄰邑人也，故知之爲詳。君既罷丹稜，而余適還眉，于是始識君。……已而見君於臨淮，劇飲，大醉於先春亭上而别。及移守膠西，未一年，而君來倅是邦。……君既故人而簡易疏達，表裏洞然。余固甚樂之。』從上文看，此詞即在趙成伯始來倅密時，寫與趙的。」編熙寧八年歲末。吴雪濤《蘇詞編年考辨兩則》（見《河北師範大學學報》一九九三年第一期）編熙寧八年冬季。孔《譜》則編熙寧八年十一月。二人均謂「趙令」爲趙晦之，而非趙成伯。其説近是。案趙成伯名庾，熙寧八年冬初代劉庭式倅密州。果如劉崇德所説此詞是寫給趙成伯的，則當用「贈」而不是「送」，因爲「送」多指「送别」、「送行」，這與趙成伯在密州行迹不符。趙成伯直到熙寧九年十二月蘇軾離密州時，仍在密州任職，别無他之。宋人多用現任官職相稱。趙成伯時爲

「通判」，亦稱「監州」，簡稱「倅」，是州郡長官的副職。他雖曾作過縣令，但蘇軾決不會用過去較低的官銜稱呼如今官職已升高的趙成伯，因爲那將有違常理。傅本詞題「送趙令」下有「晦之」二字當可信，豈可輕易懷疑是「誤增」。此外，曹本、石唐本、薛本所説，不論在泗州、漣水或高郵，趙晦之均爲地主，蘇軾是過客。則趙晦之應盡地主之誼送蘇軾，而不應由蘇軾送趙晦之。如果蘇軾在上述三地寫詞給趙晦之，則詞題只能是「別」或「留別」而不是「送」。綜上所述，此詞應定爲熙寧八年冬在密州送趙晦之罷諸城令歸海州作。

【箋註】

① 趙令：指趙晦之。詳見前首註①。

② 春光亭：疑指雩泉亭，在東武南二十里常山。蘇軾有《雩泉記》。

③ 流水何在：杜牧《題安州浮雲寺樓寄湖州張郎中》詩：「當時樓下水，今日到何處？」此指當年春光亭下流水，而今安在？大有歲月流逝，往事如煙之慨，故下有「歲月如梭」等語。

④ 「歲月如梭」二句：魏文帝《善哉行》：「今我不樂，歲月其馳。」錢起《傷秋》詩：「歲去人頭白，秋來樹葉黃。」

⑤ 「故人重見」二句：意謂老友重逢之日，恰是世事多變之時。「世事」暗示王安石變法。

⑥ 官況闌珊：謂居官景況衰落蕭條。唐·李中《吉水縣依韻酬華松秀才見寄》詩：「官況蕭條在水村，吏歸無事好論文。」白居易《詠懷》詩：「白髮滿頭歸得也，詩情酒興漸闌珊。」

⑦「慚愧青松」句：謂官況闌珊，猶在宦海浮沉，自感慚愧，不如青松高潔自守，誠如《論語·子罕》所云：「歲寒然後知松柏之後凋也。」

一叢花 初春病起〔一〕

今年春淺臘侵年①。冰雪破春妍。東風有信無人見，露微意、柳際花邊。寒夜縱長，孤衾易暖，鐘鼓漸清圓②。朝來初日半含山〔二〕。樓閣淡疏煙。遊人便作尋芳計，小桃杏、應已爭先。衰病少情〔三〕，疏慵自放③，惟愛日高眠。

【校 勘】

〔一〕原無題，據傅本、元本、朱本、龍本、曹本補。

〔二〕「含」，元本、朱本、龍本、曹本作「銜」。

〔三〕「情」，元本、朱本、龍本、曹本作「悰」。

【編 年】

熙寧九年丙辰(一〇七六年)早春,作於密州。案:此詞朱本、龍本俱未編年。曹本編熙寧六年(一〇七三年)春作於杭州,云:「東坡在日雖無日記,但每逢令節,在詩集内,率皆有跡可尋。細玩此詞,與詩集《(熙寧六年癸丑)正月二十一日病後述古邀往城外尋春》相合。今從詩集,移編癸丑。」陳邇冬認爲當編元豐六年初作於黄州。云:「玩其詞意,似元豐六年初(一〇八三年)作。」「蘇軾在黄州期間,只趕上一次『臘侵年』,即元豐六年。」又云:「作者元豐六年作《正月三日點燈會客》詩,首二句爲『江上東風浪接天,苦寒無奈破春妍』。此詞與詩意近,故疑亦同時作。」(見一九九一年人民文學出版社版《蘇軾詞選》)但並無自信。然則劉崇德《蘇詞編年考》云:「詞題云:『初春病起』,詞中又有『衰病少情』句,明言作者早春曾一度患病。蘇軾有《立春日病中邀安國仍請率禹功同來僕雖不能飲當請成伯主會某當杖策倚几於其間觀諸公醉笑以撥滯悶也二首》,王文誥于此詩編年時提到:『《續資治通鑑長編》載熙寧八年閏四月,其下年立春適在歲除之時。』據此,上年逢閏,立春日延至臘底,故熙寧九年恰爲詞中所説『今年春淺臘侵年』。詩第二首云:『齋居卧病禁烟前,辜負名花已一年。此日使君不强喜,早春風物爲誰妍。』其一云:『孤燈照影夜漫漫,拈得花枝不忍看。』寫卧病,惜花,與詞意亦相符合,用韻也一致。綜合上述,此詞當作于熙寧九年早春。」劉説近是,今據以編年。

【考　辨】

《全宋詞》注云:「案《草堂詩餘新集》卷三誤作明人商輅詞。」案:東坡詞諸本均收此詞,沈際飛《草堂詩餘新集》作明·商輅詞,並無顯證,失考甚矣。明·潘游龍《古今詩餘醉》卷二、清·顧璟芳等《蘭皋明詞彙選》卷五、清·趙式《古今別腸詞選》卷三、清·王昶《明詞綜》卷二、清·陳世焜《雲韶集》卷一二亦並作商輅詞，蓋均承沈際飛之誤也。

【箋　註】

①「今年」句：意謂因去年閏四月，比常年多一個月，所以到臘月底就立春。今年春天來得較早。春淺：春意淺淡，不太濃。唐·張説《晦日》：「晦日嫌春淺，江浦看湔衣。」臘：古代稱冬至後第三個戌日祭百神爲「蠟」，祭祖先爲「臘」，秦漢以後統稱爲「臘」。秦漢行臘於農曆十二月，後世遂以十二月爲臘月。《禮記·月令》：孟冬之月，「臘先祖五祀，勞農以休息之。」孔穎達疏：「臘，獵也。謂獵取禽獸以祭先祖五祀也。」《左傳·僖公五年》：「宮之奇以其族行，曰：『虞不臘矣。』」杜預注：「臘，歲終祭衆神之名。」臘另有新故交接之意。漢·應劭《風俗通義》卷八《祀典》：「或曰：臘者，接也，新故交接，故大祭以報功也。」晉·張亮《蜡臘議》亦云：「《傳》曰：『臘，接也，祭則在新故交接也。』俗謂臘之明日爲初歲。秦漢以來，有祝歲者，古之遺語也。」（見《全晉文》卷一二七）據此「臘侵年」當取「新故交接」，新春開始之意。

②「鐘鼓」句：鐘鼓的聲音逐漸清亮圓潤起來。這是天氣晴暖的象徵。

③疏慵：疏懶困倦。白居易《閒夜詠懷因招周協律劉薛二秀才》詩：「世名檢束爲朝士，心性疏慵是野夫。」

【參考資料】

明·沈際飛《草堂詩餘新集》卷三：「清圓説鐘鼓，奇。」

清·陳世焜《雲韶集》卷一二：「閑雅不趨時俗。」

清·王昶《明詞綜》卷二引《古今詞話》：「《一叢花》咏初春云：『東風有信無人見，露微意、柳際花邊。』尤覺妥帖輕圓也。」

蝶戀花

密州冬夜文安國席上作〔一〕①

簾外東風交雨霰②。簾裏佳人，笑語如鶯燕。深惜今年正月暖。燈光酒色摇金琖。摻鼓漁陽撾未徧③。舞褪瓊釵，汗濕香羅軟。今夜何人吟古怨。清詩未就冰生硯〔二〕。

【校勘】

〔一〕此詞傳本存目缺詞。元本、朱本、龍本、曹本題作「微雪，有客善吹笛擊鼓者。方醉中，有人送苦寒詩求和，遂作此答之」。

〔二〕「就」，元本、朱本、龍本、曹本作「了」。

【編年】

熙寧九年丙辰（一〇七六年）正月，作於密州。王文誥《蘇詩總案》卷一四：「熙寧九年丙辰，正月春夜文勛席上，作《蝶戀花》詞。」案：詞題原作「密州冬夜」，唯《總案》引作「春夜」，然據詞內「東風」、「今年正月」等語，作「春夜」近是。

【箋　註】

① 文安國：名勛，廬江人。明·陶宗儀《書史會要》卷六：「文勛，字安國，不知何許人，官至太府寺丞，善論難劇談。其篆畫方嚴勁正，未嘗妄作一筆。」蘇軾曾作《文勛篆贊》云：「世人篆字，隸體不除。如浙人語，終老帶吳。安國用筆，意在隸前。汲冢魯壁，周鼓秦山。」

② 霰：雪珠，俗謂米雪。《詩·小雅·頍弁》：「如彼雨雪，先集維霰。」「交雨霰」謂雨霰交夾而下。

③ 摻鼓：擊鼓三遍。　漁陽撾：即漁陽摻撾，或稱漁陽摻，鼓曲名。《後漢書》卷八〇下《禰衡傳》：「（曹操）聞衡善擊鼓，乃召爲鼓史，因大會賓客，閱試音節。諸史過者，皆令脱其故衣，更著岑牟單絞之服。次至衡，衡方爲漁陽參撾，蹀躅而前，容態有異，聲節悲壯，聽者莫不慷慨。」注引《文士傳》：「衡擊鼓作漁陽參搥，蹋地來前，躡馺足脚，容態不常，鼓聲甚悲，易衣畢，復擊鼓參搥而去。至今有漁陽摻搥，自衡始也。」唐·李賢案：「搥及撾並擊鼓杖也。參撾是擊鼓之法。」北周·庾信《夜聽搗衣》詩：「聲煩廣陵散，杵急漁陽摻。」

滿江紅　正月十三日送文安國還朝〔一〕

天豈無情，天也解、多情留客。春向暖、朝來底事①，尚飄輕雪。君過春來紆組綬〔二〕②，我應歸去耽泉石〔三〕③。恐異時、杯酒忽相思〔四〕，雲山隔。　浮世事，俱難必。人縱健，頭應白。何辭更一醉，此歡難覓。欲向佳人訴離恨〔五〕④，淚珠先已凝雙睫〔六〕。但莫遺〔七〕⑤、新燕卻來時，音書絶。

【校　勘】

〔一〕傅本無「三」字。傅本、元本、朱本、龍本、曹本「日」下有「雪中」二字。「文」原作「姜」，據傅本、元本、朱本、龍本、《全宋詞》、曹本改。二妙集無「安」字。

〔二〕「過春」，元本、朱本、龍本、曹本作「遇時」。

〔三〕「歸」、「耽」，原缺，據明刊全集、二妙集、毛本、《全宋詞》補。傅本、元本、朱本、龍本、曹本作「老」、「尋」。

〔四〕「忽」，元本、朱本、龍本、曹本作「復」。

〔五〕「欲」，傅本、元本、朱本、龍本、曹本作「不用」。

〔六〕「先」，傅本作「光」。

〔七〕「遣」，毛本作「追」。

【編　年】

熙寧九年丙辰（一〇七六年）正月，作於密州。朱孝臧《東坡樂府》卷一：「案《詩集》丙辰有《立春日病中邀安國仍請率禹功同來詩二首》，詞疑作於是時。」案，文勛於熙寧八年十一月以事至密州，九年正月還朝，詳見孔《譜》。此爲送行之作也。

【箋　註】

① 「朝來底事」二句：寫天「留客」。現在天「飄輕雪」，客人不能成行，好像天也在「多情留客」。底事：何事。

② 紆：結，繫。組綬：古代官員佩玉爲飾，繫玉之絲帶稱組綬。《禮記正義》卷三〇《玉藻》：「天子佩白玉而玄組綬，公侯佩山玄玉而朱組綬，大夫佩水蒼玉而純組綬。」後世官印紐上繫的絲帶亦稱組綬。此指文安國赴朝升官。

③ 泉石：原指自然環境幽美的山野間，此指隱居之處。《梁書》卷三〇《徐摛傳》：「摛年老，又愛泉石，意在一郡，以自怡養。」唐·戴叔倫《將巡郴永途中作》：「空將舊泉石，長與夢相親。」

④ 佳人：代文安國。

⑤ 「但莫遣」三句：古代傳説燕能傳書，故希望春天新燕來時捎書信來。《藝文類聚》卷九九引《田俅子》云：「少昊之時，赤燕一羽而飛集少昊氏之户，遺其丹書。」王仁裕《開元天寶遺事》卷下《傳書燕》條載：郭紹蘭，巨商任宗妻

也。任宗賈於湘中，數年不歸。紹蘭作詩一首，繫於燕足，燕遂飛鳴而去。任宗時在荆州，燕忽泊其肩上，見足繫書，解視之，乃妻所寄也。感泣而歸。

【參考資料】

近人鄭文焯《大鶴山人詞話》：「如此詞用韵，豈得以詩韵中通轉部例之。若使戈順卿輩審定，又將横馳臆斷，如改白石《摸魚兒》詞韵之謬解，不亦滋後學大惑乎？」

殢人嬌　戲邦直①

別駕來時②，鐙火熒煌無數〔一〕。向青瑣、隙中偷覷③。元來便是，共彩鸞仙侣④。方見了、管須低聲説與。　百子流蘇⑤，千枝寶炬⑥。人間有、洞房煙霧〔二〕⑦。春來何事，故抛人別處。坐望斷⑧、樓中遠山歸路。

【校　勘】

〔一〕「熒煌」二字原缺，據元本、朱本、龍本、《全宋詞》、曹本補。此句毛本作「滿城鐙火無數」。

〔二〕「霧」，原作「露」，據諸本改。

【編　年】

熙寧九年丙辰（一〇七六年）春，作於密州。朱孝臧《東坡樂府》卷一：「案《詩集》，丙辰春，有《和（當作答）邦直詩》，施註：邦直名清臣，魏人。居高密時，以京東提刑按部至密也。又《次韻李邦直感舊詩》註：感舊詩有『入夢』、『還鄉』之戲。東坡又爲長短句云：『誰教幽夢裏，插他花』，亦此意也。」

朱編熙寧九年丙辰春，從朱本。

【箋　註】

①邦直：李清臣，字邦直，魏（今河南安陽）人。韓琦姪婿。生於明道元年（一〇三二年）。皇祐五年（一〇五三年）舉進士，熙寧三年（一〇七〇年），爲祕書郎。召試，授集賢校理。歷官知制誥、翰林學士，授朝奉大夫，遷尚書左丞。罷爲資政殿學士，復拜中書侍郎，以資政殿大學士知河南府。徽宗立，入爲門下侍郎，出知大名府。崇寧元年（一一〇二年）卒，年七十一。邦直善詞藻，爲文簡重宏放，自成一家。歐陽修壯其文，以比蘇軾。然志於利祿，謀國無公心。一意欲取宰相，故操持悖謬，亦未如願。東坡晚年貶瘴海，僅得生還，推源禍本實自邦直發之。《宋史》卷三二八有傳。

②別駕：官名，指李清臣。漢置別駕從事史，爲刺史之佐吏，刺史巡視轄境時，別乘驛車隨行，故名。魏晉以後均承漢制，諸州置別駕，總理事務，職權甚重，當時論者稱居刺史之半。隋唐改爲長史，唐代中期以後諸州仍以別駕、長史並置，但職任已輕。宋于諸州置通判，近似別駕之職，後世因沿稱通判爲別駕，與漢別駕有異。漢代之「州」，

相當於宋之「路」，李清臣時任京東路提刑，類於漢代從事史，故蘇軾稱之爲「別駕」。

③「向青瑣」句：青瑣，鏤刻成連環文飾以青色之窗户。劉義慶《世説新語》下卷下《惑溺》：「韓壽美姿容，賈充辟以爲掾。充每聚會，賈女於青瑣中看見壽，説之，恒懷存想，發於吟詠。」

④彩鸞：仙女名。傅注引《傳奇集》：「大和末，有書生文簫遊鍾陵，因中秋許仙君上昇日，吳蜀楚越士女駢集，生亦往焉。忽遇一姝，風韻出塵，吟詩曰：『若能相伴陟仙壇，應得文簫駕綵鸞。自有繡襦並甲帳，瓊臺不怕雪霜寒。』生曰：『吾姓名其兆乎？此必神仙之儔侶也。』夜四鼓，姝與三四輩，獨秉燭登山。生潛躡其後。姝覺，回首曰：『豈非文簫邪？』至絶頂，乃知其爲女仙矣。綵鸞與生有夙契，遂同歸鍾陵，僅十載，後至會昌間，遂入越王山，各乘一虎，登仙而去。」此借文簫與彩鸞故事，戲賀李邦直新婚。

⑤百子：百子帳。宋·程大昌《演繁露》卷一三「百子帳」：「唐人昏禮多用百子帳。」流蘇：古時以五彩羽或絲線製成的穗狀垂飾。漢·班固《武帝故事》有「帷幕垂流蘇」，蓋昔人以流蘇繫帳之四隅爲飾耳。此謂百子帳之流蘇。

⑥寶炬：即寶鐙。梁·江淹《鐙賦》：「雙盌百枝，黼帳充庭。」唐·李賀《河陽歌》：「觥船飫口紅，寶炬千枝爛。」

⑦洞房煙霧：杜甫《鄭附馬宅宴洞中》詩：「主家陰洞細烟霧，留客夏簟清琅玕。」以上三句寫李邦直新婚生活奢華。

⑧坐：猶徒也，空也。謝朓《和王主簿季哲怨情詩》：「徒使春帶賒，坐惜紅顔變。」江淹《遷陽亭》：「桂枝空命折，煙

氣坐自驚。」　望斷：望盡。李商隱《曲江》詩：「望斷平時翠輦過，空聞子夜鬼悲歌。」

望江南　超然臺作〔一〕①

春未老，風細柳斜斜。試上超然臺上看，半壕春水一城花②。煙雨暗千家。　寒食後③，酒醒卻咨嗟。休對故人思故國④，且將新火試新茶⑤。詩酒趁年華。

【校　勘】

〔一〕題原作「暮春」，據傅本、元本、朱本、龍本、曹本改。毛本無題。

【編　年】

熙寧九年丙辰（一〇七六年）春，作於密州。傅藻《東坡紀年錄》：「熙寧八年乙卯，於超然臺上作《望江南》。」案：蘇軾于熙寧七年十一月至密州，據其《超然臺記》，「處之期年」即八年底，對園北舊臺「稍葺而新之」，並由蘇轍命名爲「超然臺」。此詞寫超然臺春景，當作於九年春，《紀年錄》作八年誤。朱孝臧《東坡樂府》卷一：「後一首（春已老）疑同時作，以類附焉。」

【箋　註】

①超然臺：在密州北城上。蘇軾《超然臺記》云：「余自錢塘移守膠西，……處之期年，而貌加豐，髮之白者，日以反黑。余既樂其風俗之淳，而其吏民亦安予之拙也。於是治其園圃，潔其庭宇，伐安丘、高密之木以修補破敗，爲苟完之計。而園之北，因城以爲臺者舊矣，稍葺而新之。時相與登覽，放意肆志焉。……臺高而安，深而明，夏涼而冬溫。雨雪之朝，風月之夕，余未嘗不在，客未嘗不從。……方是時，余弟子由適在濟南，聞而賦之，且名其臺曰『超然』。以見余之無所往而不樂者，蓋遊於物之外也。」

②壕：城壕，即護城河。唐·許渾《故洛城》：「鴉噪暮雲歸古堞，雁迷寒雨下空壕。」

③寒食：節令名。在農曆清明前一或二日。梁·宗懔《荆楚歲時記》：「去冬節一百五日，即有疾風甚雨，謂之寒食，禁火三日，造餳大麥粥。」

④故國：指故鄉。杜甫《上白帝城二首》之一：「取醉他鄉客，相逢故國人。」

⑤新火：唐宋習俗，寒食節禁火三日，節後再舉火，謂之新火，又叫改火。杜甫《清明二首》之一：「朝來新火起新煙，湖色春光淨客船。」蘇軾《徐使君分新火》：「臨皋亭中一危坐，三見清明改新火。」新茶：宋·胡仔《苕溪漁隱叢話·前集》卷四六引《學林新編》：「茶之佳品，造在社前；其次則火前，謂寒食前也；其下則雨前，謂谷雨前也。」此處新茶即指寒食前採製之火前茶。唐·齊己《詠茶十二韻》：「甘傳天下口，貴占火前名。」又《詠茶》：「高人愛惜藏巖裏，白甀封題寄火前。」

又　暮春〔一〕

春已老，春服幾時成①。曲水浪低蕉葉穩②，舞雩風軟紵羅輕〔二〕③。酣詠樂昇平〔三〕④。

微雨過，何處不催耕⑤。百舌無言桃李盡⑥，柘枝深處鵓鴣鳴〔四〕⑦。春色屬蕪菁⑧。

【校　勘】

〔一〕傅本、元本、朱本、龍本、曹本無題。

〔二〕「紵」，毛本作「苧」。

〔三〕「詠」，傅本作「歌」。

〔四〕「枝」，傅本、元本、朱本、龍本、《全宋詞》、曹本作「林」。

【編　年】

同前首。

【箋　註】

① 春服：《論語·先進篇》：「莫春者，春服既成，冠者五六人，童子六七人，浴乎沂，風乎舞雩，詠而歸。」

②曲水：古代習俗，於農曆三月上旬巳日，在水濱宴樂，以祓除不祥，稱爲曲水。見《勸金船》（無情流水多情客）注③。又，梁·吳均《續齊諧記》：「晉武帝問尚書摯虞仲治（一作洽）：『三月三日曲水其意何旨？』答曰：『漢章帝時，平原徐肇以三月初生三女，至三日俱亡，一村以爲怪，乃相與至水濱盥洗，因以流濫觴，曲水之意蓋自此矣。』帝曰：『若所談，便非嘉事也。』尚書郎束皙進曰：『仲治小生，不足以知此。臣請説其始：昔周公成洛邑，因流水泛酒，故逸詩云：「羽觴隨流波。」又秦昭王三月上巳，置酒河曲，見金人自河而出，奉水心劍曰：「令君制有西夏。」及秦霸諸侯，乃因此處立爲曲水。二漢相緣，皆爲盛事。』帝曰：『善。』賜金五十斤，左遷仲治爲陽城令。」

蕉葉：酒杯名，因形似蕉葉，故云。

③舞雩風軟：舞雩壇春風柔和。舞雩：古壇名，在曲阜東南，春秋時魯國曾在此祭天求雨。《水經注》卷二五《泗水》：沂水北對稷門，亦名高門，亦曰雩門。「門南隔水，有雩壇，壇高三丈，曾點所欲風舞處也。」（詳見注①）清·劉寶楠《論語正義》卷一四：「雩壇者，雩時爲壇設祭於此，有樂舞，故曰舞雩。」紵羅：紵，用苧麻織成的布；羅，質地稀薄的絲織品。此指用紵羅製作的春服。

④酣詠：盡情歡歌。唐·宋之問《寒食還陸渾別業》：「野老不知堯舜力，酣歌一曲太平人。」

⑤催耕：《周禮》載有酇長、里宰「趨其耕耨」之語，即每年春季，酇長、里宰要催促農夫從事農耕。（見《周禮注疏》卷一五《酇長》及《里宰》）杜甫《洗兵馬》：「田家望望惜雨乾，布穀處處催春耕。」

⑥百舌：又稱反舌、鶗鴂，似伯勞而小，全體黑色，嘴甚尖，色黃黑相雜，以其鳴聲反復如百鳥之音，故名。立春後鳴

囀不已，夏至後即無聲。人或畜之，入冬即死。《禮記·月令》：「小暑至，螳螂生，䴗始鳴，反舌無聲。」注：「反舌，百舌鳥。」杜甫《百舌》：「百舌來何處，重重只報春。」

⑦ 鵓鴣：又名鵓鳩。吴·陸璣《毛詩草木鳥獸蟲魚疏》下「宛彼鳴鳩」：「鵓鳩，灰色，無繡項，陰則屏逐其匹，晴則呼之。語曰『天將雨，鳩逐婦』是也」因其將雨時鳴聲急，故俗亦呼爲水鵓鴣。杜甫《題省中院壁》：「落花遊絲白日靜，鳴鳩乳燕青春深。」

⑧ 蕪菁：又名蔓菁。根塊肉質，可供蔬食。韓愈《感春三首》之二：「黄黄蕪菁花，桃李事已退。」

滿江紅　東武會流杯亭〔一〕①

東武城南，新堤固〔二〕、漣漪初溢〔三〕。隱隱遍〔四〕、長林高阜〔五〕，卧紅堆碧。枝上殘花吹盡也，與君更向江頭覓〔六〕。問向前、猶有幾多春，三之一。　官里事，何時畢。風雨外，無多日。相將泛曲水②，滿城爭出。君不見、蘭亭修禊事③，當時座上皆豪逸。到如今、修竹滿山陰，空陳迹。

【校　勘】

〔一〕元本、朱本、龍本、曹本題下有「上巳日作。城南有坡，土色如丹，其下有隄，壅邦淇水入城」等二十二字。

〔二〕「固」，傅本作「畔」；元本、朱本、龍本、曹本作「就」。

〔三〕「漣漪」，元本誤作「郲淇」；朱本、龍本、曹本作「邦淇」。

〔四〕此句元本、朱本、龍本、曹本作「微雨過」。

〔五〕「高」，元本、朱本、龍本、曹本作「翠」。

〔六〕「更」，傅本、元本、朱本、龍本、曹本作「試」。「頭」，傅本作「邊」。

【編　年】

熙寧九年丙辰（一〇七六年）三月，作於密州。傅藻《東坡紀年録》：「熙寧九年丙辰，上巳日，流觴於南禪小亭作《滿江紅》。」

【考　辨】

《全宋詞》末註：「案此首《類編草堂詩餘》卷三誤作晁補之詞。」案：明洪武本《增修箋註妙選群英草堂詩餘前集》卷上、陳鍾秀《精選名賢詞話草堂詩餘》卷上、楊慎批點本《草堂詩餘》卷四、錢允治《類選箋釋草堂詩餘》卷三、董其昌批評《新刻便讀草堂詩餘》卷三、卓人月《古今詞統》卷一二、清・陳廷焯《詞則・別調集》卷一、陳世焜（廷焯）《雲韶集》卷三亦作晁補之詞。楊慎本《草堂詩餘》有宋澤元校文，云：『《花庵詞選》載此詞，爲東坡作，與各本異，不知何據。』宋・黄昇《花庵詞選》卷二、明・沈際飛評正《草堂詩餘正集》卷三、陳耀文《花草粹編》卷九、張綖《詩餘圖譜》卷二、潘游龍《精選古今詩餘醉》卷二、清・王奕清《歷代詩餘》卷五七並作蘇軾詞。沈際飛《草堂詩餘正集》有註：「誤刻晁。」今存諸本《東坡詞》皆載，而晁補之諸本《琴趣外編》均未收。一九五六年龍榆生整理出版《晁氏琴趣外編》並作《補遺》，此詞亦未收。《全宋詞》晁補之詞編入誤入存目詞類。作蘇軾詞是。

【箋　註】

① 東武：密州所在地諸城縣。見《减字木蘭花》（賢哉令尹）註①。　流杯亭：《蘇軾詩集》卷一四《别東武流杯》查註引《名勝志》：「諸城縣有柳林河，出石門山，流經縣西北，入於扶淇，密人爲上巳祓除之所。」亭當在此。

② 曲水：見《勸金船》（無情流水多情客）注③及《望江南》（春已老）注②。

③ 蘭亭修禊事：蘭亭在浙江省紹興縣西南二十七里蘭渚山上。東晉永和九年（三五三年）王羲之與孫綽、謝安等四十二人修禊於此，作《蘭亭集序》。餘見《勸金船》（無情流水多情客）注③及《望江南》（春已老）注②。

【參考資料】

宋・陳元靚《歲時廣記》卷一八引《古今詞話》：「東坡自禁城出守東武，適值霖潦經月，黄河决流，漂溺鉅野，及於彭城。東坡命力士持畚鍤，具薪芻，萬人紛紛，增塞城之敗壞者。至暮，水勢益洶。東坡登城野宿，愈加督責，人意乃定，城不没者一板。不然，則東武之人盡爲魚鱉矣。坡復用僧應言之策。鑿清冷口積水入於古廢河，又東北入於海。水既退，坡具利害，屢請於朝，築長堤十餘里以拒水勢，復建黄樓以厭之。堤成，水循故道，分流城中。上巳日，命從事樂成之。有一妓前曰：『自古上巳舊詞多矣，未有樂新堤而奏雅曲者，願得一闋歌公之前。』坡寫《滿江紅》曰：（詞略）。俾妓歌之，坐席歡甚。」

案：黄河於澶州曹村埽決口，蘇軾奮力防洪搶險，乃熙寧十年七、八月間知徐州時事。建黄樓以鎮水害，乃元豐元年七、八月間事。蘇轍《黄樓賦並序》、王宗稷《東坡先生年譜》、王文誥《蘇軾總案》等記載甚詳。楊湜記爲熙寧九年知密州時事，並引爲《滿江紅》（東武城南）一詞本事，均誤。現僅録以參考。

明·沈際飛《草堂詩餘正集評正》卷三：「單引一事，歎盡千秋。」

明·李廷機《新刻註釋草堂詩餘評林》卷三：「三分春色止留一分，非春暮而何？」

清·陳世焜《雲韶集》卷三：「風雅疏狂，聲流弦外，措詞饒有姿態，如靈和殿柳，三起三眠。」

臨江仙　熙寧九年四月一日，同成伯、公謹輩賞藏春館殘花，密州邵家園也〔一〕①

九十日春都過了②，貪忙何處追遊。三分春色一分愁③。雨翻榆莢陣④，風轉柳花毬⑤。

閬苑先生須自責⑥，蟠桃動是千秋⑦。不知人世苦厭求。東皇不拘束⑧，肯爲使君留〔二〕。

【校　勘】

〔一〕原無題，據傅本補。

〔二〕傅本詞末附注云：「公在惠州，改前詞云：『我與使君皆白首，休誇年少風流。佳人斜倚合江樓。水光都眼淨，山色總眉愁。』」元本、朱本、龍本、曹本後闋從「惠州改作」而不收原作。案：此詞與惠州改作，詞旨意境全然不同，故分作二詞同時收錄。

【編　年】

熙寧九年丙辰（一〇七六年）四月，作於密州。案：兹據詞題繫年。

【箋　註】

① 成伯：即趙成伯，名庾。時任密州通判。蘇軾《密州通判廳題名記》記其人甚詳。見《減字木蘭花》（春光亭下）編年中摘引文字。　公瑾：鄧姓，滁州人。元豐八年五月，司馬光拜門下侍郎。時蘇軾起知登州，途中聞司馬入相之命，公瑾也在坐中。蘇軾作《小飲公瑾舟中》詩（載《蘇軾詩集》卷二六）有「坐觀邸報談迂叟，閑説滁山憶醉翁」之句。公自註：「鄧，滁人也。是日坐中觀邸報云：『迂叟已押入門下省。』」迂叟即司馬光。　藏春館：蓋密州邵家園中花圃也。

②「九十日春都過了」二句：蘇軾四月一日遊園，三春已過，無處追遊春色矣。

③「三分春色」句：傅注：「楊元素《本事曲集》：葉道卿《賀聖朝》詞：『三分春色，一分愁悶，一分風雨。』」

④雨翻榆莢陣：《初學記》卷三《春》引《氾勝之書》云：「三月榆莢雨，高地强土可種禾。」榆莢：即榆錢。詳見《雨中花慢》（今歲花時深院）註②。

⑤柳花毬：傅注：「柳絮風滚如毬。」

⑥「閬苑先生」句：傅注：「閬苑先生，東方朔也。漢武帝曰：先生起自責。」詳見《漢書》卷六五《東方朔傳》。

⑦「蟠桃」句：傅注：「《漢武帝故事》：西王母嘗以桃五枚噉帝，帝食之，留核着前。母曰：『用之何爲？』上曰：『欲種之。』母笑曰：『此桃三千年開花，三千年著子，非下土所種。』」案今本《漢武故事》與傅注引文有異。

⑧「東皇」二句：東皇，司春之神。杜甫《幽人》詩：「風帆倚翠蓋，暮把東皇衣。」杜詩寫幽人于翠蓋之下，手把仙衣，希望與司春之神永在一起。此襲用其意。二句謂倘司春之神不受約束限制，使春色常駐人間，爲使君而留，則今日遊園有花可賞矣。

水調歌頭 丙辰中秋，歡飲達旦，大醉。作此篇，兼懷子由

明月幾時有？把酒問青天①。不知天上宮闕，今夕是何年②。我欲乘風歸去③，又恐瓊樓

玉宇〔一〕④，高處不勝寒⑤。起舞弄清影⑥，何似在人間。　轉朱閣，低綺户⑦，照無眠。不應有恨⑧，何事長向別時圓〔二〕！人有悲歡離合，月有陰晴圓缺，此事古難全。但願人長久，千里共嬋娟⑨。

【校　勘】

〔一〕「又」，傅本、元本、朱本、龍本、曹本作「惟」。

〔二〕「長」，原作「偏」，據諸本改。

【編　年】

熙寧九年丙辰（一〇七六年）中秋，作於密州。王宗稷《東坡先生年譜》：「熙寧九年丙辰，蜀人蘇某來守高密，是年中秋，歡飲達旦，作《水調歌頭》懷子由。」

【箋　註】

① 「明月」二句：屈原《天問》：「天何所沓？十二分焉？日月安屬？列星安陳？」李白《把酒問月》：「青天有月來幾時，我今停杯一問之。」作者師屈之意，用李之語，問天上明月何時生成。　幾時：猶何時。

② 「今夕」句：此句前人多用之。如韋瓘《周秦行紀》托名牛僧孺在漢文帝母薄太后廟賦詩：「共道人間惆悵事，不知今夕是何年。」呂巖《憶江南》：「不知今夕是何年，海水又桑田。」作者借用前人成語，問天宮今夕爲何年。

③乘風：《列子》卷上《黄帝》：列子乘風而歸，「竟不知風乘我邪，我乘風乎。」

④瓊樓玉宇：此指月宮。段成式《酉陽雜俎·前集》卷二：「翟天師名乾祐，峽中人。……曾於江岸與弟子數十玩月，或曰：『此中竟何有？』翟笑曰：『可隨我指觀。』弟子中兩人見月規半天，瓊樓金闕滿焉，數息間不復見。」

⑤不勝寒：寒冷難以忍受。傅注：「《明皇雜錄》：八月十五夜，葉靜能邀上游月宮，將行，請上衣裘而往。及至月宮，寒凜特異，上不能禁。靜能出丹二粒，進上，服之乃止。」（今本《明皇雜錄》無此條）

⑥「起舞」句：李白《月下獨酌》：「我歌月徘徊，我舞影零亂。」

⑦「轉朱閣」二句：「轉」、「低」皆指月光移動。綺户：雕飾華美的門窗。溫庭筠《吳苑行》：「綺户雕楹長若此，韶光歲歲如歸來。」

⑧「不應」二句：司馬光《溫公續詩話》：「李長吉歌『天若有情天亦老』，人以爲奇絶無對。曼卿對『月如無恨月長圓』，人以爲勍敵。」不應：猶云不曾、未嘗。晁補之《洞仙歌》詞：「不應誇絶豔，曾妬春華，因甚東君意不到？」

⑨共嬋娟：南朝·宋·謝莊《月賦》：「美人邁兮音塵闕，隔千里兮共明月。」孟郊《古怨別》：「別後唯所思，天涯共明月。」許渾《懷江南同志》：「唯應洞庭月，萬里共嬋娟。」

【參考資料】

宋·胡仔《苕溪漁隱叢話·前集》卷五九：「先君嘗云：柳詞『鰲山綵構蓬萊島』，當云『綵締』；坡詞『低綺户』，當云『窺綺户』。二字既改，其詞益佳。」（案：「鰲山綵構蓬萊島」，《全宋詞》作丁仙現《絳都春》中句。詞後註：「案此首誤入吴文英《夢窗詞集》，曹元忠又誤補入柳永《樂章集》。」録以備考。）

又·《後集》卷三九：「中秋詞，自東坡《水調歌頭》一出，餘詞盡廢。」

宋·蔡絛《鐵圍山叢談》卷三：「歌者袁綯，乃天寶之李龜年也。宣和間，供奉九重，嘗爲吾言：東坡公昔與客游金山，適中秋夕，天宇四垂，一碧無際，加江流澒湧，俄月色如畫。遂共登金山山頂之妙高臺，命綯歌其《水調歌頭》曰：『明月幾時有，把酒問青天。』歌罷，坡爲起舞，而顧問曰：『此便是神仙矣。』吾謂文章人物，誠千載一時，後世安所得乎？」

宋·袁文《甕牖閒評》卷五：「蘇東坡在黄州有詞云：『我欲乘風歸去，又恐瓊樓玉宇，高處不勝寒。』惟高處曠闊，則易于生寒耳，故黄州城上築一堂，以高寒名之，其名極佳。今士大夫書問中往往多用『高寒』二字，雖云本之東坡，然既非高處，二字亦難兼也。」

宋·趙彦衛《雲麓漫鈔》卷四：「《水調歌頭》版行者末云：『但願人長久』，真蹟云：『但得人長久』。以此知前輩文章爲後人妄改亦多矣。」

宋·陳元靚《歲時廣記》卷三一引《復雅歌詞》：「是詞乃東坡居士以丙辰中秋歡飲達旦，大醉，作《水調歌頭》，兼懷子由。時丙辰熙寧九年也。元豐七年，都下傳唱此詞。神宗問内侍外面新行小詞，内侍録此進呈，讀至『又恐瓊樓玉宇，高處不勝寒』，上曰：『蘇軾終是愛君』，乃命量移汝州。」

宋·張炎《詞源》卷下：此詞「清空中有意趣，無筆力者未易到。」

元·李冶《敬齋古今黈》卷八：「東坡《水調歌頭》：『我欲乘風歸去，只恐瓊樓玉宇，高處不勝寒。起舞弄清影，何似在人間。』一時詞手，多用此格。如魯直云：『我欲穿花尋路，直入白雲深處，浩氣展虹蜺。祇恐花深裏，紅露濕人衣。』蓋效坡語也。近世閑閑老人（趙秉文）亦云：『我欲騎鯨歸去，只恐神仙官府，嫌我醉時真。笑拍群仙手，幾度夢中身。』」

元·顧瑛《制曲十六觀》：「曲以意爲主，要不蹈襲前人語。如東坡中秋《水調歌》云：『明月幾時有，把酒問青天。』夏夜《洞仙歌》云：『冰肌玉骨，自清涼無汗。』……皆全章精粹，所詠瞭然在目，且不留滯於物。作者必在心傳，傳以心會意，有誤入處，然須跳出窠臼外，時加新意，自成一家，若屋下架屋，則爲人之臣僕矣。制曲者，當作此觀。」

明·沈際飛《草堂詩餘正集》卷三：「謫仙再來。」又：「『高處不勝寒』，軻氏『一暴十寒』之『寒』也。神宗讀而歎曰：『蘇軾終是愛君』，可謂誤矣，僅移汝州，何哉？」又：「苕溪改丁詞『鰲山綵結蓬萊島』爲『綵締』，蘇詞『低綺户』爲『窺綺户』，似穩，然『窺』與『照』何異？」又：「謝無逸、寇平仲亦云『千里共月』，謝、寇興悲，坡老增忭。」

明·楊慎《草堂詩餘》卷三：「此等詞翩翩羽化而仙，豈是煙火人道得隻字。」又：「中秋詞古今絕唱。」

明·卓人月《古今詞統》卷一二：此詞「畫家大斧皴，書家擘窠體也」。

明·張綖《草堂詩餘後集別錄》：「『我欲乘風歸去，……何事在人間』。蓋言居朝之憂悄，不如在外之瀟散也，與韓退之『天門九扇相當開，上界真人足官府，豈如散仙鞭笞鸞鳳終日相追陪』同意。舊聞神廟見之以爲愛君，　固然，然尚未究其意之所在耳。換頭『轉朱閣，低綺户，照無眠』。胡苕溪欲改『低』字作『窺』字，且云此字既改，『其詞益佳』。愚謂此正未得坡翁語意耳。蓋三言用力處，全在末句『照』字上，謂此月色『轉朱閣，低綺户』，而『照』我『無眠』也。綺户深邃，非月之低不能照，正妙在『低』字，若改爲『窺』字，則與『照』同意，殊失本旨，略無意致矣。昔坡翁嘗論陶淵明『採菊東籬下，悠然見南山』，妙在『見』字，昭明改作『望』字，遂使一篇索然，謂其爲小兒强作解事。苕溪妄改坡字，得無似之乎？」

明·俞彦《爰園詞話》：「宋真宗召王岐公賞月，令宫嬪解金珠乞詩，帝王此等舉動，殊不俗。子瞻生平備歷危險，而神宗讀其『瓊樓玉宇，高處不勝寒』之句，曰『蘇軾終是愛君』，遭際亦略相當，俱能令千古豔羡。」又：「若子瞻『低綺』，『低』改『窺』則善矣。」

清·董毅《續詞選》卷一：「忠愛之言，惻然動人。神宗讀『瓊樓玉宇，高處不勝寒』之句，以爲『終是愛君』，宜矣。」

清·徐釚《詞苑叢談》卷四：「子瞻『與誰同坐，明月清風我』。『明月幾時有，把酒問青天』，快語也。」

清·劉體仁《七頌堂詞繹》：「詞有與古詩同義者，……『瓊樓玉宇』，《天問》之遺也。」

清·沈雄《柳塘詞話》：「《水調歌頭》，間有藏韻者。東坡明月詞『我欲乘風歸去，惟恐瓊樓玉宇』，後段『人有悲歡離合，月有陰晴圓缺』，謂之偶然暗合則可，若以多者證之，則問之箋體家，未曾立法于嚴也。」（又見《古今詞話·詞品》卷上。）

又·《古今詞話·詞辨》卷下：「東坡中秋詞，前段第三句作六字句，後段『不應有恨，何事長向別時圓』，又似四字七字句，《詞品》所謂語意參差也。稼軒席上作『何人爲我楚舞，聽我楚歌聲』與『人間萬事，毫髮常重泰山輕』類是，餘俱整肅。能使神宗讀至『惟恐瓊樓玉宇，高處不勝寒』，歎曰：『蘇軾終是愛君也。』但前後六字句，『我欲乘風歸去』二句，『人有悲歡離合』二句，似有暗韻相叶，餘人失之。然每閱張于湖《觀雨》，辛稼軒《觀雪》，楊止濟《登樓》，無名氏《望月》，固不如東坡之作，陳西麓所以品其爲萬古一清風也。」

清·江順詒《詞學集成》卷七：「如冠九（山）都轉心庵詞序云：『明月幾時有』，詞而仙者也。『吹皺一池春水』，詞而禪者也。仙不易學，而禪可學。」

清·李佳《左庵詞話》卷下：「東坡《水調歌頭》：『明月幾時有，……高處不勝寒。』此老不特興會高騫，直覺有仙氣縹緲于毫端。」

清·黄蓼園《蓼園詞選》：「按通首只是詠月耳。前闋，是見月思君，言天上宮闕，高不勝寒，但仿佛神魂歸去，幾不知身在人間也。次闋，言月何不照人歡洽，何似有恨偏于人離索之時而圓乎？復又自解，人有離合，月有圓缺，皆是常事，惟望長久，共嬋娟耳。纏綿惋惻之思，愈轉愈曲，愈曲愈深。忠愛之思，令人玩味不盡。」

清·先著《詞潔》卷三：「凡興象高，即不爲字面礙。此詞前半自是天仙化人之筆。惟後半『悲歡離合』、『陰晴圓缺』等字，苛求者未免指此爲累。然再三讀去，摶捖運動，何損其佳？少陵《咏懷古跡》詩云：『支離東北風塵際，漂泊西南天地間。』未嘗以『風塵』、『天地』、『西南』、『東北』等字窒塞，有傷是詩之妙。詩家最上一乘，固有以神行者矣，於詞何獨不然。」又：「題爲《中秋對月懷子由》，宜其懷抱俯仰，浩落如是。錄坡公詞，若並汰此作，是無眉目矣。」

清·劉熙載《藝概》卷四：「詞以不犯本位爲高。東坡《滿庭芳》：『老去君恩未報，空回首彈鋏悲歌。』語誠慷慨，然不若《水調歌頭》：『我欲乘風歸去，又恐瓊樓玉宇，高處不勝寒。』尤覺空靈蘊藉。」

清·陳世焜（廷焯）《雲韶集》卷二：「落筆高超，飄飄有凌雲之氣。謫仙而後，定以髯蘇爲巨擘矣。」

又：「筆致疏散。」

又《詞則四種·大雅集》卷一：「純以神行，不落騷雅窠臼，太白之詩，東坡之詞，皆是異樣出色。」

又：「結得忠厚。」

清·張德瀛《詞徵》卷一：「蘇子瞻《水調歌頭》前闋云：『我欲乘風歸去，又恐瓊樓玉宇。』後闋云『月有陰晴圓缺，人有悲歡離合』。（案，二句誤倒）宇、去、缺、合均叶短韻，人皆以爲偶合。然檢韓無咎詞賦此調云：『放目蒼崖萬仞，雲護曉霜城陣。』仞、陣是韻。後闋云：『落日平原西望，鼓角秋深悲壯。』望、壯是韻。蔡伯堅詞賦此調云：『燈火春城咫尺，曉夢梅花消息。』尺、息是韻。後闋云：『翠竹江村月上，但要綸巾鶴氅。』上、氅是韻。乃知《水調歌頭》實有此一體也。」

近人王國維《人間詞話》：「東坡之《水調歌頭》，則佇興之作，格高千古，不能以常調論也。」

近人王闓運《湘綺樓詞選》前編：「通篇妥貼，亦恰到好處。」又：「(「人有」三句)大開大合之筆，亦他人所不能。才子！才子！勝詩文字多矣。」

近人鄭文焯《手批東坡樂府》：「發端從太白仙心脱化，頓成奇逸之筆。湘綺頌此詞，以爲此『全』字韻可當三語掾(即「人有」三句)，自來未經人道。」(龍榆生《東坡樂府箋》卷一引)

河滿子　密州作，寄益守馮當世〔一〕①

見説岷峨悽愴②，旋聞江漢澄清③。但覺秋來歸夢好，西南自有長城④。東府三人最少⑤，西山八國初平⑥。

莫負花溪縱賞⑦，何妨藥市微行⑧。試問當壚人在否⑨，空教是處聞名。唱著子淵新曲⑩，應須分外含情。

【校　勘】

〔一〕題原作「湖州作」。傅本題作「湖州作，寄益守馮當世」。元本、朱本、龍本、曹本題作「湖州寄南守馮當世」。案：馮京(當世)確曾知成都府，時在熙寧九年四月至十月之間。此時作者任密州知府，不在湖州，故「湖」當爲「密」之訛。今從傅本改題，並改「湖」爲「密」。

【編　年】

熙寧九年丙辰（一〇七六年）秋，作於密州。案此詞朱本編熙寧七年甲寅（一〇七四年），云：「案《宋史》：熙寧六年，復熙、河、洮、岷、疊、岩等州。七年，平瀘夷。木征寇岷州，王韶敗降之。詞云：『西山八國初平』，當作於甲寅。」考此詞爲寄成都知府馮當世而作，據《續資治通鑑長編》《宋史·宰輔表》《續資治通鑑》等載，熙寧八年正月，馮京（字當世）自右諫議大夫參知政事，以守本官知亳州。熙寧九年四月，自渭州移知成都府，本年十月，遷樞密院。由此可知，馮京知成都府應在熙寧九年四月至十月之間，且與茂州夷人叛亂有關。司馬光《涑水記聞》卷一四亦云，熙寧九年，茂州夷亂，成都路鈐轄蔡延慶區處失宜，徙知渭州，而以馮京代之。則此詞當作於熙寧九年。朱本所言王韶平定木征之熙、河、洮、岷，踏白城等地，均屬秦鳳路，地近蘭州，與本詞所寫情事不合，不足信。

【箋　註】

① 益：益州，即今成都市。《宋史》卷八九《地理·成都府路》：「成都府，次府，本益州，蜀郡，劍南西川節度。太平興國六年，降爲州。端拱元年，復爲劍南西川成都府。淳化五年，降爲益州，罷節度。」馮當世：《宋史》卷三一七《馮京傳》：馮京字當世，鄂州江夏人。少雋邁不群，舉進士，自鄉舉、禮部以至廷試，皆第一。神宗立，復爲翰林學士，改御史中丞，擢樞密副使，進參知政事。未幾，以資政殿學士知渭州。茂州夷叛，徙知成都府，蕃部何丹方寇雞宗關，聞京兵至，請降。議者遂欲蕩其巢窟，京請于朝，爲禁侵掠，給稼器，餉糧食，使之歸。夷人喜，爭出犬

豕割血受盟，願世世爲漢藩。紹聖元年（一〇九四年）薨，年七十四，謚曰文簡。

② 岷峨：「岷」指岷山，在成都之西，即今青城山；「峨」指峨山，在成都西南，即今峨嵋山。杜甫《劍門》：「珠玉走中原，岷峨氣悽愴。」仇兆鰲注：「民苦須索，故愁怨結而山含悽愴。」此言因有木征等作亂，故云「悽愴」。

③ 江漢：「江」指長江；「漢」指漢水。此句以江漢澄清，喻益州一帶平亂後治平而民安。

④ 長城：喻精兵强將，或堅實雄厚的軍事力量。《宋書》卷四三《檀道濟傳》：道濟平寇守邊，戰功居多，名威甚重。朝廷疑畏之，又爲彭城王所忌，召入朝，殺之。臨刑道濟脱幘投地曰：「乃復壞汝萬里之長城。」《新唐書》卷九三《李勣傳》：李勣「治并州十六年，以威肅聞。帝嘗曰：『煬帝不擇人守邊，勞中國築長城以備虜。今我用勣守并，突厥不敢南，賢長城遠矣！』」此喻馮京。

⑤ 「東府」句：「東府」，此指樞密院。《宋史》卷一六二《職官志》二：「宋初，循唐、五代之制，置樞密院，與中書對持文武二柄，號爲『二府』。院在中書之北，印有『東院』、『西院』之文，共爲一院，但行東院印。」東府即東院。熙寧九年十月丙午，馮京自益守内召，與吴充、王珪同日入相。是年王珪五十八歲，吴充與馮京五十六歲，「東府三人最少」，當指此。

⑥ 西山八國：《新唐書》卷一五八《韋臯傳》：韋臯字城武，京兆萬年人。貞元初，代張延賞爲劍南西川節度使，蠻部震服。「於是西山羌女、訶陵、南水、白狗、逋租、弱水、清遠、咄霸八國酋長，皆因臯請入朝」。「乃詔臯統押近界諸蠻、西山八國、雲南安撫使」。此以韋臯比馮京。

⑦ 花溪縱賞：在浣花溪游覽觀賞。傅注：「西蜀遊賞始正月上元日，終四月十九日，而浣花溪爲最盛集。」

⑧ 藥市：《方輿勝覽》卷五一《成都府路·風俗》：「五月鬻香藥於觀街者號藥市。」傅注：「益州有藥市，期以七月，四遠皆集。其藥物品甚衆，凡三月而罷，好事者多市取之。」微行：官吏改裝换便服出行。

⑨ 當壚人：謂司馬相如與卓文君。《史記》卷一一七《司馬相如列傳》：司馬相如，字長卿，蜀郡成都人，素與臨邛令王吉相善，客舍都亭。曾與王吉飲富人卓王孫家，酒酣弄琴。卓氏女文君新寡，竊從户窺，心悦而好之，乃夜奔相如。相如乃與馳歸成都，家徒四壁。久之，相如與文君之臨邛，賣盡車騎，置一酒舍酤酒，令文君當壚，相如身著犢鼻褌，與保庸雜作，滌器於市。卓王孫恥之。昆弟諸公更謂王孫曰：「長卿故倦游，雖貧，其人材足依也，且又令客，獨奈何相辱如此！」王孫不得已，分與童僕財物，文君乃與相如歸成都，買田宅，爲富人。

⑩ 子淵：《漢書》卷六四下《王褒傳》：王褒字子淵，蜀人也。益州刺史王襄，欲宣風化於衆庶，聞褒有俊才，請與相見，使褒作《中和》《樂職》《宣布詩》，選好事者令依《鹿鳴》之聲習而歌之。久之，轉而上聞。宣帝徵褒，悦之，擢褒爲諫大夫，使侍太子。褒朝夕誦讀奇文及所自造作。太子喜褒所爲《甘泉》及《洞簫頌》，令後宮貴人左右皆頌讀之。

畫堂春　寄子由〔一〕

柳花飛處麥搖波。晚湖淨鑑新磨①。小舟飛棹去如梭。齊唱采菱歌②。　平野水雲溶漾，小樓風日晴和。濟南何在暮雲多③。歸去奈愁何。

【校　勘】

〔一〕此詞吳本未收，傳本、明刊全集、二妙集、毛本亦不載，據元本、朱本、龍本、《全宋詞》、曹本補。

【編　年】

熙寧九年丙辰（一〇七六年）十月，作於密州。朱孝臧《東坡樂府》卷一：「案《潁濱遺老傳》：張文定知淮陽，以學官見辟，從之三年。授齊州掌書記；復三年……考子由以癸丑九月，自陳至齊，迨丙辰九月，三年成資罷任，即以上書還京。詞必於是時寄之，故有『濟南』、『歸去』等語。前段則追述辛亥（熙寧四年）七八月同遊陳州柳湖事。」案，蘇轍罷齊州掌書記，還京，上書言事，在熙寧九年十月，參見《蘇詩總案》卷一四。詞即作於是時。蘇軾兄弟游陳州柳湖，蘇轍作有《柳湖感物》及《柳湖久無水悵然成詠》詩，見《欒城集》卷三。蘇軾作有《次韵子由柳湖感物》，見《蘇軾詩集》卷六。次年二月，柳湖春水生波，開元寺山茶復開。轍再游柳湖，作《宛丘二詠並叙》，見《欒城集》卷四。蘇軾有《和子由柳湖久涸忽有水，開元寺山茶舊無花，今歲盛開二首》，見《蘇軾詩集》卷七。可供參考。孔《譜》編此詞於熙寧七年三月，作於潤州。時蘇軾倅杭，往常、潤、蘇、秀等州賑濟饑民，抵潤州。得鄉書，賦《蝶戀花》；賦《畫堂春》寄弟轍。云：「首云『柳花飛處麥摇波』，乃春景；又云『濟南何在暮雲多』，時轍在濟南。」未見資料佐證，錄存待考。

【箋註】

① 「晚湖」句：以鏡喻湖。言陳州柳湖，清澈平淨，如新磨之鏡。鑑，即鏡子。

② 采菱歌：即采菱曲。樂府曲名。梁武帝制《江南弄》七曲，其五即《采菱曲》。南齊·王融《采菱曲》：「荆姬采菱曲，越女江南謳。」

③ 濟南：宋府名，屬京東路。《宋史》卷八五《地理志》：「濟南府，上，濟南郡，興德軍節度。本齊州。先屬京東路，咸平四年，廢臨濟縣。元豐七年，割屬京東東路。政和六年，升爲府。」時子由任齊州掌書記，在濟南。　暮雲多：杜甫《春日懷李白》：「渭北春天樹，江東日暮雲。」以「暮雲」喻所懷。

江城子〔二〕

前瞻馬耳九仙山①。碧連天。晚雲閒。城上高臺、真箇是超然〔二〕②。莫使忽忽雲雨散，今夜裏，月嬋娟。　小溪鷗鷺靜聯拳③。去翩翩。點輕煙。人事凄涼、回首便他年。莫忘使君歌笑處〔三〕④，垂柳下，矮槐前。

【校　勘】

〔一〕此詞傅本、元本不載。

〔二〕「超」，原誤作「迢」，據諸本改。

〔三〕「忘」，原誤作「忌」，據諸本改。

【編　年】

熙寧九年丙辰（一〇七六年）十月，作於密州。案：傅藻《東坡紀年錄》：「熙寧九年丙辰，十二月移知徐州，東武道中作《江神子》。」王文誥《蘇詩總案》：「熙寧九年丙辰，十月，晚登超然臺望月作《江神子》詞。」據本詞「晚雲閒」、「城上高臺」、「是超然」等語，當爲登超然臺之作，故從王案編十月。

【箋註】

①馬耳：山名，在今山東諸城市西南六十里。後魏·酈道元《水經注》卷二六「濰水」條：「馬耳山，山高百丈，上有二石並舉，望齊馬耳，故世取名焉。」蘇軾《超然臺記》：「南望馬耳、常山，出没隱見，若近若遠。」又《雪後書北臺壁二首》之二：「試掃北臺看馬耳，未隨埋没有雙尖。」九仙山：在諸城市南九十里。《蘇軾詩集》卷一四《次韻周邠寄雁蕩山圖二首》之二：「二華行看雄陝右，九仙今已壓京東。」作者自註：「九仙在東武，奇秀不減雁蕩也。」明嘉靖《青州府志》卷六：「（諸城）縣南八十里爲九仙山，山有九峰，高聳摩空，奇秀不減雁蕩山。西北有潭水與東海相通，久雨將晴，井中有聲如雷，旱則以石擊井，必雨。其他石峰十有一，盤石十有八，俱巍而麗。子瞻詩『九仙今已壓京東』是也。」

②超然：即超然臺，舊稱北臺。宋·張淏《雲谷雜記》卷三：「按北臺在密州之北，因城爲臺，馬耳與常山在其南。東坡爲守日，葺而新之，子由因請名之曰超然臺。」餘見《望江南》「春未老」註①。

③聯拳：群聚貌。杜甫《漫成一首》：「沙頭宿鷺聯拳静，船尾跳魚撥剌鳴。」

④使君：即太守。作者自指。

又 東武雪中送客〔一〕①

相逢不覺又初寒〔二〕。對尊前。惜流年。風緊離亭、冰結淚珠圓。雪意留君君且住〔三〕，從此去，少清歡。轉頭山下轉頭看〔四〕②。路漫漫。玉花翻③。銀海光寬〔五〕④、何處是超然？知道故人相念否，攜翠袖⑤，倚朱闌。

【校勘】

〔一〕此詞傅本存目缺詞。題原作「冬景」，據元本、朱本、龍本、曹本改。

〔二〕「逢」，元本、朱本、龍本、曹本作「從」。

〔三〕「且」，元本、朱本、龍本、《全宋詞》、曹本作「不」。元本注：「不，一作且。」

〔四〕「下」，元本、朱本、龍本、曹本作「上」。

〔五〕「銀」，元本、朱本、龍本、曹本作「雲」。「光」，元本注：「一作天。」

【編年】

熙寧九年丙辰（一〇七六年）十二月，作於密州。傅藻《東坡紀年錄》：「熙寧九年丙辰，十二月，東武雪中送章傳道，作《江神子》。」孔《譜》編熙寧九年正月十三日，繫於雪中送文勛（安國）還朝，賦《滿江紅》（天豈無情）之後。註文云：「《江城子》（調下原註：東武雪中送客），或亦爲勛作。」然並無自信。案，詞首句云：「相逢不覺又初寒。」知與此客的「相逢」已有兩年。而章傳道爲密州州學教授，蘇軾自熙寧七年十二月至密與章「相逢」，至九年十二月章離去，恰正二年。文勛是熙寧八年十一月因事至密的，九年一月離密還朝，在密不足兩個月。可見所送之客，應是章傳道。

【箋註】

① 送客：據《東坡紀年録》知所送之客爲章傳道。傳道，閩人，蘇軾有詩與其唱和，見《蘇軾詩集》卷一三《游盧山次韻章傳道》《次韻章傳道喜雨》等。蘇軾守密時，章任密州州學教授。見孔《譜》卷十三。

② 轉頭山：明嘉靖《青州府志》卷六：「（諸城）縣南四十里爲轉頭山。」

③ 玉花：喻雪花。宋·蘇舜欽《小酌》：「寒雀喧喧滿竹枝，驚風淅瀝玉花飛。」

④ 銀海：《蘇軾詩集》卷一二《雪後書北臺壁二首》之二：「凍合玉樓寒起粟，光摇銀海眩生花。」王注厚曰：「《道經》以項肩骨爲玉樓，眼爲銀海。」此謂雪後目光寬廣。

⑤ 翠袖：杜甫《佳人》詩：「天寒翠袖薄，日暮倚修竹。」此以翠袖指代佳人。

陽關曲 答李公擇〔一〕①

濟南春好雪初晴。纔到龍山馬足輕〔二〕②。使君莫忘霅溪女③，還作陽關腸斷聲〔三〕④。

【校　勘】

〔一〕此詞又見《詩集》卷一五，「曲」作「詞」。題原無「答」字，據《詩集》、龍本、曹本補。

〔二〕「纔」，《詩集》作「行」，合注：「一作纔。」

〔三〕「還」，《詩集》、毛本作「時」，合注：「一作還。」

【編　年】

熙寧十年丁巳（一〇七七年）正月，作於濟南。案：此詞《詩集》編丁巳，朱本、龍本、曹本從之，但均未言明月日。施宿《東坡先生年譜》云：「熙寧十年丁巳，先生正月發濰州，過青、齊二州，李公擇爲齊守，留月餘始去。」據首句「濟南春好雪初晴」可知，此詞當爲丁巳正月同李公擇贈答之作。

【箋　註】

①　李公擇：即李常，黄庭堅之舅，南康建昌人。時知齊州。《宋史》卷三四四有傳。

②龍山：指龍山鎮，位於濟南東七十里。清《一統志》卷一六三《濟南府·古蹟》：巨里城，一名巨合城，在歷城縣東七十里，宋改爲龍山鎮。《元和郡縣圖志》卷一〇《河南道·齊州·全節縣》：「巨合城，在縣東南二十三里。耿弇討張步，守巨里，即此城也。」

③使君：指李常。霅溪：水名，亦稱霅川，在浙江吳興縣境。《太平寰宇記》卷九四：「霅溪在（烏程）縣東南一里，凡四水合爲一溪。自溪玉山曰苕溪，自銅峴山曰前溪，自天目山曰餘不溪，自德清縣前北流至州南興國寺前曰霅溪，東北流四十里，入太湖。……案《字書》云：霅者，四水激射之聲也。」亦爲吳興縣之别稱。《詩集》施註：「李公擇先知湖州，自湖移濟南，故東坡以霅溪女戲之。」

④陽關腸斷聲：李商隱《贈歌妓二首》之一：「紅綻櫻桃含白雪，斷腸聲裏唱陽關。」此言霅溪女不忘公擇，還在唱令人斷腸的《陽關曲》。

【參考資料】

清·王士禛《漁洋詩話》卷中：「東坡濟南詩云：『濟南春好雪初晴，……時作陽關腸斷聲。』亦《小秦王》調也。注蘇者誤以爲孟嘉落帽之龍山，不思彼在姑孰，與濟南何涉？注家之可笑如此。」

近人鄭文焯《手批東坡樂府》：「是闋第三句第五字，以入聲爲協律，蓋昉於『勸君更盡一杯酒』也。」

（龍榆生《東坡樂府箋》卷一引）

浣溪沙　荷花〔一〕

四面垂楊十里荷〔二〕。問云何處最花多〔三〕①。畫樓南畔夕陽和〔四〕。　天氣乍涼人寂寞，光陰須得酒消磨②。且來花里聽笙歌③。

【校　勘】

〔一〕傅本、元本、朱本、龍本、曹本無題。

〔二〕「里」，傅本、元本作「頃」。

〔三〕「云」，傅本作「言」。

〔四〕「和」，元本、朱本、龍本、曹本作「過」。

【編　年】

熙寧十年丁巳（一〇七七年）正月，作於濟南。案：此詞朱本、龍本俱未編年，從曹本。曹云：「考此詞意境，與劉鶚《老殘遊記》第二回所寫歷山大明湖之情景，尤其與鐵公祠門内楹聯上聯所云『四面荷花三面柳』可以相符。詩集《寒食宴（李公擇）提刑致語口號》云：『還把去年留客意，折花臨水更徘徊。』依王案（卷一五第一頁）注云：『下年三月，公擇罷齊州至徐，公爲此詞，以宴公擇。此二句，乃公罷密過齊，同遊大明湖，公擇爲主人之事，正此時也。』王案編在熙寧十年丁巳正月，其時正自密州移知河中府，路過濟南。正月雖無荷花，但鑒於本集《菩薩蠻》『自古漣漪佳絶地』，朱注云：『以吳興比漣水，故有繞郭荷花之句，非十月見荷花也。』以彼例此，則此詞以問答及想像出之，虛詠其事，亦非正月見荷花也。今從詩集及王案移編丁巳。」薛本編元祐六年，作於潁州。云：「詞云『四面垂楊十里荷』，疑似作於潁州。」並引《詩集》卷三四《西湖秋涸……》查註：「《名勝志》：『潁州西二里有湖，袤十里，廣二里，翳然林木，爲一邦之勝。』秦少游亦有詩云：『十里荷花菡萏初，我公所至有西湖。』」以證不妄。案曹、薛二說，實均爲推測結論，尚待顯證。暫依曹說編年，以俟詳考。

【箋註】

①「問云」句：韓愈《奉酬盧給事雲夫四兄曲江荷花行見寄……》：「我今官閒得婆娑，問言何處芙蓉多。」此襲用韓詩句意。

②「光陰」句：鄭谷《梓潼歲暮》：「酒美消磨日，梅香著莫人。」

③笙歌：唐·方干《尚書新創敵樓二首》之一：「笙歌引出桃花洞，羅繡擁來金谷園。」

又　有感〔一〕

傅粉郎君又粉奴①。莫教施粉與施朱②。自然冰玉照香酥③。　有客能爲神女賦④，憑君送與雪兒書⑤。夢魂東去覓桑榆⑥。

【校　勘】

〔一〕傅本、元本無題。

【編　年】

熙寧十年丁巳（一〇七七年）二月，作於鄆州。案：此詞朱本、龍本、曹本俱未編年，從薛本。薛本略云：此詞有「有客能爲神女賦」句，非鮮于侁其人莫屬。《宋史》卷三四四《鮮于侁傳》：「鮮于侁，字子駿，閬州人。」舉進士，爲江陵右司理參軍，通判綿州，除利州路轉運判官，徙京東路轉運使。「侁刻意經術，著《詩傳》《易斷》，爲范鎮、孫甫推許。孫復與論《春秋》，謂今學者不能如之。作詩平淡淵粹，猶長於楚辭。蘇軾讀《九誦》，謂近屈原、宋玉，自以爲不可及也。」《蘇軾文集》卷六六《書鮮于子駿楚辭後》云：「鮮于子駿作楚辭《九誦》以示軾，軾讀之，茫然而思，喟然而嘆曰：嗟乎！此輩之不作也久矣，雖欲作之，而聽者誰乎？……今子駿獨行吟生思，寤寐於千載之上，追古屈原、宋玉，友其人於冥冥，續微學之將墜，可謂至矣。」可以視爲「有客能爲神女賦」之註腳。此文後署作於「元豐元年四月九日」。那麼此詞作於何時呢？《蘇軾詩集》卷一六《和鮮于子駿〈鄆州新堂月夜〉二首》其一曰：「去歲遊新堂，春風雪消後。……佳人如桃李，胡蝶入彩袖。」此詩作於元豐元年五六月間，「去歲」自當爲熙寧十年丁巳。故王文誥於前二句下案曰：「上年二月，公自濟南至鄆州」，是以知此詞寫於公自密赴闕（案：應是赴河中府）經鄆州時。薛考，是。查蘇軾於熙寧九年九月由密州太守遷祠部員外郎移知河中府，年底離密，十年二月至鄆。他的摯友鮮于侁時任京東路轉運使，留蘇軾飲於新堂，出家妓侑酒，詞當作於此時。詞中「傅粉郎君」、「能爲神女賦」之「客」指鮮于侁；「粉奴」、「雪兒」指侑酒之家妓即詩言「佳人如桃李」者。「夢魂東去覓桑榆」當是作者自謂，意爲希冀在京東之地（案：鄆州治須城縣，距東京五百二十里）能「覓」一「桑榆」之所（可供飽暖的職位），則可與好友鮮于侁常相過從矣。

【箋　註】

① 傅粉郎君：《三國志》卷九《魏書·曹爽傳》注引《魏略》：「（何）晏性自喜，動靜粉白不去手，行步顧影。」唐·宋璟《梅花賦》：「儼如傅粉，是謂何郎。」案，此指鮮于侁。粉奴：指鮮于侁所出侑酒家奴。

② 施粉與施朱：宋玉《登徒子好色賦》：「著粉則太白，施朱則太赤。」

③ 冰玉：孟昶《木蘭花》詞：「冰肌玉骨清無汗，水殿風來暗香滿。」此指瑩潔如冰玉的肌膚。

④ 神女賦：戰國楚·宋玉作《神女賦》。賦見《文選》卷一九。

⑤ 雪兒：隋末李密的愛妾。《唐詩紀事》卷七一《韓定辭》：「定辭爲鎮州王鎔書記，聘燕帥劉仁恭，舍於賓館，命幕客馬彧延接。馬有詩贈韓云……韓於座酬之曰：『崇霞臺上神仙客，學辨癡龍藝最多。盛德好將銀筆述，麗詞堪與雪兒歌。』座賓靡不欽訝，然亦疑銀筆之僻也。他日，或持燕帥之命，答聘常山，亦命定辭接於公館，或從容問韓以雪兒、銀筆之事，韓曰：『……雪兒者，李密之愛姬，能歌舞，每見賓寮文章有奇麗入意者，即付雪兒叶音律以歌之。』」此借指鮮于侁之家妓。

⑥ 桑榆：王定保《唐摭言》卷一五《閩中進士》載：薛令之，閩中長溪人，神龍二年及第，累遷左庶子。時開元東宮官僚清淡，令之以詩自悼，復紀於公署曰……唐玄宗因幸東宮覽之，索筆判之曰：「啄木觜距長，鳳皇羽毛短。若嫌松桂寒，任逐桑榆暖。」令之因此謝病東歸。詔以長溪歲賦資之，令之計月而受。「桑榆」在此喻清閒而又可得飽暖的職位。

殢人嬌 王都尉席上贈侍人(二)①

滿院桃花②，盡是劉郎未見③。於中更、一枝纖軟④。仙家日月，笑人間春晚。濃睡起、驚飛亂紅千片⑤。　密意難窺〔二〕，羞容易見〔三〕。平白地、爲伊腸斷⑥。問君終日，怎安排心眼。須信道、司空自來見慣⑦。

【校　勘】

〔一〕傅本、元本、朱本、龍本、曹本題首有「小」字。

〔二〕「窺」，元本、朱本、龍本、《全宋詞》、曹本作「傳」。

〔三〕「見」，元本、朱本、龍本、《全宋詞》、曹本作「變」。

【編　年】

熙寧十年丁巳（一〇七七年）三月，作於汴京郊外。傅藻《東坡紀年録》：「熙寧十年丁巳，三月一日，與王詵會四照亭，有倩奴者求曲，遂作《洞仙歌》《喜長春》與之。」王文誥《蘇詩總案》卷一五：「熙寧十年丁巳，三月二日寒食，與王詵作北城之游，飲於四照亭上，作《殢人嬌》詞。」又案：「檢本集無與倩奴《洞仙歌》《喜長春》詞，惟《殢人嬌》一首雖爲比體，究屬三春景狀，今姑以此補之，未見爲歧出也。」今依王案編丁巳，而以《洞仙歌》列於次焉。

【箋　註】

①　王都尉：指王詵。《蘇軾詩集》卷一八《作書寄王晉卿忽憶前年寒食北城之遊走筆爲此詩》施註：「王晉卿，名詵，

太原人，徙開封。自少志趣不群，能詩善畫，以選尚魏國賢惠公主。……晉卿慕東坡，相與游從，爲晉卿作《寶繪堂記》。多蓄法書名畫，及自製丹青，每爲題詠。坡以詩對御史臺，謫黄州，晉卿自絳州團練使，坐追兩秩停廢。賢惠病，神宗復其官，以慰主意。未幾，薨，遂貶官安置均州。元豐七年春，徙潁。哲宗即位，許居京師。元祐初，自登州刺史，復文州團練使，駙馬都尉。……徽宗爲端王，相與情好最厚。既即位，自和州防禦使遷定州觀察使。」參見《宋史》卷二五五《王全斌傳》後附《王詵傳》。

② 桃花：語義雙關，既指桃花，又喻王詵衆多美麗姬妾。

③ 劉郎：此以劉禹錫自比。劉禹錫《贈看花諸君子》詩：「玄都觀裏桃千樹，盡是劉郎去後栽。」因是「劉郎去後栽」，故云「劉郎未見」。詳見《南鄉子》（不到謝公臺）注⑥。

④ 一枝纖軟：既指衆桃花中纖細柔媚的一枝，也指王詵衆妾姬中特別美麗的一個。

⑤ 亂紅：宋·鄭僅《調笑令轉踏》：「潺潺流水武陵溪，洞裏春長日月遲。紅英滿地無人到，此度劉郎去路迷。」見《樂府雅詞》卷上。（案：傳本引作張舜民《調笑令》，疑誤。）「亂紅」指飛落的桃花。

⑥ 平白地：唐宋時俗語，無緣無故地。宋·程大昌《演繁露》卷一五：「李太白《越女詞》曰：『白地斷肝腸』，此東坡長短句所取以爲『平白地爲伊腸斷』。」

⑦ 司空見慣：唐·孟棨《本事詩·情感第一》：「劉尚書禹錫罷和州，爲主客郎中、集賢學士。李司空罷鎮在京，慕劉名，嘗邀至第中，厚設飲饌。酒酣，命妙妓歌以送之。劉於席上賦詩曰：『䯼鬌梳頭宫樣粧，春風一曲杜韋娘。司

空見慣渾閑事，斷盡江南刺史腸。』李因以妓贈之。」此以李司空比王詵，以劉禹錫自比。

【參考資料】

宋·朋九萬《烏臺詩案》：「熙寧十年二月到京，王詵送到茶果酒食等。三月初一日，王詵送到簡帖，來日約出城外四照亭中相見。次日軾與王詵相見，令姨嬺六七人出斟酒下食。數内有倩奴，問軾求曲子，軾遂作《洞仙歌》一首、《喜長春》一首與之。次日王詵送韓幹畫馬十二疋，共六軸，求軾跋尾。」

明·潘游龍《精選古今詩餘醉》卷一二：「後半一段，神姿舉動，反顯出唐詩高雅。」

洞仙歌　詠柳〔一〕

江南臘盡，早梅花開後。分付新春與垂柳①。細腰肢②、自有入格風流③，仍更是，骨體清英雅秀。　永豐坊那畔④，盡日無人，惟見金絲弄晴晝〔二〕。斷腸是，飛絮時，綠葉成陰⑤，無箇事、一成消瘦。又莫是、東風逐君來，便吹散眉間⑥，一點春皺。

【校　勘】

〔一〕元本、朱本、龍本、曹本無題。

〔二〕「惟」，傅本、元本、朱本、龍本、曹本作「誰」。

【編　年】

同前首。

【考　辨】

《全宋詞》末註：「案《古今圖書集成·草木典》卷二六六《柳》部誤以此首爲晏幾道作。」案：《古今圖書集成》有注：「一作蘇軾。」題作「柳」，「惟」不改作。吴訥《唐宋名賢百家詞》本、毛晉汲古閣本、彊村叢書本《小山詞》均未收。《全宋詞》晏幾道詞，此首僅列存目詞。現存諸本《東坡詞》均收之。作蘇詞是。

【箋　註】

① 分付：交付也。葉夢得《定風波》詞：「華髮蕭然吹素領，光景，何妨分付屬滄洲。」

② 細腰肢：庾信《和人日晚景宴昆明池詩》：「上林柳腰細，新豐酒徑多。」杜甫《絶句漫興九首》之九：「隔户楊柳弱嫋嫋，恰似十五女兒腰。」此以女子細腰比垂柳。

③ 入格風流：《南史》卷三一《張緒傳》：「緒吐納風流……劉悛之爲益州，獻蜀柳數株，枝條甚長，狀若絲縷。時舊宫芳林苑始成，武帝以植於太昌靈和殿前，常賞玩咨嗟，曰：『此楊柳風流可愛，似張緒當年時。』其見賞愛如此。」

李商隱《贈柳》：「見説風流極，來當婀娜時。」 入格：合格。

④「永豐坊」三句：「永豐坊」，地名，在洛陽。清·徐松《唐兩京城坊考》卷五《東京·外廓城》：長夏門之東第一街，從南第一曰仁和坊。次北正俗坊。次北永豐坊。孟棨《本事詩·事感第二》：「白尚書（居易）姬人樊素善歌，妓人小蠻善舞，嘗爲詩曰：『櫻桃樊素口，楊柳小蠻腰。』年既高邁，而小蠻方豐豔，因爲楊柳之詞以託意，曰：『一樹春風萬萬枝，嫩於金色軟於絲。永豐坊裏東南角，盡日無人屬阿誰。』及宣宗朝，國樂唱是詞，上問誰詞，永豐在何處，左右具以對之。遂因東使，命取永豐柳兩枝，植於禁中。」謂永豐柳正當東風婀娜之時。卻無人屬意，空自弄晴。

⑤綠葉成陰：出杜牧詩句。唐·高彥休（又署名參寥子）《闕史》卷上《杜舍人牧湖州》載：杜牧頗縱聲色，聞吳興郡有長眉纖腰，罷宛陵從事，專往觀焉。湖州使君爲張水戲，得州人縱觀。牧見里婦攜幼女，年鄰小稔，曰：「此奇色也。」遂與其母語曰：「余今西航，祈典此郡，汝待我十年，不來而後嫁。」厥後十四載，出刺湖州，女適人已三載，有子二人矣。因贈詩以導其志曰：「自是尋春去較遲，不須惆悵怨芳時。狂風落盡深紅色，綠葉（一作樹）成陰子滿枝。」（又見《太平廣記》卷二七三。《唐音統籤》卷五六二、《樊川外集》俱引《摭言》。《唐詩紀事》卷五六未注出處。）此言待知音者尋春，則綠葉成陰，芳時已過，青春早屬他人。

⑥「便吹散」二句：傅註引辛寅（當作夤）遜《柳》詩：「纔聞暖律先開眼，直待和風始展眉。」見《古今事文類聚後集》卷二二三。「春皺」，謂眉間因春而皺，意即謂一點春愁。「吹散春皺」言心情暢快也。

【參考資料】

近人朱孝臧《東坡樂府》卷一：「毛本題（即《詠柳》）與紀年未合，然細繹詞意，與《殢人嬌》詞略同，非止賦物也。」案：朱説近是。此詞以柳比興而寫閨愁，似爲代妓詠懷。

滿庭芳　佳人〔一〕①

香靉雕盤②，寒生冰筯③，畫堂别是風光。主人情重，開宴出紅妝。膩玉圓搓素頸〔二〕④，藕絲嫩⑤、新織仙裳。雙歌罷〔三〕，虚檐轉月，餘韻尚悠颺⑥。　人間，何處有，司空見慣⑦，應謂尋常。坐中有狂客⑧，惱亂愁腸。報道金釵墜也⑨，十指露、春筍纖長。親曾見⑩，全勝宋玉⑪，想像賦高唐。

【校　勘】

〔一〕原無題，據二妙集、明刊全集、毛本補。

〔二〕「搓」，傅本作「瑳」。

〔三〕「雙歌」，元本作「歌聲」。

【編　年】

熙寧十年丁巳（一〇七七年）春，作於東京。案：此詞題作「佳人」，據張宗橚《詞林紀事》卷五：「案《西園雅集圖跋》：此闋當在王都尉晉卿席上，爲囀春鶯作也。」王都尉晉卿名詵，尚英宗女蜀國公主，好文喜士，是蘇軾的好友。西園是他延東坡諸名士雅集之所。爲晉卿作《西園雅集圖》者凡二：一在熙寧十年丁巳春。雅集者有蘇軾、孫洙（巨源）等人。《苕溪漁隱叢話前集》卷四一引《王直方詩話》：「東坡與孫巨源同會於王晉卿花園中。……」在此次雅集席上，蘇軾賦此《滿庭芳》給晉卿歌姬囀春鶯。此次雅集所繪之《西園雅集圖》，劉克莊曾爲之作跋，載《後村先生大全文集》卷一〇四，跋曰：「本朝戚畹，惟李端愿、王晉卿二駙馬好文喜士。……此圖布置園林水石，人物姬女，小者僅如針芥，然比之龍眠墨本，居然有富貴態度，畫固不可以設色哉。二駙馬既賢，而坐客皆天下士。世傳孫巨源『三通鼓』、眉山公『金釵墜』之詞，想見一時風流蘊藉，爲世道太平極盛之候。未幾而烏臺鞫詩案矣，賓主俱謫，而囀春鶯輩亦流落他人矣。」《跋》中所說孫巨源「三通鼓」，乃指孫洙在李端愿家花園雅集時所作的《菩薩蠻》，中有「城頭尚有三通鼓」之句。（事見曾紆《南遊記舊》及洪邁《夷堅甲志》卷四）所說眉山公「金釵墜」，即本詞中「報道金釵墜也」之語。另一，在元祐二年丁卯六月西園雅集。此次雅集有李公麟（字伯時號龍眠）爲作《西園雅集圖》，《圖》中繪蘇軾等有姓名者十六人雅集西園之狀。米芾（元章）參與這次雅集並作《西園雅集圖記》（見《寶晉英光集》補遺），記述甚詳。丁卯《雅集圖》十六人中，因孫洙元豐二年去世；「囀春鶯輩」也因元豐二年烏臺詩案王詵被謫時「流落他人」，故均不在《圖》中。朱彊村不察，把劉《跋》的丁巳《雅集圖》混同於米《記》丁卯《雅集圖》，而將此詞編在元祐二年丁卯六月，誤。龍本、曹本、石唐本、薛本，相因朱本，皆誤。孔《譜》正之。今從孔《譜》，編熙寧十年。（明人董思白説劉克莊所跋之《西園雅集圖》亦李公麟作，見《式古堂書畫彙考》卷三一〇，未知確否。）

【箋　註】

① 張宗橚《詞林紀事》卷五謂「此闋當在王都尉晉卿席上，爲囀春鶯作也。」《蘇軾詩集》卷二七《和王晉卿并引》：「駙馬都尉王詵晉卿，功臣全斌之後也。元豐二年，予得罪貶黄岡，而晉卿亦坐累遠謫，不相聞者七年。予既召用，晉卿亦還朝。」宋·鄧椿《畫繼》卷二：王晉卿，尚英宗女蜀國公主，雖在戚里，黜遠聲色，而從事於詩畫，作寶繪堂於私第之東，以蓄其所有，東坡爲作記。　佳人：指囀春鶯。

② 香靉：靉，烏代切，音ài，雲氣不明貌。唐·馬總《意林》卷一《晏子》：「星之昭昭，不如日月之靉靆。」此處指香霧。

　雕盤：蕭統《七契》：「瑤俎既已麗奇，雕盤復爲美玩。」

③ 冰筯：王仁裕《開元天寶遺事·冰筯》：「冬至日大雪，至午雪霽，有晴色，因寒，所結簷溜，皆爲冰條。妃子使侍兒敲下二條看玩。帝自晚朝視政迴，問妃子曰：『所玩何物耶？』妃子笑而答曰：『妾所玩者，冰筯也。』」

④ 「膩玉」句：曹植《洛神賦》：「延頸秀項，皓質呈露。」柳永《晝夜樂》（秀香家住桃花徑）：「層波細翦明眸，膩玉圓搓素頸。」

⑤ 「藕絲」句：李賀《天上謠》詩：「粉霞紅綬藕絲裙，青洲步拾蘭苕春。」

⑥「餘韻」句：《列子·湯問》：「昔韓娥東至齊，匱糧，過雍門，鬻歌假食。既去，而餘音繞梁欐，三日不絶。」以上幾句寫囀春鶯姿容、服飾、歌聲之美。

⑦司空見慣：見《殢人嬌》（滿院桃花）注⑤。

⑧狂客：杜甫《寄李十二白二十韻》：「昔年有狂客，號爾謫仙人。」此指宴席上有爲色藝雙絶的囀春鶯激動得發狂的客人。

⑨「報道金釵」二句：韓愈《酒中留上襄陽李相公》詩：「銀燭未消窗送曙，金釵半墜座添春。」傅注：「張祜客淮南幕中，赴宴時，杜紫微爲支使，南座有屬意之處，索骰子賭酒，杜微吟曰：『骰子逡巡裹手拈，無因得見玉纖纖。』祜應曰：『但知報道金釵落，仿佛還因露指尖。』」

⑩親曾見：《孟子·萬章上》：「吾豈若於吾身親見之哉。」

⑪「全勝宋玉」二句：傅注：「楚襄王夢與神女接，且以告宋玉，且言其神女之妙麗，宋玉因爲《高唐賦》云。」全勝：遠勝。全，甚辭，遠也。此言親見佳人囀春鶯之妙麗而作《滿庭芳》，遠勝於宋玉聽楚襄王之言，憑想像巫山神女之妙麗而賦《高唐》也。

【參考資料】

宋·費袞《梁溪漫志》卷九：「程子山敦厚舍人《跋東坡滿庭芳詞》云：余聞之蘇仲虎云，一日，有傳此詞以爲先生作，東坡笑曰：『吾文章肯以藻繪一香篆槃乎？』然觀其間如『畫堂别是風光』及『十指露』之語，誠非先生所云。子山之説，固人所共曉。」

明·沈際飛《草堂詩餘正集》卷三：「以名公綺語織成，風華酣至。」又：「竊疑通篇詞氣現成，『膩玉圓搓』一句獨入做作。及觀柳詞有此，玉林謂東坡用之，則蘇柳固不可相爲也。」

明·李攀龍《新刻題評名賢詞話草堂詩餘》卷四：「種種風流情緒，且以當時諸公綺語織成一篇詞曲，字字句句見之，真如佳人歌舞于目中。」

明·張綖《草堂詩餘後集別錄》：「有點删。乘興率意之作，苦無思致，不録可也。」

浣溪沙〔一〕

縹緲紅妝照淺溪。薄雲疏雨不成泥。送君何處古臺西①。　廢沼夜來秋水滿②，茂林深處晚鶯啼。行人腸斷草凄迷③。

【校　勘】

〔一〕此詞吴本未收，傅本、明刊全集、二妙集、毛本亦不載，據元本、朱本、龍本、《全宋詞》、曹本補。

【編　年】

熙寧十年丁巳(一〇七七年)七月,作於徐州。傅藻《東坡紀年錄》:「元豐元年戊午,公在徐州,送顔、梁作《浣溪沙》。」朱孝臧《東坡樂府》卷一:「案《紀年錄》:戊午送顔梁作《浣溪沙》,集中無是題,疑即是詞。……顔梁謂顔復、梁吉。」案,《紀年錄》編年有誤。若依朱説「顔」謂「顔復」,則此詞當作於熙寧十年七月。顔復字長道,《宋史》卷三四七有傳。顔復時任彭城令,熙寧十年七月離徐赴闕,軾有《送顔復兼寄王鞏》詩爲其送行(見《詩集》卷一五);時子由亦在徐州,也有《送顔復赴闕》詩(見《欒城集》卷七)。若編元豐元年,則子由在南京簽判任所,遂無由爲顔復餞行矣。又,朱説「梁吉」當爲梁先,字吉老,時在徐州從蘇軾學,參見《詩集》卷二五《李憲仲哀詞並叙》之「詰案」。蘇軾有《與梁先、舒煥泛舟二首》記其遊,該詩施宿《年譜》並《蘇詩總案》編熙寧十年;《紀年錄》亦編元豐元年,誤。梁先何時離徐已無考,然依《紀年錄》及朱本,梁先應與顔復同時離去。蘇軾有《代書答梁先》詩,《總案》編在熙寧十年,中云:「别來紅葉黄花秋」,可見秋季八、九月間蘇、梁已分别,故《紀年錄》謂顔、梁同時離徐,大致可信。因知此詞應是熙寧十年七月顔、梁離徐時的送行之作。近聞日本某學者認爲此詞是送别梁燾的。梁燾字況之,鄆州須城人,《宋史》卷三四七有傳。熙寧十年從明州返鄉,途經徐州,七月離徐時,蘇軾、蘇轍、顔復三人送行,轍有《雨中陪子瞻同顔復長官送梁燾學士舟行歸汶上》(見《欒城集》卷七),轍詩與軾詞相比較,有諸多相似之處。如季節:都是秋天;轍詩題明「雨中」,軾詞云:「薄雲疏雨不成泥」;送别地點:轍詩説「西浦」,軾詞説「古臺西」,都説到「西」。因此認定此詞是蘇軾於熙寧十年七月在徐州送别梁燾時所作。此説雖可通,但不無猜測之嫌,錄存備考。

【箋註】

①古臺：謂戲馬臺。《元和郡縣圖志》卷九《河南道·徐州》：「戲馬臺在（彭城）縣東南二里。項羽所造，戲馬於此。宋公九日登戲馬臺即此。」蘇軾《徐州上皇帝書》云：「徐州爲南北之襟要。……其城三面阻水，樓堞之下，以汴、泗爲池，獨其南可通車馬，而戲馬臺在焉。其高十仞，廣袤百步，若用武之世，屯千人其上，聚檑木砲石，凡戰守之具，以與城相表裏，而積三年糧於城中，雖用十萬人，不易取也。」

②廢沼：荒蕪池塘。

③凄迷：景色凄涼。

陽關曲　中秋作〔一〕

暮雲收盡溢清寒①。銀漢無聲轉玉盤②。此生此夜不長好，明月明年何處看。

【校勘】

〔一〕此詞又見《詩集》卷一五。題「作」作「月」。

【編　年】

熙寧十年丁巳（一〇七七年）中秋作於徐州。案：傅藻《東坡紀年錄》云：「元豐元年戊午，公在徐州，作《陽關詞》。」據此當編元豐元年。然作者《書彭城觀月詩》云：「余十八年前中秋夜，與子由觀月彭城，作此詩，以《陽關》歌之。今復此夜，宿於贛上，方遷嶺表，獨歌此曲，聊復書之，以識一時之事，殊未覺有今夕之悲，懸知有他日之喜也。」宋·朱弁《風月堂詩話》卷下引蘇軾此跋，並云「紹聖元年，自錄此詩，仍題其後云」。考蘇軾南遷過贛，時在紹聖元年八月中秋，上逆十八年，正爲熙寧十年，時任徐州知州。若云元豐元年中秋，子由已在南京簽判任矣。今編丁巳。

【箋　註】

①溢：滿得流出來。　清寒：形容月色如水。

②銀漢：即銀河。鮑照《夜聽妓》：「夜來坐幾時，銀漢傾露落。」　玉盤：指圓月。李白《古朗月行》：「小時不識月，呼作白玉盤。」

【參考資料】

宋·王直方《王直方詩話》：「東坡作彭門守時，過齊州李公擇，中秋席上作一絶云：（詞略。）其後山谷在黔南，令以《小秦王》歌之。」（詩話總龜》前一一）

宋·王十朋《集註分類東坡先生詩》卷一八：「次公謂先生名之爲『陽關三絶』，則必用『西出陽關無故人』之聲歌之矣，王立之之説恐非也。蓋《贈張繼愿》言『戲馬臺』，則在徐州所贈也；《答李公擇》云『濟南春好雪初晴』，則自是春初之作，豈可便指爲過齊州作耶？意者三詩先生皆以《陽關》歌之，乃聚爲一處，標其題曰《陽關三絶》。」

近人鄭文焯《手批東坡樂府》：「『不』字律，妙句天成。」

今人龍榆生《東坡樂府箋》卷一：「詩集查注：慎案《詩話總龜》謂東坡作彭門守時過齊州李公擇，中秋席上作絶句：『暮雲收盡溢清寒』云云，此詩與前一首，似是同時作。以愚考之，先生過濟南在本年正月，有詩載卷首，四月赴徐州，未嘗在齊州過中秋也。」

水調歌頭

余去歲在東武〔一〕，作《水調歌頭》以寄子由。今年，子由相從彭城百餘日〔二〕①，過中秋而去，作此曲以別余〔三〕。以其語過悲，乃為和之。其意以不早退為戒，以退而相從之樂為慰云耳〔四〕。

安石在東海②，從事鬢驚秋。中年親友難別③，絲竹緩離愁。一旦功成名遂④，準擬東還海道，扶病入西州。雅志困軒冕〔五〕⑤，遺恨寄滄州⑥。歲云暮⑦，須早計，要褐裘。故鄉歸去千里，佳處輒遲留。我醉歌時君和，醉倒須君扶我，惟酒可忘憂⑧。一任劉玄德〔六〕⑨，相對卧高樓。

【校　勘】

〔一〕題首原有「公舊序云」四字，據元本、毛本、朱本、龍本、曹本删去。

〔二〕「城」，傅本、元本、朱本、龍本、曹本、《全宋詞》並作「門」。

〔三〕「此」，原缺。據傅本、元本、朱本、龍本、《全宋詞》、曹本補。「此曲」詳見參考資料。

〔四〕「耳」，元本、朱本、龍本、曹本缺。

〔五〕「困」，明刊全集、二妙集作「因」。

〔六〕「玄」，原作「元」，據傅本、元本、毛本、二妙集、朱本、龍本、《全宋詞》、曹本改。

【編　年】

熙寧十年丁巳（一〇七七年）八月，作於徐州。王宗稷《東坡先生年譜》：熙寧十年丁巳，「又有和子由《水調歌頭》詞。」傅藻《東坡紀年録》：「熙寧十年丁巳，子由過中秋而别，作《水調歌頭》。」

【箋　註】

① 彭城：《元和郡縣圖志》卷九《河南道·徐州》：「彭城縣，古大彭氏國也，漢爲彭城縣，屬楚國。後漢屬彭城國，宋

屬彭城郡。隋文帝罷郡爲縣，屬徐州。」唐曰彭城郡，宋仍爲徐州，即今徐州市。　百餘日：指該年四月至八月。

②「安石」二句：據《晉書》卷七九《謝安傳》：謝安字安石，少有重名。棲遲東土，放情丘壑。「安妻，劉惔妹也，既見家門富貴，而安獨靜退，乃謂曰：『丈夫不如此也？』安掩鼻曰：『恐不免耳。』及（安弟謝）萬黜廢，安始有仕進志，時年已四十餘矣。」　從事：從政。

③「中年」二句：《晉書》卷八〇《王羲之傳》：「謝安嘗謂羲之曰：『中年以來，傷於哀樂，與親友別，輒作數日惡。』羲之曰：『年在桑榆，自然至此。頃正賴絲竹陶寫，恒恐兒輩覺，損其歡樂之趣。』」《晉書》卷七九《謝安傳》：謝安「性好音樂，自弟萬喪，十年不聽音樂。及登台輔，朞喪不廢樂。」　絲竹：泛指音樂。　緩：緩解，沖淡。

④「一旦」三句：《晉書》卷七九《謝安傳》：「安雖受朝寄，然東山之志始末不渝，每形於言色。及鎮新城，盡室而行，造汎海之裝，欲須經略粗定，自江道還東。雅志未就，遂遇疾篤。上疏請量宜旋旆，……詔遣侍中慰勞，遂還都。聞當輿入西州門，自以本志不遂，深自慨失，因悵然謂所親曰：『昔桓溫在時，吾常懼不全。忽夢乘溫輿行十六里，見一白雞而止。乘溫輿者，代其位也。十六里，止今十六年矣，白雞主酉，今太歲在酉，吾病殆不起乎。』」此以謝安自喻，言擬於功成名就之時即退隱。　功成名遂：見《南鄉子》（東武望餘杭）注②。

⑤困軒冕：「困」，被困。「軒冕」，謂官位爵祿。《莊子·繕性》：「今之所謂得志者，軒冕之謂也。軒冕在身，非性命也，物之儻來寄也。」唐·張九齡《商洛山行懷古》：「避世辭軒冕，逢時解薜蘿。」

⑥滄州：猶言水濱，舊指隱者所居之地。南齊·謝朓《之宣城郡出新林浦向板橋》：「既懽懷祿情，復協滄州趣。」杜

甫《奉贈盧五丈參謀琚》：「辜負滄州願，誰云晚見招。」

⑦「歲云暮」三句：《詩經·豳風·七月》：「無衣無褐，何以卒歲。」《楊子法言·寡見篇》：「大寒然後索衣裘，不亦晚乎。」 褐裘：粗布袍子，指老百姓穿的衣服。

⑧「惟酒」句：《晉書》卷六八《顧榮傳》：顧榮恒縱酒酣暢，謂友人張翰曰：「惟酒可以忘憂，但無如作病何耳。」曹操《短歌行》：「何以解憂，惟有杜康。」

⑨「一任」二句：《三國志·魏書·陳登傳》載：陳登者，字元龍，在廣陵有威名。後許汜與劉備並在荆州牧劉表坐，表與備共論天下人，汜曰：「昔遭亂過下邳，見元龍。元龍無客主之意，久不相與語，自上大牀卧，使客卧下牀。」備曰：「君有國士之名。今天下大亂，帝主失所，望君憂國忘家，有救世之意。而君求田問舍，言無可采，是元龍所諱也，何緣當與君語？如小人，欲卧百尺樓上，卧君於地，何但上下牀之間邪？」此蘇軾以許汜自比，説自己無「憂國」「救世」之意，而有「求田問舍」之心，任憑像陳元龍、劉備那樣有雄心壯志的人瞧不起吧。

【參考資料】

宋·蘇轍《水調歌頭·徐州中秋作》：「離别一何久，七度過中秋。去年東武今夕，明月不勝愁。豈意彭門城下，同泛清河古汴，船上載《涼州》。鼓吹助清賞，鴻雁起汀洲。 坐客中，翠羽帔，紫綺裘。素娥無賴西去，曾不爲人留。今夜清尊對客，明夜孤帆水驛，依舊照離憂。但恐同王粲，相對永登樓。」

案：此詞即詞叙所謂「此曲」也，本爲蘇轍作，因其附於東坡詞集中，後人遂誤作蘇軾詞。朱孝臧云：「此詞爲子由原作，元本、毛本題固甚明。王案於題首增與字，遂目爲東坡自作。不知公詞叙，固謂子由作此曲以別也。」清·沈辰垣等《歷代詩餘》卷五八亦誤作蘇軾詞。

又《欒城集》卷七《逍遥堂會宿二首並引》：「轍幼從子瞻讀書，未嘗一日相舍。既壯，將遊宦四方，讀韋蘇州詩，至『安知風雨夜，復此對牀眠』，惻然感之。乃相約早退，爲閑居之樂。故子瞻始爲鳳翔幕府，留詩爲別，曰『夜雨何時聽蕭瑟』。其後子瞻通守餘杭，復移守膠西，而轍滯留於淮陽、濟南不見者七年。熙寧十年二月，始復會於澶濮之間，相從來徐，留百餘日，時宿於逍遥堂。追感前約，爲二小詩記之。」案：此引於詞意足相映發，錄以備考。

浣溪沙

贈閭丘朝議①，時過徐州〔一〕

一別姑蘇已四年②。秋風南浦送歸船③。畫簾重見水中仙④。　霜鬢不須催我老，杏花依舊駐君顔〔二〕⑤。夜闌相對夢魂間⑥。

【校　勘】

〔一〕傳本無題。「過」，元本、朱本、龍本、《全宋詞》、曹本作「還」。

〔二〕「花」，傳本、元本、朱本、龍本、曹本作「丹」。元本注：「一作花。」

【編　年】

熙寧十年丁巳（一〇七七年）八月，作於徐州。王文誥《蘇詩總案》卷一五：「熙寧十年丁巳八月，閭丘公顯過彭城，作《浣溪沙》詞。」案此詞傅藻《東坡紀年録》編熙寧七年甲寅（一〇七四年），云：「再過蘇，贈閭丘公顯作。」據此當爲甲寅九月赴密州任，途經蘇州作。然而此説與詞題及首二句意境不符。首句「一別姑蘇已四年」，蘇軾熙寧七年九月自杭赴密時，過蘇州，曾訪閭丘。至熙寧十年，恰好四年（即熙寧七年亦算一年）。孔《譜》編元豐元年，是對「四年」的計數方法有別也。今從《總案》。

【箋　註】

① 閭丘朝議：即閭丘孝終。宋·范成大《吳郡志》卷二六：「閭丘孝終，字公顯，郡人。嘗守黄州。蘇文忠公在東坡時，與交從甚密（案：東坡貶黄時，郡守爲徐君猷，徐罷任，楊君素來代，公顯不在黄州。東坡貶黄前已和閭丘有交。此處有誤）。公後經從，必訪孝終，賦詩爲樂。孝終既掛冠，與諸名人、耆艾爲九老會。」朝議：即朝議大夫，隋朝始置，屬散官，取漢諸大夫得上奉朝議爲名，唐宋因之。

② 「一別」句：姑蘇，蘇州別稱。唐·張繼《楓橋夜泊》：「姑蘇城外寒山寺，夜半鐘聲到客船。」餘見《菩薩蠻》（玉童西迓浮丘伯）註⑦。朱孝臧《東坡樂府》卷一：「案公甲寅（一〇七四年）有《蘇州閭丘江君二家飲酒》詩，至丁巳，故

云『一別四年』也。」

③ 南浦：泛指面南水岸。屈原《九歌·河伯》：「子交手兮東行，送美人兮南浦。」後多泛指送別之地。梁·江淹《別賦》：「送君南浦，傷如之何。」

④ 水中仙：原指水神。唐·司馬承禎《天隱子·神解》：「在天曰天仙，在地曰地仙，在水曰水仙，能通變之曰神仙。」宋代稱湖中歌妓爲「水仙子」。周密《武林舊事》卷三《西湖游幸》：湖中「歌妓舞鬟，嚴妝自衒，以待招呼者，謂之『水仙子』。」宋·龔明之《中吳紀聞》卷五《閭丘大夫》：「閭丘孝終，字公顯。……公後房有懿卿者，頗有才色」，蘇軾「詩詞俱及之」。「水中仙」當指懿卿。

⑤ 「杏花」句：葛洪《神仙傳》卷一〇：董奉者，字君異，侯官人也。吳先主時，有少年爲侯官縣長，見奉年三十餘，不知其有道也。罷官去後五十餘年，復爲他職，行經侯官，諸故吏人皆老，而奉顏貌一如往日。問言：「君得道耶？吾昔見君如此，吾今已皓首而君轉少，何也？」奉曰：「偶然耳。」奉居廬山不種田，日爲人治病，亦不取錢。重病愈者使栽杏五株，輕者一株。如此數年，計得十萬餘株，鬱然成林。奉在人間三百餘年乃去，顏狀如三十時人也。此以董奉喻閭丘公顯。

⑥ 「夜闌」句：杜甫《羌村三首》之一：「夜闌更秉燭，相對如夢寐。」

菩薩蠻　有寄〔一〕①

城隅靜女何人見②。先生日夜歌彤管③。誰識蔡姬賢④。江南顧彥先⑤。　先生那久困⑥。湯沐須名郡⑦。惟有謝夫人⑧。從來見擬倫〔二〕⑨。

【校　勘】

〔一〕傅本、元本無題。

〔二〕「見」，傅本、元本作「是」。

【編　年】

熙寧十年丁巳（一〇七七年），作於徐州。案：此詞所寄何人？衆説不一。劉崇德《蘇詞編年考》：「此詞毛本題爲『有寄』。二字不可忽視……那麼，所寄何人？即『日夜歌彤管』，『湯沐須名郡』之『先生』也。『先生』爲誰？查蘇軾於熙寧十年離密赴徐任後，有《和孔周翰二絶》，其中《再觀邸園留題》一首云：『小園香霧曉蒙籠，醉守狂詞未必工。魯叟錄詩應有取，曲收彤管邶鄘風。』此詩據趙夔（堯卿）注云：『嘗聞高密老儒之言曰，邸氏有賢婦，其節甚高，故公此詩用《靜女》彤管有煒，《柏舟》共姜自誓，邶鄘二風之事也』。據此，孔周翰(王文誥注：周翰『爲孔子四十八世孫』，故詩中稱『魯叟』)曾題詩於邸園，對孀婦表示敬佩。這首《菩薩蠻》詞的內容、背景，與趙夔解詩所言邸園孀婦事恰相一致。」熙寧九年，孔周翰與東坡密州爲代。此詞即蘇軾到徐州任後寄給密守孔翰周的，贊其才比顧榮能識賢婦，設想其過訪邸園，賢婦會慷慨陳辭，一如昔日劉柳訪問謝夫人也。石唐本也認爲是寫給孔周翰的，但編在熙寧九年八月十五日，飲於密州超然臺上作。孫民《關於十三首東坡樂府的編年》認爲此詞和《滿江紅》(憂喜相尋)相同，是寫給董逸夫的，編元豐五年董逸夫過蘇軾於黃州時。薛本認爲是寫給滕元發的，作於元豐七年二月滕元發貶筠州時，蘇軾在黃州。以上諸說，見仁見智，均乏確證，並錄於此，以俟詳考。暫依劉崇德說，編於丁巳。

【箋　註】

① 有寄：當爲寄密州太守孔周翰也。見本詞編年考述。宋・王稱《東都事略》卷六〇：孔宗翰，字周翰。始以父任爲將作監主簿，復舉進士。王珪在翰林舉御史，司馬光知諫院敕薦士，皆以宗翰應詔。嘗爲夔峽路轉運判官，京都路提點刑獄，知蘄、密、陝、揚、洪、兗六州。元祐初除司農少卿，遷鴻臚卿。除刑部侍郎，卒，年六十。《宋史》卷二九七有傳。

② 城隅靜女：《詩・邶風・靜女》：「靜女其姝，俟我于城隅。愛而不見，搔首踟躕。」

③ 彤管：《詩・邶風・靜女》：「靜女其孌，貽我彤管。彤管有煒，說懌女美。」傳：「古者后夫人必有女史彤管之法。」

又：「煒，赤貌。彤管，以赤心正人也。」陳奐疏：「陳啓源《稽古編》云：『牛亨問彤管何也？董仲舒答曰：彤者，赤漆耳。史官載事，故以彤管赤心記事也。』張華《博物志》、崔豹《古今注》皆載其語，仲舒去古未遠，所聞必有據。」

④蔡姬：《後漢書》卷八四《列女傳·董祀妻傳》：「陳留董祀妻者，同郡蔡邕之女也，名琰，字文姬。博學有才辯，又妙於音律。適河東衛仲道，夫亡無子，歸寧於家。興平中，天下喪亂，文姬爲胡騎所獲，没於南匈奴左賢王，在胡中十二年，生二子。曹操素與邕善，痛其無嗣，乃遣使者以金璧贖之，而重嫁於祀。」

⑤顧彦先：《晉書》卷六八《顧榮傳》：顧榮字彦先，吳國吳人也，爲南土著姓。榮機神朗悟，弱冠仕吳，爲黄門侍郎、太子輔義都尉。吳平，與陸機兄弟同入洛，時人號爲「三俊」。元帝鎮江東，以榮爲軍司，加散騎常侍，凡所謀畫，皆以諮焉。時南土之士未盡才用，榮上書言：「陸士光、甘季思、殷慶元……凡此諸人，皆南金也。」書奏，皆納之。案，顧彦先及前歌彤管之先生，皆喻指孔周翰。

⑥久困：宋·王栐《燕翼詒謀録》卷一：「開寶六年，下第人徐士廉撾登聞鼓，言久困場屋。乃詔入策進士，終場經學，並試殿庭。」

⑦湯沐：《禮·王制》：「方伯爲朝天子，皆有湯沐之邑於天子之縣内。」注：「給齋戒自絜清之用。浴用湯，沐用潘。」

⑧謝夫人：《晉書》卷九六《王凝之妻謝氏傳》：「王凝之妻謝氏，字道韞，安西將軍奕之女也。聰識有才辯。……自爾嫠居會稽，家中莫不嚴肅。太守劉柳聞其名，請與談議。道韞素知柳名，亦不自阻，乃簪髻素褥坐於帳中，柳束

脩整帶造於別榻。道韞風韵高邁，叙致清雅，先及家事，慷慨流漣，徐酬問旨，詞理無滯。柳退而歎曰：『實頃所未見，瞻察言氣，使人心形俱服。』」

⑨擬倫：比類。此句以昔之會稽太守劉柳訪問嫠婦謝夫人，設比今之密州太守孔周翰訪問邸園賢婦。邸園賢婦當如昔日謝夫人神情散朗，慷慨陳詞，有林下之風。《世説新語》下卷上《賢媛》：「謝遏絶重其姊，張玄常稱其妹，欲以敵之。有濟尼者，並遊張、謝二家。人問其優劣？答曰：『王夫人神情散朗，故有林下風氣。顧家婦清心玉映，自是閨房之秀。』」按王夫人即王江州凝之夫人謝道韞。

臨江仙　送王緘〔一〕

忘卻成都來十載①，因君未免思量。憑將清淚灑江陽②。故山知好在，孤客自悲涼。

坐上別愁君未見，歸來欲斷無腸③。殷勤且更盡離觴④。此身如傳舍⑤，何處是吾鄉。

【校勘】

〔一〕「緘」，曹本作「箴」。

【編年】

熙寧十年丁巳(一〇七七年)作於自密移徐途中。案此詞題作「送王緘」,則應考知王緘爲何人。據宋・牟巘《牟氏陵陽集》卷一七《跋東坡帖》云:「東坡翁賦此詞(引者注:即此《臨江仙》詞)送其鄉人,復自書而遺之。蓋自治平丙午去蜀,至熙寧乙卯爲十年,此當是自密移徐時。」又《蘇軾文集》卷五三《與眉守黎希聲》第二簡:「去歲王秀才西歸,奉狀必達。」此簡作於元豐元年,見孔《譜》。簡云「去歲」,即熙寧十年丁巳;「王秀才」即陵陽所謂「鄉人」,亦即該詞題中的「王緘」;「奉狀」的「狀」,即陵陽所謂「復自書而遺之」的「書」。唯陵陽所謂「蓋(蘇軾)自治平丙午去蜀」則誤,據施宿《東坡先生年譜》,治平三年丙午蘇軾護父(洵)喪歸蜀,熙寧元年戊申喪除去蜀。從戊申到丁巳爲十年。與此詞首句「忘卻成都來十載」吻合。此詞當是蘇軾自密移徐途中,送鄉人王緘歸蜀時作,故詞末云:「此身如傳舍,何處是故鄉?」今從孔《譜》移編丁巳。曹本謂「緘」爲「箴」字之誤,王箴乃東坡夫人同安郡之弟,從王案移編元祐五年庚午,誤。

【箋　註】

① 「忘卻成都」二句:施宿《東坡先生年譜》:「治平三年丙午,夏四月,宫師(案:指蘇洵)卒於京師,先生護喪皈蜀。」「熙寧元年戊申,秋七月,除宫師喪;冬,出蜀。」案:自戊申蘇軾出蜀,至熙寧十年丁巳離蜀十載,與首句合。

② 江陽:傅注:「江陽,江北也,水北爲陽。」

③ 欲斷無腸:形容極度悲傷。見《菩薩蠻》(繡簾高捲傾城出)注⑤。

④ 殷勤：此爲曲盡心意。楊巨源《折楊柳》：「惟有春風最相惜，殷勤更向手中吹。」離觴：送行的酒。鄭谷《送進士盧棨東歸》詩：「灞岸草萋萋，離觴我獨攜。」

⑤ 傳舍：即旅途中臨時食宿之處。《漢書》卷四三《酈食其傳》：「沛公至高陽傳舍，使人召食其。」師古曰：「傳舍者，人所止息，前人已去，後人復來，轉相傳也。」時蘇軾在自密移徐之旅途中。

【參考資料】

金·王若虛《滹南遺老集》卷三九《詩話中》：「東坡送王緘詞云：『坐上別愁君未見，歸來欲斷無腸。』此未別時語也，而言『歸來』，則不順矣。『欲斷無腸』，亦恐難道。」

臨江仙　送李公恕〔一〕①

自古相從休務日②，何妨低唱微吟③。天垂雲重作春陰〔二〕。坐中人半醉④，簾外雪將深。聞道分司狂御史，紫雲無路追尋⑤。凄風寒雨是騷騷〔三〕⑥。問囚長損氣⑦，見鶴忽驚心〔四〕⑧。

【校　勘】

〔一〕題原作「冬日即事」，據傅本、元本、朱本、龍本、曹本改。

〔二〕「天」，原誤作「夫」，據諸本改。

〔三〕「是」，傅本作「有」，元本、二妙集、毛本、朱本、龍本、曹本作「更」。

〔四〕「忽」，二妙集、明刊全集、毛本作「總」。

【編　年】

元豐元年戊午（一〇七八年）正月，作於徐州。朱孝臧《東坡樂府》卷一：「案《詩集》，元豐元年正月，有《送李公恕赴闕》詩。詞編戊午。」案陳邇冬《東坡詞選》云：「熙寧十年冬作。時李公恕爲京東轉運使，被召赴京。」當以朱説爲正。

【箋　註】

① 送李公恕：《蘇軾詩集》卷一六《送李公恕赴闕》施註：「李公恕時爲京東轉運判官，召赴闕。公恕一再持節山東，子由亦有詩送行云：『幸公四年持使節，按行千里長相見。』」（子由詩見《欒城集》卷七《送轉運判官李公恕還朝》）李公恕即李察，爲人與李稷皆以苛暴著稱，時人語曰：「寧逢黑殺，莫逢稷、察。」

② 休務：又稱休沐、休假。唐·徐堅《初學記》卷二〇《假第六》：「休假亦曰休沐。《漢律》：『吏五日得一下沐。』言休息以洗沐也。」宋·葉廷珪《海録碎事》卷一二《簿書門休假附》：「《漢律》：五日一賜休沐，得以歸，休沐出謁。《世説》：車武子爲侍中，每休沐，與東亭諸人，期共遊集。」

③低唱微吟：傅注：「世傳陶穀學士，買得黨太尉家故妓，過定陶，取雪冰烹團茶。謂妓曰：『黨家應不識此。』妓曰：『彼粗人，安有此景？但能于銷金暖帳下，淺斟低唱，喫羊羔兒酒耳。』陶默然，愧其言。」曹丕《燕歌行》：「短歌微吟不能長，明月皎皎照我牀。」

④半醉：隋·盧思道《後園宴詩》：「欲眠衣先解，半醉臉愈紅。」韓愈《酒中留上襄陽李相公》：「銀燭未銷窗送曙，金釵半醉座添春。」

⑤「聞道」二句：孟棨《本事詩·高逸第三》：「杜（牧）爲御史，分務洛陽時，李司徒（愿）罷鎮閑居，聲伎豪華，爲當時第一。洛中名士，咸謁見之。李乃大開筵席，當時朝客高流，無不臻赴。以杜持憲，不敢邀置。杜遣座客達意，願與斯會。李不得已，馳書。方對花獨酌，亦已酣暢，聞命遽來。時會中已飲酒，女奴百餘人，皆絶藝殊色。杜獨坐南行，瞪目注視，引滿三巵，問李云：『聞有紫雲者，孰是？』李指示之。杜凝睇良久，曰：『名不虚得，宜以見惠。』李俯而笑，諸妓亦皆迴首破顔。杜又自飲三爵，朗吟而起曰：『華堂今日綺筵開，誰唤分司御史來。忽發狂言驚滿座，兩行紅粉一時迴。』意氣閑逸，傍若無人。」作者在此以李公恕比李愿，以杜牧自比，可惜没有紫雲。

⑥駸駸：原義馬疾行貌，此指時日匆匆。梁簡文帝蕭綱《納凉詩》：「斜日晚駸駸，池塘半生陰。」

⑦「問囚」句：意爲因問囚而長感理曲氣短，心中慚愧。這種思想，作者在詩文中時有流露。如《戲子由》云：「平生所慚今不恥，坐對疲氓更鞭箠。」又如《熙寧中軾通守此郡除夜直都廳囚繫皆滿日暮不得返舍因題一詩於壁……》「除日當早歸，官事乃見留。執筆對之泣，哀此繫中囚。小人營餱糧，墮網不知羞。我亦戀薄禄，因循失歸休。不

須論賢愚，均是爲食謀。誰能暫縱遣，閔默愧前修。」

⑧「見鶴」句：庾信《小園賦》：「龜言此地之寒，鶴訝今年之雪。」此句表面上是用庾信文句回應上文「簾外雪將深」，實際上是曲折地描述自己因「問囚長損氣」的進退兩難心情。

蝶戀花　暮春别李公擇〔一〕

簌簌無風花自嚲〔二〕①。寂寞園林，柳老櫻桃過②。落日多情還照坐〔三〕。山青一點横雲破。

路盡河回千轉柂〔四〕。繫纜漁村〔五〕，月暗孤燈火。憑仗飛魂招楚些③。我思君處君思我。

【校勘】

〔一〕此詞傅本存目缺詞。題原作「暮春」，據二妙集、毛本、龍本、曹本補正。元本無題。

〔二〕「嚲」，元本、朱本、龍本、曹本作「墮」。

〔三〕「多」，元本、朱本、龍本、曹本作「有」。

〔四〕「柂」，原作「拖」，據元本、毛本、朱本、龍本、《全宋詞》、曹本改。

〔五〕「繫」，原誤作「擊」，據諸本改。

【編　年】

元豐元年戊午（一〇七八年）三月末，作於徐州。傅藻《東坡紀年録》：「熙寧十年丁巳，過齊時公擇守齊，席上作《南鄉子》，又作《蝶戀花》别公擇。」案蘇軾過齊州，時在正月初至二月初，與詞題中「暮春」及首句「簌簌無風花自嚲」意境不合，《紀年録》有誤。檢《蘇詩總案》卷一六云：「元豐元年戊午，三月寒食日，李常來訪，公方出督城工，李常招以三絶，還作和詩。」誥案：「《東都事略》：李常時由齊州徙淮南西路提點刑獄，其來乃罷齊州任赴提刑時也。」此次來徐，李常停留月餘，與蘇軾唱和頗多。此詞應爲三月末李常離徐時，蘇軾的送行之作。

【箋　註】

① 簌簌：花落貌。唐·元稹《連昌宫詞》：「又有牆頭千葉桃，風動落花紅簌簌。」　嚲：下垂。

② 櫻桃：又名含桃、荆桃。《禮記·月令》：仲夏之月，「天子乃以雛嘗黍羞，以含桃先薦寢廟。」注：「含桃，櫻桃也。」《爾雅·釋木》：「楔，荆桃。」郭璞注：「今櫻桃也。」　過：指花開時節已過。

③ 憑仗：即仗的意思。憑與仗同義，聯綴而成一辭。元稹《蒼溪縣寄揚州兄弟》詩：「憑仗鯉魚將遠信，雁回時節到揚州。」　楚些：宋玉《招魂》句尾皆用「些」字爲助語，如「去君之恒幹，何爲四方些」。故詞人沿稱「楚些」。沈括《夢溪筆談》卷三《辯證》一：「今夔、峽、湖、湘及南、北江獠人，凡禁咒句尾皆稱『些』，此乃楚人舊俗。」

【參考資料】

宋·邵博《邵氏聞見後錄》卷一九：「東坡《別李公擇》長短句『憑仗飛魂招楚些，我思君處君思我』，退之《與孟東野書》『以余心之思足下，知足下懸懸於余』之意也。」

明·沈際飛《草堂詩餘別集》卷二：「『落日』二句，敲空有響。」

清·陳廷焯《詞則四種·別調集》卷一：「『語淺情長，筆致亦超邁。』」

浣溪沙　徐州藏春閣園中〔一〕

慚愧今年二麥豐①。千歧細浪舞晴空〔二〕②。化工餘力染夭紅③。　歸去山翁應倒載〔三〕④，闌街拍手笑兒童〔四〕⑤。甚時名作錦薰籠⑥。

【校　勘】

〔一〕此詞傅本存目缺詞。元本無題。

〔二〕「歧」，二妙集、毛本、《全宋詞》作「畦」。「細」，毛本作「翠」。「舞」，原誤作「無」，據諸本改。

〔三〕「翁」，元本、二妙集、朱本、龍本、《全宋詞》、曹本作「公」。「應」，元本、明刊全集作「因」。

〔四〕「街」，原作「御」，據諸本改。

【編　年】

元豐元年戊午（一〇七八年）四月，作於徐州。傅藻《東坡紀年録》：「元豐元年戊午，公在徐州」是年「又藏春園……作《浣溪沙》。」王文誥《蘇詩總案》卷一八：「元豐二年己未（一〇七九年）三月，登藏春閣，作《浣溪沙》詞。」又云：「此詞無年月可考，附編於此。」可見王案編元豐二年三月，並無自信。今從《紀年録》。案，元豐元年春，徐州乾旱，草木焦枯。蘇軾禱雨城東石潭，既應，復赴石潭謝雨，道中作《浣溪沙》五首。此詞寫雨後二麥生機勃勃，豐收在望，與上述五首意境相同，當爲稍前或稍後作於藏春閣園中。孔《譜》編元豐元年四月，云「慶二麥豐收」者是也。

【箋　註】

①「慚愧」句：慚愧：有難得、幸喜義。唐·元稹《杏花》：「慚愧杏園行在景，同州園裏也先開。」二麥：大麥和小麥。《宋書》卷六《孝武帝紀》：大明七年九月己卯，詔曰：「近炎精亢序，苗稼多傷。今二麥未晚，甘澤頻降，可下東境郡，勤課墾殖。」豐：生長茂盛。《詩·小雅·湛露》：「湛湛露兮，在彼豐草。」

②千歧：歧，通岐，原意爲岔道，引申凡植物分枝發杈亦曰歧；千歧言麥苗分枝很多，是豐收吉兆。《後漢書》卷三一《張堪傳》：堪爲漁陽守，百姓歌曰：「桑無附枝，麥穗兩歧。張君爲政，樂不可支。」細浪：麥浪微漾。

③「化工」句：指大自然之創造力，語本賈誼《鵩鳥賦》：「且夫天地爲爐兮，造化爲工。」元稹《春蟬》詩：「作詩憐化工，不遺春蟬生。」夭紅：妍麗紅豔。此指末句之瑞香花。

④山翁：指山簡。詳見《瑞鷓鴣》（碧山影裏小紅旗）注④。

⑤「闌街」句：李白《襄陽歌》：「襄陽小兒齊拍手，攔街爭唱《白銅鞮》。傍人借問笑何事，笑殺山公醉似泥。」以上兩句，作者以山簡自比，寫自己與民同樂。

⑥錦薰籠：即瑞香花。因其花似錦繡，氣如薰香，故名。《蘇軾詩集》卷三三《次韻曹子方龍山真覺院瑞香花》查註引《咸淳臨安志》：「今東西馬塍，瑞香最多，大者名錦薰籠。」明·楊慎《升菴詩話》卷一一「瑞香花詩」條：「瑞香花，即《楚辭》所謂露甲也。（按《楚辭》作「露申」，「甲」字誤）一名錦薰籠，又名錦被堆。」

又　徐門石潭謝雨①，道上作五首〔一〕

照日深紅暖見魚。連溪綠暗晚藏烏〔二〕。黄童白叟聚睢盱②。　麋鹿逢人雖未慣③，猿猱聞鼓不須呼。歸家説與采桑姑〔三〕。

【校　勘】

〔一〕「門」，傅本作「州」。傅本、元本、朱本、龍本、曹本題下尚有「潭在城東二十里，常與泗水增減，清濁相應」等十七字。

〔二〕「溪」，元本、朱本、龍本、曹本作「村」。「綠暗」二字，傅本互倒。

〔三〕「家」，元本、朱本、龍本、曹本作「來」。元本註：「一作家。」

【編　年】

元豐元年戊午（一〇七八年）初夏，作於徐州。傅藻《東坡紀年錄》：「元豐元年戊午，公在徐州。三月……春旱，置虎頭石潭中，作《起伏龍行》。謝雨道中，作《浣溪沙》。」案：五詞内之「收麥社」、「落棗花」、「響繰車」、「賣黃瓜」等均屬農村初夏景象，《紀年錄》斷爲三月作，不確。

【箋　註】

① 石潭：《蘇軾詩集》卷一八《起伏龍行叙》：「徐州城東二十里，有石潭。父老云：『與泗水通，增損清濁，相應不差，時有河魚出焉。』元豐元年春旱，或云置虎頭潭中，可以致雷雨。」　謝雨：旱後喜降雨，設祭以謝神。

② 「黃童」句：黃童：幼童。幼童髮黃，故云黃童。　白叟：白髮老翁。韓愈《元和聖德詩》：「黃童白叟，踴躍歡呀。」　睢盱：《易·豫》：「六三，盱豫，悔，遲有悔。」唐·孔穎達疏：「盱謂睢盱，睢盱者，喜悅之貌。」又，傅注：「《唐韻》：睢盱，仰目視也。睢音隳，盱音吁。」

③ 「麋鹿」二句：傅注：「野人如麋鹿、猿猱。」

其　二

旋抹紅妝看使君①。三三五五棘籬門。相挨踏破蒨羅裙〔一〕②。　老幼扶攜收麥社③，烏鳶翔舞賽神村④。道逢醉叟卧黄昏。

【校　勘】

〔一〕「挨」，元本、朱本、龍本、曹本作「排」。元本註：「一作挨」。

【編　年】

同前首。

【箋　註】

① 旋抹：急急忙忙塗抹脂粉。「旋」，緊迫之辭，猶急。元稹《連昌宫詞》：「力士傳呼覓念奴，念奴潛伴諸郎宿。」又云：「春嬌滿眼睡紅綃，掠削雲鬟旋裝束。」

② 蒨羅裙：傅注：「蒨羅，紅羅也。」案：蒨，通茜，草名，可作紅色染料，此借指紅色。杜牧《村行》：「蓑唱牧牛兒，籬窺蒨裙女。」上片即從杜牧詩句化出。

③ 收麥社：傅注：「里社相與以收麥。」案：收麥社爲收麥季節之祭神活動。「社」指社祭，祭土地神。

④「烏鳶」句：傅注：「烏鳶以下有所搏食，故翔舞於其上。」案：古代祭神有供品，故招惹烏鴉盤桓飛翔。賽神：古時農村社祭時的迎神賽會活動。

【參考資料】

今人俞平伯《唐宋詞選釋》卷中：「上片似乎白描，亦有所出。杜牧《村行》：『籬窺蒨裙女。』這裏將一句化作三句，而意態生動。」

其三

麻葉層層檾葉光①。誰家煮繭一村香？隔籬嬌語絡絲娘〔一〕②。

垂白杖藜擡醉眼③，捋青擣麨輭饑腸〔二〕④。問言豆葉幾時黄？

【校勘】

〔一〕「語」，原作「女」，據諸本改。

〔二〕「捋」，元本作「扶」，注：「一作捋。」

【編　年】同前首。

【箋　註】

①　檾：音qǐng，亦作苘、蘔，俗稱青麻。傅注：「檾，檾麻，枲屬也。」宋·羅願《爾雅翼》卷八：「檾，枲屬，高四五尺，或六七尺，葉似苧而薄，實大如麻子。今人績以爲布及造繩索。」

②　絡絲娘：蟲名，又名莎雞。宋·羅願《爾雅翼》卷二五：「莎雞，振羽作聲，其狀頭小而羽大，有青褐兩種，率以六月振羽作聲，連夜札札不止，其聲如紡絲之聲，故一名梭雞，一名絡緯，今俗人謂之絡絲娘，蓋其鳴時，又正當絡絲之候。」此指繅絲女子。唐·項斯《山行》：「蒸茗氣從茅舍出，繅絲聲隔竹籬聞。」

③　垂白：鬢髮將白，猶言垂老。白居易《酬鄭侍御多雨春空過詩三十韻》：「愁生垂白叟，惱殺蹋青娘。」杖藜：「藜」，草名，俗名紅心灰藋。莖老可作杖，老人執以杖行，謂之杖藜。《莊子·雜篇·讓王》：「原憲華冠縱履，杖藜而應門。」杜甫《屏跡三首》之二：「杖藜從白首，心跡喜雙清。」

④　捋青擣麨：傅注：「麨，乾糧也，以麥爲之，野人所食。《漢書》曰：『小麥青青大麥枯』，則青者已足捋，而枯者可爲麨矣。」（案：「小麥青青大麥枯」係桓帝時童謠，見《後漢書·五行志》一。傅注所引書名不確。）農民在春夏青黃不接時，捋下新嫩麥子，炒熟後擣碾成片狀或圓柱狀爲食，俗稱「碾饌」。「軟」，通作軟，猶飽。蘇軾《發廣州》：「三杯軟飽後，一枕黑甜餘。」自注：「浙人謂飲酒爲軟飽。」《冷齋夜話》卷一：「詩人多用方言。……南人又謂睡

美爲黑甜，飲酒爲軟飽。故東坡詩曰：『三杯軟飽後，一枕黑甜餘。』

其四

簌簌衣巾落棗花。村南村北響繰車①。牛衣古柳賣黄瓜〔一〕②。　酒困日長惟欲睡，日高人渴謾思茶③。敲門試問野人家④。

【校勘】

〔一〕「牛衣」，傅本作「牛依」。曹本據《艇齋詩話》及《東坡詩話》改作「半依」，云：「牛依係半依形誤」。

【編年】

同前首。

【考辨】

《全宋詞》末注：「此首别又誤入吴文英《夢窗詞集》。」同書吴文英詞中列爲存目詞。案：此詞諸本《東坡詞》均收，歷代選本皆作蘇軾詞。《夢窗詞集》實係誤入，《全宋詞》已作是正。

【箋註】

①繅車：繅絲工具，因有輪旋轉以收絲，故謂繅車。唐・王建《田家行》：「五月雖熱麥風清，簷頭索索繅車鳴。」

②牛衣：程大昌《演繁露》卷二「牛衣」條：「王章『卧牛衣中』。（見《漢書》卷七六《王章傳》）注：『龍具也。』龍具之制，不知何若。案《食貨志》：『董仲舒曰：貧民常衣牛馬之衣，而食犬彘之食。』（見《漢書》卷二四上《食貨志》）然則牛衣者，編草使暖，以被牛體，蓋蓑衣之類也。」此泛指賣瓜者衣著襤褸。

③謾思茶：不由地想飲茶水。唐・皮日休《閒夜酒醒》：「酒渴漫思茶，山童呼不起。」蓋即作者所本。作者《是日偶至野人汪氏之居……》亦有「酒渴思茶漫扣門」句。

④野人：鄉野之人，農夫。《左傳・僖公二十三年》：「晉公子重耳之及於難也，……出於五鹿，乞食於野人，野人與之塊。」

【參考資料】

宋・曾季貍《艇齋詩話》：「東坡在徐州作長短句云：『半依古柳賣黃瓜』，今印本作『牛衣古柳賣黃瓜』，非是。予嘗見東坡墨蹟作『半依』，乃知『牛』字誤也。」

宋・龔頤正《芥隱筆記》：「予見孫昌符家坡朱陳詞真蹟云：『半依古柳賣黃瓜』，今印本多作『牛依』，或遷就爲『牛衣』矣。」（元・陳明秀《東坡詩話錄》所引同。）　案：蘇軾《夜泊牛口》詩有「居民偶相聚，三四依古柳」。作「牛衣」雖可通，然作「半依」其義較勝。

宋・胡仔《苕溪漁隱叢話前集》卷五六引《高齋詩話》：「東坡長短句云：『村南村北響繅車。』參寥詩云：『隔林彷彿聞機杼，知有人家住翠微。』秦少游云：『菰蒲深處疑無地，忽有人家笑語聲。』三詩大同小異，皆奇句也。」

明·沈際飛《草堂詩餘續集》卷上：「郵落圖。」

明·錢允治《類選箋釋續選草堂詩餘》卷上：「棗花落、繰車響、黃瓜賣，四月天氣也。」

清·王士禛《花草蒙拾》：「『牛衣古柳賣黃瓜』，非坡仙無此胸次。」（清·彭遜遹《詞藻》所引同。）

其　五

軟草平莎過雨新①。輕沙走馬路無塵。何時收拾耦耕身②？　日暖桑麻光似潑③，風來蒿艾氣如薰④。使君元是此中人⑤

【編　年】

同前首。

【箋　註】

① 莎：莎草，多年生草本，地下有紡錘形細長塊根，稱香附子，可藥用。《楚辭·招隱士》：「青莎雜樹兮，薠草靃靡。」洪興祖補註：「《本草》云：莎，古人爲詩多用之。此草根名香附子，荆襄人謂之莎草。」

②耦耕：兩人並耜而耕。《論語·微子》：「長沮、桀溺耦而耕。」「收拾耦耕身」有歸田隱居之意。

③光似潑：形容雨後桑麻葉子閃閃發光，猶如水潑其上。

④薰：香草，又名蕙草。《左傳·僖公四年》：「一薰一蕕，十年尚猶有臭。」此指如薰之香氣。

⑤「使君」句：使君，作者自謂。蘇軾常自謂農家出身，如《題淵明詩二首》：「陶靖節云：『平疇返遠風，良苗亦懷新。』非古之偶耕植杖者，不能道此語；非余之世農，亦不能識此語之妙也。」見《蘇軾文集》卷六七）

蝶戀花　送鄭彦能還都下〔一〕①

別酒勸君君一醉〔二〕。清潤潘郎②，又是何郎壻〔三〕③。記取釵頭新利市④。莫將分付東鄰子⑤。　回首長安佳麗地⑥。十五年前〔四〕⑦，我是風流帥。爲向青樓尋舊事⑧。花枝缺處餘名字〔五〕⑨。

【校　勘】

〔一〕傅本、元本不載。題原作「送潘大臨」，據宋·趙令畤《侯鯖錄》卷一改。

〔二〕「勸」，宋·吳曾《能改齋漫錄》卷一六作「送」。

〔三〕「又」，《能改齋漫録》作「更」。

〔四〕「十五」，原作「三十」，據《侯鯖録》改。

〔五〕「餘」，《侯鯖録》作「留」。

【編　年】

元豐元年戊午（一〇七八年）八月，作於徐州。關於本詞，曾慥説是爲「送潘大臨」作；吴曾説在黄州「送潘邠老赴省試作」；趙令時説在徐州「送鄭彦能還都下」作。案趙令時字德麟，趙宋皇族，燕王德昭玄孫，生於皇祐三年（一〇五一年），卒於紹興四年（一一三四年）。蘇軾知潁州時，趙爲簽判，二人過從甚密，情誼篤厚。令時平日所與游處，强半元祐勝流，其《侯鯖録》所載較爲翔實，甄採故事詩話，亦多精贍可喜。而曾慥、吴曾均爲南宋初人，曾慥編收此詞的《東坡詞拾遺》成書於紹興辛未（一一五一年），吴曾編收此詞的《能改齋漫録》成書於紹興二十四年至二十七年（一一五四至一一五七年）間，都晚於《侯鯖録》。吴《録》雖自詡博洽，但考訂失實處頗多。互相比較，此詞以趙説較爲可信。再考之張文潛《潘大臨文集序》、潘淳《潘子真詩話》及釋惠洪《冷齋夜話》，知潘大臨字邠老，故閩人，後家黄州，家境貧窮，至徽宗崇寧年間仍居黄州，後客死蘄春，年未五十。蘇軾貶官黄州時，向蘇軾學句法的潘大臨還是個青年人，根本不可能有「回首長安佳麗地，三十年前，我是風流帥」那樣的「青樓」「舊事」。而趙令時説此詞是蘇軾在徐州送鄭彦能還都下作。「十五年前，我是風流帥」云云，乃「記坐中人語」，是鄭彦能的話，則是合情的。彦能名僅，徐州彭城人，慶曆七年（一〇四七年）生。

第進士，爲大名府司户參軍。《宋史》卷三五三有傳。考《蘇軾詩集》卷一六《送鄭户曹》：「蕩蕩清河堧，黄樓我所開。……樓成君已去，人事固多乖。」施注：「鄭户曹，名僅，字彦能，彭城人。是時赴大名。」案：黄樓建成於元豐元年八月十一日，鄭彦能離徐赴大名當在八月。同年，蘇軾《中秋月寄子由三首》其三：「鄭子向河朔，孤舟連夜行。」自注：「鄭僅赴北京户曹。」北京即大名府，則彦能離徐赴大名在中秋節前。詩與本詞，情事切合。據《侯鯖録》《蘇軾詩集》，此詞應編元豐元年戊午（一〇七八年）八月。詳見拙文《蘇詞編年考辨》（《河南大學學報》一九九三年第五期）。

【考　辨】

曹本校注斷此詞非東坡所作，移列誤入詞。案此詞曾慥本《拾遺》已收録，其《拾遺》四十一首，係據張賓老所編本及蜀本補入，張賓老所編本成書於宋徽宗崇寧三年（一一〇四年）以前，不容輕易懷疑。且趙令畤《侯鯖録》、吴曾《能改齋漫録》都稱蘇軾作，秦少游游京師亦見此詞並有和作，故作蘇軾詞不誤。曹本斷爲僞作，不足憑信。

【箋　註】

① 此詞上片爲餞席上蘇軾戲囑鄭彦能的話，下片是「記坐中人語」，爲席上鄭彦能矜誇之詞。鄭彦能：詳見本詞編年。

② 潘郎：《晉書》卷五五《潘岳傳》：「岳美姿儀，辭藻絶麗，尤善爲哀誄之文。少時常挾彈出洛陽道，婦人遇之者，皆

連手縈繞，投之以果，遂滿車而歸。」徐陵《洛陽道二首》其一：「潘郎車欲滿，無奈擲花何。」此以潘岳譬彥能貌美。

③何郎：劉義慶《世説新語》下卷上《容止》：「何平叔（晏）美姿儀，面至白，魏明帝疑其傅粉，正夏月與熱湯麪，既噉，大汗出，以朱衣自拭，色轉皎然。」韓偓《閨情》：「何郎燭暗誰能詠，韓壽香焦亦任偷。」「何郎」喻鄭彥能岳父，亦美男子。

④釵頭：借指女子。　利市：舊時遇喜慶事或節日討的喜錢。詳見《減字木蘭花》（惟熊佳夢）注⑦

⑤「莫將」句：分付：有表示義。《樂府雅詞》卷上無名氏《九張機》詞：「深心未忍輕分付，回頭一笑，花間歸去，只恐被花知。」未肯輕分付即未肯隨便表示也。　東鄰子：見宋玉《登徒子好色賦》：「天下之佳人莫若楚國，楚國之麗者莫若臣里，臣里之美者莫若臣東家之子。東家之子，增之一分則太長，減之一分則太短；著粉則太白，施朱則太赤；眉如翠羽，肌如白雪；腰如束素，齒如含貝；嫣然一笑，惑陽城，迷下蔡。然此女登牆窺臣三年，至今未許也。」案此上二句乃蘇軾戲囑彥能此還都下，倘遇上屬意於己的女子討利市，記住不要隨便表示相許。

⑥「回首」句：杜甫《秋興八首》其六：「回首可憐歌舞地，秦中自古帝王州。」　長安：宋人借指汴京。辛棄疾《菩薩蠻》：「西北望長安，可憐無數山。」　佳麗地：劉長卿《送姚八歸江南》詩：「折芳佳麗地，望月西南樓。」此指歌妓聚居的地方。

⑦「十五」二句：爲鄭彥能矜誇昔日在汴京風流舊事。　案：彥能慶曆七年生，至今元豐元年爲三十一歲，上推十五年爲十六歲，恰似潘岳少時遊洛陽受女子青睞，有擲果盈車之風流。

⑧ 青樓：妓女所居。王昌齡《青樓曲》其二：「馳道楊花滿御溝，紅妝縵綰上青樓。」杜牧《遣懷》：「十年一覺揚州夢，贏得青樓薄倖名。」

⑨ 花枝缺處：借指青樓。白居易《長安道》詩：「花枝缺處青樓開，艷歌一曲酒一盃。」

【參考資料】

宋·趙德麟《侯鯖錄》卷一：「東坡在徐州，送鄭彦能還都下，問其所游，因作詞云：『十五年前，我是風流帥。』『花枝缺處留名字』。記坐中人語，嘗題于壁。後秦少游薄游京師，見此詞，遂和之，其中有『我曾從事風流府』。公聞而笑之。」

宋·吴曾《能改齋漫錄》卷一六：「右《蝶戀花》詞，東坡在黄時，送潘邠老赴省試作也。今集不載。」

清·宋翔鳳《樂府餘論》：「詞自南唐以後，但有小令，其慢詞蓋起宋仁宗朝。中原息兵，汴京繁庶，歌臺舞席，競賭新聲。……一時動聽，散播四方。其後東坡、少游、山谷輩，相繼有作，慢詞遂盛。東坡才情極大，不爲時曲束縛。然《漫錄》亦載東坡送潘邠老詞：（詞略）。按其詞恣褻，何減耆卿。是東坡偶作，以付餞席。使大雅，則歌者不易習，亦風會使然也。」

南鄉子　自述〔一〕

涼簟碧紗廚①。一枕清風晝睡餘②。卧聽晚衙無一事〔二〕③，徐徐。讀盡牀頭幾卷書。

搔首賦歸歟④。自覺功名懶更疏⑤。若問使君才與術〔三〕，何如？占得人間一味愚⑥。

【校　勘】

〔一〕詞題「自述」，傅本作「和元素」，元本、朱本、龍本、曹本作「和楊元素」。

〔二〕「卧」，元本、朱本、龍本、《全宋詞》、曹本作「睡」。「一」，元本、朱本、龍本作「箇」。

〔三〕「術」，元本、朱本、龍本、曹本作「氣」。

【編　年】

元豐元年戊午（一〇七八年）秋作於徐州。案：朱本編熙寧七年甲寅（一〇七四年）九月，作於杭州。朱孝臧《東坡樂府》卷一：「案二詞（指本詞與同調「寒雀滿疏籬」）題調皆同前首（指同調「東武望餘杭」一詞），似是一時唱和之作。」蓋此詞傅本、元本題有「和楊元素」字樣，故朱本附編于同調「東武望餘杭」詞後，認定同是送楊元素唱和之作。然考詞之内容，略無別情；吳本、毛本題作《自述》，可從。孔《譜》編元豐元年作於徐州，云：「《佚文彙編》與百嘉第一簡又云：『外郡雖麤俗，然每日惟早衙一時辰許紛紛，餘蕭然皆我有也。』……《南鄉子》：『睡聽』云云，與范百嘉簡中『外郡』云云，爲同一景象。此《南鄉子》當作於徐州。」孔説符合本詞意境及蘇軾在徐州生活情趣，可信。據「涼簟」、「清風」，當作於秋季。

【箋　註】

① 簟：竹席也。《詩經·小雅·斯干》：「下莞上簟，乃安斯寢。」　碧紗廚：幃障之屬，夏日以辟蠅蚊者。王建《贈王處士》：「松樹當軒雪滿地，青山掩障碧紗廚。」

② 一枕清風：作者《觀杭州鈐轄歐育刀劍戰袍》：「何如大艦日高眠，一枕清風過苕霅。」又《睡起聞米元章冒熱到東園送麥門冬飲子》：「一枕清風值萬錢，無人肯買北窗眠。」

③ 晚衙：舊時官署治事，一日兩次坐衙，早晨坐衙稱「早衙」、「朝衙」；晚間坐衙稱「晚衙」、「暮衙」。白居易《城上》：「城上鼕鼕鼓，朝衙復晚衙。」又《舒員外遊香山寺大誇勝事題長句以贈之》：「白頭老尹府中坐，早衙纔退暮衙催。」

④ 歸歟：《論語·公冶長》：「子在陳曰：『歸歟，歸歟。』」王粲《登樓賦》：「昔尼父之在陳兮，有『歸歟』之歎音。」

⑤ 懶更疏：懶散不耐拘束。傅注：「嵇叔夜（康）不涉經學，性復疏懶；孔文舉才疏意廣，卒無成功。」

⑥ 一味：一向，總是。一味愚，謂專趨于愚昧也。

千秋歲　徐州重陽作〔一〕

淺霜侵綠。髮少仍新沐。冠直縫①，巾横幅②。美人憐我老，玉手簪黄菊〔二〕③。秋露重，真珠落袖沾餘馥〔三〕。　坐上人如玉④。花映花奴肉⑤。蜂蝶亂，飛相逐。明年人縱健⑥，此會應難復。須細看，晚來月上和銀燭〔四〕。

【校　勘】

〔一〕題原作「湖州暫來徐州重陽作」。案：蘇軾元豐二年三月離徐赴湖州，七月底即因「烏臺詩案」被送御史臺根勘，出獄後遂貶官黄州，定無「自湖州暫來徐州」歡度重陽之理。原題有誤，今從傅本、龍本、曹本。又，元本題作「重陽作徐州」。

〔二〕「黄」，傅本、元本、朱本、龍本、曹本作「金」。

〔三〕「落」，傅本、元本、朱本、龍本、曹本作「滿」。

〔四〕「月上」，元本、朱本、龍本、曹本作「明月」。

【編　年】

元豐元年戊午（一〇七八年）重陽，作於徐州。傅藻《東坡紀年錄》：「元豐元年戊午，公在徐州，九月，……又作《千秋歲》。」

【箋註】

① 冠直縫：《禮記·檀弓上》：「古者冠縮縫，今也衡縫。」孔穎達疏：「縮，直也。殷以上質，吉凶冠皆直縫。直縫者，辟積攝少，故一一前後直縫之。」

② 巾橫幅：巾，以幅葛或縑製成，形如帽，橫著額上，古時尊卑共用，詳見《晉書》卷二五《輿服志》。

③ 簪黃菊：古時男子有重陽日頭上插菊的習俗。宋·周密《武林舊事》卷三《重九》：「都人是日飲新酒，泛萸簪菊。」

④ 人如玉：指宴席上德行高尚的男子。《詩經·秦風·小戎》：「言念君子，溫其如玉。」朱熹注：「溫其如玉，美之之詞也。」

⑤ 「花映」句：唐·南卓《羯鼓錄》：花奴，汝陽王璡小字也，善羯鼓，明皇極鍾愛焉。嘗謂內官曰：「速召花奴將羯鼓來。爲我解穢。」　花映肉：杜甫《暮秋枉裴道州手札……》詩：「憶子初尉永嘉去，紅顏白面花映肉。」此句贊美少年男子風度翩翩。

⑥ 「明年」二句：杜甫《九日藍田崔氏莊》詩：「明年此會知誰健，醉把茱萸仔細看。」

【參考資料】

宋·蘇軾《與王定國書》之一二：「重九登棲霞樓，望君凄然。歌《千秋歲》，滿坐識與不識，皆懷君。」

（見《蘇軾文集》卷五二）案，蘇軾在黄州，因懷念王定國，曾歌此詞。

永遇樂　徐州夢覺，北登燕子樓作〔一〕①

明月如霜②，好風如水，清景無限〔二〕。曲港跳魚，圓荷瀉露，寂寞無人見。紞如三鼓〔三〕③，鏗然一葉〔四〕④，黯黯夢雲驚斷〔五〕⑤。夜茫茫、重尋無處〔六〕，覺來小園行徧。　天涯倦客，山中歸路〔七〕，望斷故園心眼⑥。燕子樓空，佳人何在，空鎖樓中燕。古今如夢，何曾夢覺⑦，但有舊歡新怨。異時對⑧、黄樓夜景〔八〕，爲余浩歎。

【校　勘】

〔一〕題下原注云：「公舊注云：夜宿燕子樓，夢盼盼，因作此詞。一云：徐州夢覺北登燕子樓作。」毛本删去「公舊注云」四字，變注爲題。傅本、元本略同原題注，惟傅本「徐州」下衍「夜」字，無「北」字。元本「公舊注云」作「彭城」，「徐州」下衍「夜」字，「北」作「此」。朱本、龍本題同元本，惟删去「一云」以下十三字。案：龍本引鄭文焯語：「燕子樓未必可宿，盼盼更何必入夢，東坡居士斷不作此癡人説夢之題，亟宜改正。」又曰：「題當從王案云云。」今從鄭説和王案（見本詞編年）改題如此。

〔二〕「景」，傅本作「光」。
〔三〕「紞如」，二妙集、毛本作「沈沈」。
〔四〕「鏗」，二妙集、毛本作「飄」。傅本作「錚」。
〔五〕「雲」，二妙集注：「疑作魂。」
〔六〕「無」下原有「覓」字，據元本、朱本、龍本、曹本及《詞譜》删。
〔七〕「歸路」，原互倒，據諸本改。
〔八〕「黄」，毛本作「南」。

【編　年】

元豐元年戊午（一〇七八年）十月，作於徐州。王文誥《蘇詩總案》卷一七：「元豐元年戊午，十月，十五日觀月黄樓，席上次韻，夢登燕子樓。翌日，往尋其地，作《永遇樂》詞。」

【箋　註】

①　燕子樓：唐貞元中張愔鎮徐州，築此樓以居家妓盼盼。張死後，盼盼不嫁，居此樓十餘年。白居易《燕子樓三首序》：「徐州故張尚書有愛妓曰盼盼，善歌舞，雅多風態。予爲校書郎時，遊徐、泗間。張尚書宴予，酒酣，出盼盼以佐歡。歡甚，予因贈詩云：『醉嬌勝不得，風嫋牡丹花。』一歡而去。爾後絶不相聞，迨兹僅一紀矣。昨日司勳員外郎張仲素繢之訪予，因吟新詩，有《燕子樓三首》，詞甚婉麗。詰其由，爲盼盼作也。繢之從事武寧軍累年，頗

知盼盼始末，云：『尚書既殁，歸葬東洛，而彭城有張氏舊第，第中有小樓名燕子。盼盼念舊愛而不嫁，居是樓十餘年，幽獨塊然，於今尚在。』」案：白序言張尚書未著名，言盼盼未著姓，歷來多誤以盼盼爲張建封妓。詳見「參考資料」。

② 「明月」句：唐·李頻《八月十五夜對月》：「坐無雲雨至，看與雪霜同。」

③ 紞如：紞然，擊鼓聲。《晉書》卷九〇《鄧攸傳》引《吳人歌》：「紞如打五鼓，鷄鳴天欲曙。」「如」，助辭。

④ 鏗然：金石聲，形容樹葉落地。韓愈《秋懷詩十一首》之九：「空階一片下，琤若摧琅玕。」

⑤ 「黯黯」句：黯黯：黯然，沮喪貌。夢雲：借楚王夢巫山神女「旦爲行雲，暮爲行雨」事，喻作者夢見盼盼。詳見《祝英臺近》（掛輕帆）注⑤。驚斷：驚醒夢斷。

⑥ 「望斷」句：杜甫《春日梓州登樓二首》之二：「天畔登樓眼，隨春入故園。」

⑦ 「何曾」二句：言人生之夢未醒，具因歡怨之情未斷。《莊子·内篇·大宗師》：「吾特與汝，其夢未始覺者耶。」

⑧ 「異時對」三句：設想後人面對黄樓憑吊自己時，亦如同自己今日面對燕子樓憑吊盼盼。《蘇軾詩集》卷一六《送鄭户曹》：「蕩蕩清河堧，黄樓我所開。秋月墮城角，春風摇酒杯。……他年君倦游，白首賦歸來。登樓一長嘯，使君安在哉！」與此構思相同。黄樓：在徐州城東門上，東坡守徐州時拆霸王廳建之。秦觀《黄樓賦引》：「太守蘇公守彭城之明年，既治河決之變，民以更生；又因修繕其城，作黄樓于東門之上。以爲水受制於土，而土之色黄，故取名焉。」《蘇軾詩集》卷一六《答范淳甫》：「重瞳遺跡已塵埃，惟有黄樓臨泗水。」自註：「郡有廳事，俗謂之

霸王廳，相傳不可坐。僕拆之以蓋黄樓。」合註：「《卻掃編》：東坡南竄，黄樓易名觀風。」

【參考資料】

宋・蔡絛《西清詩話》卷中：「徐州燕子樓直郡舍後，乃唐節度使張建封爲侍兒盼盼者建，白樂天贈詩自誓而死者也。陳彦升嘗留詩，辭致清絶：『僕射荒阡狐兔游，侍兒猶住水西樓。風清玉簟慵欹枕，月好珠簾懶上鉤。寒夢覺來滄海闊，新愁吟罷紫蘭秋。樂天才似春深雨，斷送殘花一夕休。』後東坡守徐，移書彦升曰：『彭城八詠如燕子樓篇，直使鮑謝斂手，溫李變色也。』」

按：燕子樓事，非張建封，乃其子張愔。宋・陳振孫《白文公年譜》早已辨正云：「燕子樓事，世傳爲張建封。按建封死在貞元十六年，且其官爲司空，非尚書也。尚書乃其子愔，《麗情集》誤以爲建封耳。此雖細事，亦可以正千載傳聞之謬。」清・張宗泰《質疑删存》卷下亦云：「汪立名（按：誤，當爲陳振孫）《白公年譜》辨《麗情集》以爲張建封有誤，良是。然謂建封未爲尚書，亦非。《唐書・張建封傳》：建封於貞元七年進位檢校禮部尚書，十二年加檢校右僕射，不過加僕射後不可仍稱尚書耳。不若據貞元二十年斷之。建封卒於貞元十六年，則二十年非愔而何？」

宋・曾敏行《獨醒雜志》卷三：「東坡守徐州，作燕子樓樂章，方具藁，人未知之。一日，忽鬨傳於城中，東坡訝焉。詰其所從來，乃謂發端於邏卒。東坡召而問之，對曰：『某稍知音律，嘗夜宿張建封廟，聞有歌聲，細聽乃此詞也。記而傳之，初不知何謂。』東坡笑而遣之。」（清・梁廷枏《東坡事類》卷十六所引同。清·葉申薌《本事詞》卷上，文字微異。）

清·永瑢等《四庫全書總目提要》卷一九八：「曾敏行《獨醒雜志》載軾守徐州日，作燕子樓樂章，其稿初具，邏卒已聞張建封廟中有鬼歌之。其事荒誕不足信，然足見軾之詞曲，輿隸亦相傳誦，故造作是説也。」（馮煦《蒿庵論詞》亦云：「宋人每好自神……《獨醒雜志》謂邏卒聞張建封廟中鬼歌東坡燕子樓樂章，則又出他人之傅會，益無徵已。」）

宋·楊萬里《誠齋詩話》：「客有自秦少游許來見東坡。坡問少游近有何詩句，客舉秦《水龍吟》詞云：『小樓連苑横空，下臨繡轂雕鞍驟。』坡笑曰：『又連苑，又横空，又繡轂，又雕鞍，又驟，也勞攘。』坡亦有此詞云：『燕子樓中，佳人何在，空鎖樓中燕。』」

宋·曾慥《高齋詩話》：「東坡又問（少游）别作何詞？少游舉『小樓連苑横空，下窺繡轂雕鞍驟』。東坡曰：『十三個字，只説得一個人騎馬樓前過。』少游問公近作。乃舉『燕子樓空，佳人何在？空鎖樓中燕。』晁无咎曰：『只三句，便説盡張建封事。』」（《歷代詩餘》卷一一五引。又見黄昇《唐宋諸賢絶妙詞選》卷二注、蔣一葵《堯山堂外紀》卷五十二、沈雄《古今詞話·詞話》卷上引。）

宋·俞文豹《吹劍三錄》引前條後駁蘇軾云：「文豹亦謂公次沈立之韻：『試問别來愁幾許？春江萬斛若爲情』十四字（案，詩句見於蘇軾《和沈立之留别》之二），只是少游『愁如海』三字耳。」（案，秦觀《千秋歲》：「飛紅萬點愁如海。」）

宋·張炎《詞源》卷下：「詞，用事最難，要體認着題，融化不澀。如東坡《永遇樂》云：『燕子樓空，佳人何在？空鎖樓中燕』。用張建封事。白石《疏影》云：『猶記深宫舊事，那人正睡裏，飛近蛾綠。』用壽陽事。又云：『昭君不慣胡沙遠，但暗憶江南江北。想珮環月下歸來，化作此花幽獨。』用少陵詩。此皆用事，不爲事所使。」

明·沈際飛《草堂詩餘别集》卷四：「園、樓、夢、覺，犯重。」又：「燕子三句，見稱晁无咎，可不睹其全篇。」（佚名者批云：「只此數句，便可千古，睹其全篇，未免不逮。」）又：「惆悵激梟。」

清·先著《詞潔》卷五：「『野雲孤飛，去來無迹』，石帚之詞也。此詞亦當不愧此品目，僅歎賞『燕子樓空』十三字者，猶屬附會淺夫。」

清·劉體仁《七頌堂詞繹》：「詞有與古詩同妙者，如『燕子樓空，佳人何在？空鎖樓中燕』。平生少年之篇也。」

清·沈祥龍《論詞隨筆》：「詞當意餘於辭，不可辭餘於意。東坡謂少游『小樓連苑横空，下窺繡轂雕鞍驟』二句，只説得車馬樓下過耳，以其辭餘於意也。若意餘於辭，如東坡『燕子樓空，佳人何在？空鎖樓中燕』用張建封事，白石『猶記深宫舊事，那人正睡裏，飛近蛾綠』用壽陽事，皆爲玉田所稱。蓋辭簡而餘意，悠然不盡也。」

近人鄭文焯《手批東坡樂府》：「公以『燕子樓空』三句語秦淮海，殆以示詠古之超宕，貴神情，不貴跡象也。」

近人夏敬觀《手批東坡樂府》：「東坡《永遇樂》詞云：『紞如三鼓，鏗然一葉，黯黯夢雲驚斷。夜茫茫，重尋無處，覺來小園行徧。』此數語，可作東坡自道聖處。」

陽關曲　贈張繼愿〔一〕

受降城下紫髯郎①。戲馬臺南舊戰場〔二〕②。恨君不取契丹首③，金甲牙旗歸故鄉④。

【校　勘】

〔一〕題原作「軍中」，據《蘇軾詩集》改。傅本、元本無題。

〔二〕「南舊」，《詩集》作「前古」。

【編　年】

元豐元年戊午（一〇七八年）作於徐州。傅藻《東坡紀年錄》：「元豐元年戊午，公在徐州。又作《陽關詞》。」王文誥編熙寧十年丁巳。今從《紀年錄》。

【箋　註】

①「受降城」句：漢、唐均有受降城。漢受降城係漢武帝派公孫敖所築。《史記》卷一一〇《匈奴列傳》：「是歲（漢武帝元封六年，公元前一〇五年）漢使貳師將軍廣利西伐大宛，而令因杅將軍（公孫）敖築受降城。」《資治通鑑》卷一

三載此事作太初元年（前一〇四年），胡注云：「受降城在居延北。」唐受降城有三，中宗命張仁愿築。《舊唐書》卷九三《張仁愿傳》：「（神龍）三年，突厥入寇……仁愿請乘虛奪取漠南之地，於河（黃河）北築三受降城，首尾相應，以絶其南寇之路。」《元和郡縣圖志》卷四：「東受降城，本漢雲中郡地，在榆林縣東北八里，今屬振武節度。」「中受降城，本秦九原郡地，漢武帝元朔二年更名五原，開元十年於此城置安北大都護府。」「西受降城，在豐州西北八十里，蓋漢朔方郡地。」又云：「右三受降城，景雲三年張仁愿所置也。」　紫髯郎：本指孫權，詳見《南鄉子》（不到謝公臺）注②；此借指張繼愿。

② 「戲馬臺」句：「戲馬臺」，在徐州城南。詳見《浣溪沙》（縹緲紅妝照淺溪）注①。　舊戰場：傅注：「劉、項嘗戰此地，故曰舊戰場。」

③ 契丹：我國古代少數民族之一，爲東胡族之一支，居今遼河上游，以遊牧爲主。北魏時稱契丹，公元九一六年建契丹國，後改稱遼，北宋末年爲金所滅。傅注：「契丹，北虜號也。在漢謂之匈奴，在唐謂之契丹。」

④ 「金甲」句：金甲：金製鎧甲。蔡琰《悲憤詩》：「卓衆來東下，金甲耀日光。」　牙旗：張衡《東京賦》：「戈矛若林，牙旗繽紛。」薛綜注：「兵書曰：牙旗者，將軍之旌。謂古者天子出建大牙旗，竿上以象牙飾之，故云牙旗。」

浣溪沙　彭門送梁左藏〔一〕①

惟見眉間一點黄〔二〕②。詔書催發羽書忙③。從教嬌淚洗紅妝④。　上殿雲霄生羽翼⑤，論兵齒頰帶風霜〔三〕⑥。歸來衫袖有天香⑦。

【校　勘】

〔一〕原題作「有贈」，從傅本。元本、朱本無題。

〔二〕「惟」，傅本、元本、二妙集、朱本、龍本、曹本作「怪」。

〔三〕「風」，傅本、元本作「冰」。

【編　年】

元豐元年戊午（一〇七八年）七月，作於徐州。案：朱本、龍本此詞俱未編年，曹本云：「惟此詞與詩集《和子由送將官梁左藏仲通（名交）》及《送將官梁左藏赴莫州》二詩，必係同時之作。以上二詩，俱編元豐元年戊午。今從詩集移編戊午。」檢施宿《東坡先生年譜》，二詩正繫於元豐元年。送梁交赴莫州，《蘇詩總案》繫於元豐元年五月；孔《譜》繫於七月。今從孔《譜》。

【箋註】

①梁左藏：《蘇軾詩集》卷一五《王鞏屢約重九見訪，既而不至，以詩送將官梁交且見寄，次韻答之。交頗文雅，不類武人，家有侍者，甚惠麗》題下查註：「梁交，字仲通。」又卷一六《與梁左藏會飲傳國博家》引合註：「梁左藏，即梁交。左藏，官名。」案：左藏，國庫之一。宋初諸州貢賦均輸左藏。

②眉間一點黄：謂面有喜色。《太平御覽》卷三六四《人事·額》引《相書占氣雜要》曰：「黄氣如帶當額横，卿之相也。有卒喜，皆發於色，額上面中年上，是其候也。黄色最佳。」韓愈《鄆城晚飲奉贈副使馬侍郎及馮李二員外》：「城上赤雲呈勝氣，眉間黄色見歸期。」傳注：「相者以眉間黄色爲喜色。」

③「詔書」句：詔書：皇帝頒發之命令文告。蔡邕《蔡郎中外集》卷四《獨斷》：漢天子正號曰皇帝。其言曰制詔。其命令一曰策書，二曰制書，三曰詔書，四曰戒書。又云：「詔書者，詔，告也。」羽書：又稱羽檄。《漢書》卷一下《高帝紀》下：「吾以羽檄徵天下兵，未有至者。」唐·顔師古注：「檄者，以木簡爲書，長尺二寸，用徵召也。其有急事，則加以鳥羽插之，示速疾也。」

④從教：任憑。唐·施肩吾《春日宴徐君池亭》：「池上有門君莫掩，從教野客見青山。」

⑤羽翼：鳥藉羽翼以飛行，因羽翼生鳥體兩側，故常喻左右輔佐之人。《管子·霸形》：「寡人之有仲父也，猶飛鴻之有羽翼也。」

⑥「論兵」句：《蘇軾詩集》卷四〇《寄高令》：「詩成錦繡開胸臆，論極冰霜繞齒牙。」此句謂談論軍事，滔滔不絕，具

有克敵致勝的效果。

⑦天香：指皇宮中香爐裏焚燒的香煙。杜甫《奉和賈至舍人早朝大明宮》：「朝罷香煙攜滿袖，詩成珠玉在揮毫。」唐·皮日休《送令狐補闕歸朝》：「朝衣正在天香裏，諫草應焚禁漏中。」

南鄉子　用前韻贈田叔通家舞鬟〔一〕①

繡鞅玉鐶遊②。燈晃簾疏笑卻收③。久立香車催欲上④，還留。更且檀唇點杏油⑤。

花徧六么毬⑥。面旋迴風帶雪流〔二〕⑦。春入腰肢金縷細⑧，輕柔。種柳應須柳柳州⑨。

【校　勘】

〔一〕傅本、元本不載此詞。毛本題無「家」字。

〔二〕「流」，原誤作「洗」，據二妙集、毛本改。

【編　年】

元豐二年己未（一〇七九年）三月，作於徐州。案：此詞爲贈田叔通家舞鬟而作。據《蘇軾詩集》卷一七《和田國博喜雪》詩，查注：「田國博，字叔通。……時以國子博士爲徐州通判，故先生贈詩，又有『風流別乘多才思』之句。」查注所謂「時以……」云云，當指元豐元年冬。所謂贈詩有「風流別乘」之句，是指蘇軾與通判田叔通贈答詩《再次韻答田國博部夫還二首》其二：「枝上稀疏地上稠，忍看紅糝落牆頭。風流別乘多才思，歸趁西園秉燭遊。」（見《詩集》卷一八）「別乘」即「別駕」，爲太守之貳，此指田叔通。在徐州時，蘇軾與田叔通多有唱和，詩有《次韻田國博部夫南京見寄二絶》《田國博見示石灰詩……次韻答之》《留別叔通、元弼、坦夫》等（均見《詩集》卷一八）蘇、田交遊及蘇軾贈田叔通詩，《蘇詩總案》均編於元豐二年，此詞亦當作於是年。

【箋註】

①前韻：指前同調「千騎試春遊」一首。　田叔通：當時楚州太守田待問之弟，海州沭陽人，蘇軾守徐州時，叔通以國子博士爲通判。　舞鬟：少年舞妓。

②繡鞅：此指套於馬頸用以負軛的華美皮帶。杜牧《街西長句》：「銀鞦騕褭嘶宛馬，繡鞅璁瓏走鈿車。」

③簾疏：北齊·魏收《後園宴樂》詩：「樹靜歸煙合，簾疏返照中。」

④香車：用多種香料塗飾的車。王維《洛陽女兒行》：「羅帷送上七香車，寶扇迎歸九華帳。」

⑤檀脣：淺紅口脣。韓偓《余作探使以繚綾手帛子寄賀因而有詩》：「黛眉印在微微綠，檀口消來薄薄紅。」

⑥花偏六么：段安節《琵琶錄》：「樂工進曲，錄出要者名《錄要》，誤爲《綠腰》《六么》。」白居易《琵琶行》：「初爲《霓裳》後《六么》。」王國維《唐宋大曲考》：「吳文英有《夢行雲》一闋，自注云：即六么花十八，則爲大曲之一遍無疑

也。」遍通徧。花徧六幺，殆即此意。

⑦「面旋迴風」句：《爾雅·釋天》：「迴風爲飄。」郭璞注：「旋風也。」曹植《洛神賦》：「飄飄兮若流風之迴雪。」白居易《霓裳羽衣歌》：「飄然轉旋迴雪輕。」此謂舞鬟旋舞之狀。

⑧金縷：即金縷衣。樂府近代曲名。杜秋娘《金縷衣》詩：「勸君莫惜金縷衣，勸君惜取少年時。」

⑨「種柳」句：《新唐書》卷一六八《柳宗元傳》：「元和十年，徙柳州刺史……世號柳柳州。」柳宗元《種柳戲題》詩：「柳州柳刺史，種柳柳江邊。」此戲謔田叔通調教的舞鬟，細腰輕柔，舞姿婀娜，應須是柳柳州在柳江邊栽植的細柳。

【參考資料】

明·卓人月《古今詞統》卷八：「滑稽。」

清·沈雄《古今詞話·詞品》卷下：「蘇長公爲游戲之聖，邢俊臣亦滑稽之雄。蘇贈舞鬟云：『春入腰支金縷細，輕柔。種柳應須柳柳州。』蓋『柳州』用呂溫嘲宗元詩『柳州柳刺史，種柳柳江邊』也。」案：「柳州柳刺史」詩，乃柳宗元自作，題爲《種柳戲題》。沈雄謂呂溫嘲柳宗元詩，當爲誤記。

又　用韻和道輔〔一〕①

未倦長卿遊②。漫舞夭歌爛不收③。不是使君能矯世④，誰留？教有瓊梳脱麝油⑤。香粉鏤金毬〔二〕⑥。花豔紅箋筆欲流⑦。從此丹脣並皓齒⑧，清柔。唱徧山東一百州。

【校　勘】

〔一〕傅本、元本不載此詞。

〔二〕「毬」，原作「裘」，據前二闋韻改。

【編　年】

同前首。朱孝臧《東坡樂府》卷二：「案調韻俱同前詞，一時之作。」

【箋　註】

① 道輔：其人未詳，據詞意他是個生活浪漫，富於才華，善於作詞度曲的風流人物。《蘇軾文集》卷六六《書黄道輔品茶要録後》：「黄君道輔諱儒，建安人。博學能文，淡然精深，有道之士也。作《品茶要録》十篇，委曲微妙，皆陸鴻漸以來論茶者所未及。……予悲其不幸早亡，獨此書傳於世，故發其篇末云。」未知是此道輔否？錄以備考。

②長卿遊：《漢書》卷五七《司馬相如傳》：「司馬相如字長卿，蜀郡成都人也。」「長卿久宦遊，不遂而困，」後遇臨邛卓王孫女「夜奔亡相如。」卓王孫恥之，爲杜門不出，昆弟諸公更謂王孫曰：「今文君既失身於司馬長卿，長卿故倦遊，雖貧，其人材足依也。」文穎注曰：「倦，疲也。言疲厭游學，博物多能也。」此以司馬相如比道輔，言道輔還將到處遊覽。

③漫舞：同慢舞。白居易《長恨歌》：「緩歌漫舞凝絲竹。」　爛：鮮明衆多貌。《詩·大雅·韓奕》：「爛其盈門。」

④矯世：違反世俗觀念。《漢書》卷六七《楊王孫傳》：「王孫報曰：『蓋聞古之聖王，緣人情不忍其親，故爲制禮，今則越之，吾是以贏葬，將以矯世也。』」

⑤瓊梳：飾玉的髮梳。蘇轍《程之元表弟奉使江西次前年送赴楚州韻戲別》詩：「紛紛出歌舞，綠髮照瓊梳。」　麝油：謂以麝香合油掠髮也。馮贄《雲仙雜記》：「周光祿諸妓，掠鬢用鬱金油，傅面用龍消粉，染衣以沈水香。」上片寫道輔漫遊不倦，又有矯世使君的款留，得以縱情觀舞聽歌，生活浪漫。

⑥香粉鏤金：段成巳《菊花霜詩》：「香粉嚼餘濃不散，唾花誤染鏤金衣。」賈思勰《齊民要術》卷五《種紅藍花梔子》：「作香粉法，唯多著丁香於粉合中，自然芬馥。」

⑦紅箋：王仁裕《開元天寶遺事·風流藪澤》：「長安有平康坊，妓女所居之地，京都俠少萃集於此，兼每年新進士，以紅箋名紙遊謁其中。時人謂此坊爲風流藪澤。」寇準《應制賦牡丹詩》：「縱吟宜把紅牋擘，留賞帷張翠幄遮。」

⑧丹脣皓齒：成公綏《嘯賦》：「發妙聲於丹脣，激哀音於皓齒。」下片寫道輔譜曲作歌下筆如流，可供丹脣皓齒之女

子，唱徧山東。

江城子 恨別〔一〕

天涯流落思無窮。既相逢。却忽忽①。攜手佳人、和淚折殘紅②。爲問東風餘幾許？春縱在，與誰同！ 隋堤三月水溶溶③。背歸鴻④。去吳中⑤。回首彭城〔二〕、清泗與淮通。寄我相思千點淚〔三〕⑥，流不到，楚江東⑦。

【校勘】

〔一〕此詞傅本存目缺詞。元本、朱本、龍本、曹本題作「別徐州」。

〔二〕「首」，毛本作「望」。

〔三〕「寄我」，元本、朱本、龍本、曹本作「欲寄」。

【編年】

元豐二年己未（一〇七九年）三月，作於徐州。傅藻《東坡紀年錄》：「元豐二年己未，二月，移知湖州，別徐州作《江神子》。」王文誥《蘇詩總案》卷一八：「三月，告下，以祠部員外郎直史館知湖州軍州事，留別田叔通、寇元弼、石坦夫作《江神子》調。」又案：「此詞乃三月罷徐州之明文可見，《紀年錄》既以爲罷徐州作，又誤作二月，自爲矛盾，應駁正。」今從《總案》。

【箋　註】

① 却：猶還。晏殊《浣溪沙》詞：「漁父酒醒重撥棹，鴛鴦飛去却回頭。」歐陽修《涼州令》詞：「一去門閒掩，重來却尋朱檻。」

② 殘紅：謂落花。唐·王建《宫詞》：「樹頭樹底覓殘紅，一片西飛一片東。」

③ 隋堤：隋煬帝于大業元年（六〇五年）開通濟渠，引汴水入河，與淮水溝通。渠廣四十步，堤築御道，並植楊柳，後人謂之隋堤。白居易《隋堤柳》：「隋堤柳，歲久年深盡衰朽。……大業中年煬天子，種柳成行夾水流。西至黄河東至淮，綠陰一千三百里。」此句設想赴湖州途中舟行景色。

④ 背歸鴻：春季大雁北歸，而作者卻南去吴中，故曰「背」。

⑤ 吴中：指湖州。湖州州治在烏程，春秋時屬吴地，泛稱吴中。

⑥ 「寄我」句：宋·張君房《麗情集》：「灼灼，錦城官中奴，御史裴質與之善。裴召還，灼灼每遣人以軟紅絹聚紅淚爲寄。」

⑦ 楚江：指湖北以東長江河段。唐·韋應物《賦得暮雨送李曹》：「楚江微雨裏，建業暮鐘時。」李白《望天門山》：

「天門中斷楚江開，碧水東流直北回。」「楚江東」，謂吳中。

【參考資料】

明·沈際飛《草堂詩餘正集》卷二：「一字一光景。」又：「東坡絶愛少游『爲誰流下瀟湘去』，脱化出『流不到，楚江東』。」（案：少游詞係其《踏莎行》「霧失樓臺」一闋末句，爲少游紹聖四年（一〇九七年）被貶郴州時所作，晚於蘇軾此詞近二十年。沈際飛云蘇詞係從少游詞脱化而出，誤。）

明·楊慎《草堂詩餘》：「結句從李後主『恰似一江春水向東流』轉出，更進一步。」

明·李廷機《新刻注釋草堂詩餘評林》：「傷別之意，至矣，盡矣。」

清·陳世焜《雲韶集》卷二：「語極沉着，一往情深。」

清·黄蓼園《蓼園詞選》：「按，彭城即徐州，泗水、汴水皆在焉。其形勝東接齊魯，北屬趙魏，南通江淮，西控梁楚。意此時東坡於彭城遇舊好、又別之而赴淮揚，臨別贈言也。先從自己流落寫起，言舊好遇於彭城，又匆匆折殘紅以泣別，別後雖有春，不能共賞矣。隋堤，汴堤也；通於淮，言我沿隋堤而下維揚，回望彭城，相去已遠，縱泗水流與淮通，而淚亦寄不到，爲可傷也。楚江東，謂揚州，古稱『吳頭楚尾』也，故曰吳中，又曰楚江東。」

減字木蘭花　彭門留別〔一〕

玉觴無味。中有佳人千點淚〔二〕。學道忘憂①。一念還成不自由②。　如今未見③。歸去東園花似霰。一語相開。匹似當初本不來④。

【校　勘】

〔一〕題原作「送別」，據傳本、元本、朱本、龍本、曹本改。

〔二〕「中」，原作「巾」，據諸本改。

【編　年】

元豐二年己未（一〇七九年）三月，將别徐州時作。朱孝臧《東坡樂府》卷一：「案是詞當與《江城子》詞同時作。」是。

【箋　註】

① 「學道」句：《漢書》卷六六《楊惲傳》：「君子游道，樂以忘憂。」學道：學習道藝，此指從政的經驗。

② 一念：一動念，極短促之時刻。《觀無量壽經》：「如一念頃，即生彼國七寶池中。」傅注：「釋氏以邪心正性，皆生

乎一念。」

③「如今」二句：梁元帝《春別應令詩四首》之一：「昆明夜月光如練，上林朝花色如霰。朝花夜月動春心，誰忍相思今不見。」

④匹似：猶譬如。元稹《酬樂天醉別》：「好住樂天休悵望，匹如元不到京來。」張先《生查子》：「匹似没伊時，更不思量也。」

江城子〔一〕

墨雲拖雨過西樓。水東流。晚煙收①。柳外殘陽。回照動簾鈎②。今夜巫山真箇好③，花未落，酒新篘④。

美人微笑轉星眸⑤。月華羞。捧金甌⑥。歌扇縈風、吹散一春愁。試問江南諸伴侶⑦，誰似我，醉揚州。

【校勘】

〔一〕傅本、元本不載。

【編年】

元豐二年己未（一〇七九年）四月，作於揚州。案：朱本、龍本、曹本此詞俱未編年。劉崇德《蘇詞編年考》云：「蘇軾一生倅杭、知密、知湖、量汝、返朝（元豐八年五月）凡五過揚州。又于元祐七年正月至七月知揚州。從『花未落』，『吹散一春愁』句看，此當作於春末。查蘇軾倅杭過揚州爲熙寧四年十月。知密過揚爲熙寧七年初冬，皆於詞中所叙時令不合。曾凡禮《蘇東坡詞選釋》定此詞爲蘇軾『五十七歲（元祐七年）、任短暫的揚州太守時的作品』，其説可通。但蘇軾自徐赴湖州任過揚州時正值暮春三月，中年時期更易有杜牧風流之思，故編元豐二年三月。」暫從劉説，以俟詳考。惟蘇軾赴湖州任過揚州時值四月，劉云三月，微誤。

【考　辨】

曹本注：「按此詞意境與東坡詞不類，而下片末三句尤非東坡口吻。今移列誤入詞。」案：此詞傅本、元本雖未收，然見於宋·曾慥《東坡詞拾遺》。《拾遺》係據北宋張賓老所編本及蜀本《東坡詞》收録，大都可信。曹本僅以「意境與東坡詞不類」即斷爲僞作，顯證不足，難以置信。

【箋　註】

① 晚煙：暮煙。唐太宗《賦得白日伴西山》：「晚煙含樹色，棲鳥雜流聲。」

② 回照：返照。　簾鈎：杜甫《落日》：「落日在簾鈎，溪邊春事幽。」

③ 巫山：李白《清平調詞三首》之二：「一枝紅豔露凝香，雲雨巫山枉斷腸。」

④篘：用竹篾製成之漉酒具，此處用作動詞，指以篘漉酒。計有功《唐詩紀事》卷六五「杜荀鶴」條：「荀鶴曾得詩一聯云：『舊衣灰絮絮，新酒竹篘篘。』」

⑤星眸：目光清瑩。《宣和遺事》卷上「十二月預賞元宵」條：「佳人卻是戴鞞肩冠兒，插禁苑瑤花。星眸與秋水爭光，素臉與春桃鬬豔。」

⑥金甌：金製盆盂類器皿，可作茶具或酒具。李德裕《明皇十七事》：玄宗凡命相，先以八分書姓名，以金甌覆之。此爲酒杯的美稱。

⑦江南諸伴侶：指同作者一起派到江南的士大夫們。

南歌子　湖州作①

山雨瀟瀟過〔一〕，溪橋瀏瀏清〔二〕②。小園幽榭枕蘋汀③。門外月華如水④、綵舟橫。　苕岸霜花盡〔三〕⑤，江湖雪陣平〔四〕⑥。兩山遥指海門青⑦。回首水雲何處、覓孤城。

【校　勘】

〔一〕「瀟瀟」，元本、朱本、龍本、曹本作「蕭蕭」。

〔二〕「橋」，元本、朱本、龍本、曹本作「風」。

〔三〕「苕」，原作「岧」，據傅本、元本、朱本、龍本、《全宋詞》、曹本改。「岸」，傅本作「圻」。

〔四〕「湖」，朱注：「疑潮誤」。

【編　年】

元豐二年己未（一〇七九年）五月，作於湖州。王文誥《蘇詩總案》卷一八：「元豐二年己未，五月十三日，錢氏園送劉撝赴餘姚並作《南歌子》詞。」案：《蘇軾詩集》卷一八有《送劉寺丞赴餘姚》詩，施註：「劉寺丞，名撝，字行甫，長興人。……公守湖州，行甫自長興道郡城赴餘姚，公既賦此詩，又即席作《南柯子》詞爲餞，首句云『山雨瀟瀟過』者是也。後題『元豐二年五月十三日吴興錢氏園作』。今集中乃指他詞爲送行甫，而此詞第云『湖州作』，誤也。真蹟宿皆刻石餘姚縣治。」朱孝臧《東坡樂府》卷一：「別有『日出西山雨』一首，題作《送行甫赴餘姚》，即施注所謂他詞者，疑與是詞題互誤。」據施注及朱説，此詞題當作《送行甫赴餘姚》。

【箋　註】

①　湖州：州府名，治所在烏程（今浙江湖州市），轄烏程、歸安、安吉、長興、德清、武康諸縣。《太平寰宇記》卷九四《江南東道·湖州》：「湖州，《禹貢》揚州之域，古防風氏之國也。……隋仁壽二年（六〇二年）改爲湖州，因太湖爲名。……天寶元年改爲吴興郡，乾元元年復爲湖州。皇朝爲宣德軍節度。」

②瀏瀏：風疾貌。晉·潘岳《寡婦賦》：「雪霏霏而驟落兮，風瀏瀏而夙興。」

③枕：《漢書》卷六四上《嚴助傳》：「會稽東接於海，南近諸越，北枕大江。」顏師古注：「枕，臨也。」　蘋汀：長滿蘋草的水中平地。「汀」，平也，引申爲水邊平地或水中小洲。《楚辭·九歌·湘夫人》：「搴汀洲兮杜若，將以遺兮遠者。」

④月華如水：形容月光明淨透徹。謝莊《月賦》：「柔祇雪凝，圓靈水鏡，連觀霜縞，周除冰淨。」

⑤苕：苕溪。《太平寰宇記》卷九四《江南東道·湖州·烏程縣》：「苕溪在縣南五十步大溪西，西從浮玉山，東至興國寺，以其兩岸多生蘆葦，故名苕溪。」　霜花：指苕花。苕花盛開，白如霜雪。

⑥雪陣：指潮水。潮水來時如風捲白雪。

⑦海門：傅注：「錢塘江海門，兩山對起。」

漁家傲　七夕〔一〕

皎皎牽牛河漢女①。盈盈臨水無由語。望斷碧雲空日暮②。無尋處。夢回芳草生春浦〔三〕③。　烏散餘花紛似雨④。汀洲蘋老香風度⑤。明月多情來照户⑥。但攬取⑦。清光長送人歸去。

【校　勘】

〔一〕三妙集、毛本無題。

〔二〕「春」，傅本作「南」。

【編　年】

元豐二年己未（一〇七九年）七月，作於湖州。朱孝臧《東坡樂府》卷一：「案詞有『汀洲蘋老』語，疑在湖州時作。公在湖州過七夕，惟元豐己未也。」姑從朱説。

【箋　註】

① 「皎皎」二句：《古詩十九首》之一〇：「迢迢牽牛星，皎皎河漢女。……盈盈一水間，脈脈不得語。」此縮用其句。皎皎：潔白貌。盈盈：水光輕盈貌。

② 碧雲：青雲。江淹《休上人怨别》：「日暮碧雲合，佳人殊未來。」

③ 夢回芳草：謝靈運《登池上樓》：「池塘生春草，園柳變鳴禽。」《南史》卷一九《謝惠連傳》：「惠連年十歲能屬文，族兄靈運嘉賞之，云『每有篇章，對惠連輒得佳語』。嘗於永嘉西堂思詩，竟日不就，忽夢見惠連，即得『池塘生春草』，大以爲工。」　春浦：春日之水邊。

④ 「鳥散」句：謝脁《遊東田》：「魚戲新荷動，鳥散餘花落。」

⑤「汀洲」句：宋玉《風賦》：「夫風起於地，生於青蘋之末。」此句言秋風從汀洲旁衰老的蘋草上飄過。

⑥「明月」句：陸機《擬明月何皎皎詩》：「安寢北堂上，明月入我牖。」

⑦攬取：收攏。陸機《擬明月何皎皎詩》：「照之有餘輝，攬之不盈手。」

臨江仙

龍丘子自洛之蜀①，載二侍女，戎裝駿馬，至溪山佳處，輒留〔一〕，見者以為異人。後十年〔二〕，築室黃岡之北②，號静菴居士〔三〕。作此紀之〔四〕

細馬遠馱雙侍女③，青巾玉帶紅靴。溪山好處便爲家④。誰知巴峽路⑤，卻見洛城花⑥。面旋落英飛玉蘂⑦，人間春日初斜。十年不見紫雲車⑧。龍丘新洞府⑨，鉛鼎養丹砂⑩。

【校勘】

〔一〕傅本、元本、二妙集、毛本「輒留」下有「數日」二字。

〔二〕傅本、元本「後」上有「其」字。

〔三〕傳本、元本、二妙集「號」下有「曰」字,「菴」作「安」。

〔四〕「作此紀之」,傳本作「乃作臨江仙以紀之」;元本作「作此詞贈之。」

【編　年】

元豐三年庚申(一〇八〇年)一月赴黄州,途經麻城岐亭,贈陳慥作。王文誥《蘇詩總案》卷二〇:「元豐三年庚申,正月一日公挈邁出京(赴黄州)……二十五日將赴岐亭,山上有白馬青蓋疾馳來迎者,則岐下故人陳慥季常也。相從至其家……爲留五日,作『昨日雲陰重,東風融雪汁』詩,並贈《臨江仙》詞。」

【箋　註】

①龍丘子:洪邁《容齋三筆》卷三:「陳慥,字季常,公弼之子,居於黄州之岐亭,自稱龍丘先生,又曰方山子。」蘇軾《方山子傳》記其人其事甚詳。見《蘇軾文集》卷一三。

②黄岡:《元和郡縣志》卷二七:「黄岡縣,本漢西陵縣地……。蕭齊於此置齊安縣,隋開皇十八年改爲黄岡,因縣東黄岡爲名。」

③「細馬」二句:細馬:良馬。《大唐六典》卷一一注:「隴右諸牧監使,每年簡細馬五十匹進。其祥麟、鳳苑廄所須雜給馬,年別簡粗壯敦馬一百匹,與細馬同進。」又,《舊唐書》卷四四《職官三·太僕寺》:「凡馬,有左右監,以別其粗良,以數紀名,著之簿籍。細馬稱左,粗馬稱右。」李白《對酒》:「吴姬十五細馬馱。」

④「溪山」句：《苕溪漁隱叢話前集》卷五七：天聖間，閩僧可士有《送僧詩》云：「是山皆有寺，何處不爲家。」

⑤巴峽路：陳子昂《初入峽苦風寄故鄉親友》：「寧知巴峽路，辛苦石尤風。」此指四川崇山峻嶺間的小道。

⑥洛城花：指牡丹。唐宋時，洛陽牡丹最盛，因稱洛陽花或洛城花。歐陽修《洛陽牡丹記·花品序》：牡丹「出洛陽者，今爲天下第一」。羅大經《鶴林玉露》丙編卷一：「洛陽人謂牡丹爲花，成都人謂海棠爲花，尊貴之也。亦如稱歐陽公、司馬公之類，不復指其名字稱號。」此以洛城花喻陳慥二侍女之美麗。

⑦「面旋」句：面旋：盤旋飛舞貌。曾鞏《亳州雪詩》：「繁英飛面旋，豔舞起翩躚。」飛玉蘂：形容花瓣紛紛落下。「玉蕊」原指玉蕊花，此代花瓣。

⑧紫雲車：張華《博物志》卷八：「漢武帝好仙道，祭祀名山大澤，以求神仙之道。時西王母遣使乘白鹿，告帝當來，乃供帳九華殿以待之。七月七日夜漏七刻，王母乘紫雲車而至。」杜牧《張好好詩》：「聘之碧瑶珮，載以紫雲車。」此指載少女的車。

⑨「龍丘」句：清《一統志》卷三四一《黄州府·山川》：「龍丘在黄岡縣北一百二十里，宋陳慥居此，以地爲號。」洞府：本指神仙所居之地，此謂陳慥所居。沈約《華山館爲國家營功德詩》：「丹方緘洞府，河清時一傳。」

⑩「鉛鼎」句：鉛鼎：道家言以鉛入鼎煉丹，服之可以長生。因謂煉丹爐爲鉛鼎，或曰丹鼎。盧照鄰《贈李榮道士》：「圓洞開丹鼎，方壇聚絳雲。」丹砂：道家煉丹原料，又名朱砂。葛洪《抱朴子内篇》卷一《金丹》：「劉元丹法：以丹砂内玄水液中，百日紫色，握之不汙手。又和以雲母水，内管中漆之，投井中百日，化爲赤水，服合得百

歲，久服長生也。」此言陳慥煉丹以求長生。

【參考資料】

宋·胡仔《苕溪漁隱叢話後集》卷三九：「龍丘子，即陳季常也。秦太虛寄之以詩，亦云：『侍童雙擢玉，鬢髮光可照。駿馬錦障泥，相隨窮海嶠。暮年更折節，學佛得心要。鬻馬放阿樊，幅巾對沉燎。』《西清詩話》云：『季常自以爲飽禪學，妻柳頗悍忌，季常畏之，故東坡因詩戲之，有「忽聞河東獅子吼，拄杖落手心茫然」之句。』觀此，則知季常載二侍女以遠游，及暮年甘於枯寂，蓋有所制而然，亦可憫笑也。」

清·李調元《雨村詞話》卷一：「毛文錫《西溪子》云：『嬌妓舞衫香煖，不覺到斜暉。馬馱歸。』東坡《臨江仙》云：『細馬遠馱雙侍女。』『馱』字本此。」

近人鄭文焯《手批東坡樂府》：「詞句亦飄飄欲仙。」（據《東坡樂府箋》卷一轉引）

卜算子 黄州定慧院寓居作〔一〕①

缺月掛疏桐，漏斷人初靜②。時見幽人獨往來〔二〕③，縹緲孤鴻影④。　驚起卻回頭，有恨無人省。揀盡寒枝不肯棲⑤，寂寞沙洲冷〔三〕。

【校　勘】

〔一〕原無題，調名下有注作：「黄魯直跋云：東坡道人在黄州時作。語意高妙，似非吃煙火食人語。非胸中有萬卷書，筆下無一點塵俗氣，孰能至是。」據傅本、元本、朱本、龍本、曹本補題。

〔二〕「時見」，傅本、元本、朱本、龍本、曹本作「誰見」。傅本原校：「一作時見。一作唯有。」

〔三〕「寂寞沙洲冷」，原作「楓落吴江冷」，據傅本改。

【編　年】

元豐三年庚申（一〇八〇年）二月至五月，作於黄州。王文誥《蘇詩總案》卷二一：「元豐五年壬戌（一〇八二年）十二月，作《卜算子》詞。」朱本、龍本、曹本並同《總案》。案：蘇軾于元豐三年被謫，正月一日出京，二月一日到達黄州，初寓居定慧院；五月，遷臨皋亭。此詞題云「黄州定慧院寓居作」，當作於初到黄州時（二月至五月），《總案》編元豐五年十二月，不確。

【箋　註】

① 黄州：今湖北黄岡市。《元和郡縣圖志》卷二七：「黄州，本春秋時邾國之地，後又爲黄國之境。戰國時屬楚。秦屬南郡。二漢爲江夏郡西陵縣地。魏爲重鎮，……至晉爲西陽國，封子弟爲王。蕭齊於此置齊安郡，隋開皇三年罷郡置黄州，因古黄國爲名也。」唐、宋因之。　定慧院：明弘治《黄州府志》卷四：「定惠院，在府治東南，蘇子瞻嘗寓居，作海棠詩以自述。」

② 漏斷：「漏」指漏壺，古代計時器。許慎《説文》：「漏，以銅受水，刻節，晝夜百刻。」「漏斷」指夜深。

③ 幽人：《易·履卦》：「履道坦坦，幽人貞吉。」孔穎達《疏》：「既無險難，故在幽隱之人，守正得吉。」案：有二義，一指隱逸之士，一指幽囚之人。此用後義，作者自指，言被貶逐不得與聞世事。作者《過江夜行武昌山聞黄州鼓角》：「幽人夜度吳王峴」、《吾謫海南，子由雷州……》：「幽人拊枕坐歎息」，與此同義。

④ 縹緲：高遠隱約貌。李白《天門山》詩：「參差遠天際，縹緲晴霜外。」

⑤ 「揀盡寒枝」二句：隋·李元操《鳴雁行》：「夕宿寒枝上，朝飛空井傍。」此則言不肯棲高寒之木而甘居寂寞沙洲，其品格高尚如是。

【參考資料】

一、關於本詞的主旨，説法很多，摘録於後：

（一）爲王氏女子作

宋·吳曾《能改齋漫録》卷一六《東坡〈卜算子〉詞》條：「東坡先生謫居黄州，作《卜算子》詞云（詞略）。其屬意蓋爲王氏女子也，讀者不能解。張右史文潛繼貶黄州，訪潘邠老，嘗得其詳。題詩以誌之：『空江月明魚龍眠，月中孤鴻影翩翩。有人清吟立江邊，葛巾藜杖眼窺天。夜冷月墮幽蟲泣，鴻影翹沙衣露濕。仙人采詩作步虚，玉皇飲之碧琳腴。』」

（二）爲鄰家女作

宋・袁文《甕牖閒評》卷五：「蘇東坡謫黄州，鄰家一女子甚賢，每夕只在窗下聽東坡讀書。後其家欲議親，女子云：『須得讀書如東坡者乃可。』竟無所諧而死。故東坡作《卜算子》以記之。」

宋・李如篪《東園叢説》卷下：「王子家言及蘇公少年時，常夜讀書。鄰家豪右之女，嘗竊聽之。一夕來奔，蘇公不納，而約以登第後聘以爲室。暨公及第，已别娶仕宦。歲久，訪問其所適何人，以守前言不嫁而死。其詞有『幽人獨往來，縹緲孤鴻影』之句，正謂斯人也。『揀盡寒枝不肯棲，楓落吴江冷』之句，謂此人不嫁而亡也。」

（三）爲溫都監女作

宋・王楙《野客叢書》卷二四：「山谷曰：東坡在黄州所作《卜算子》云云，詞意高妙，非吃煙火食人語。吴曾亦曰：東坡謫居黄州作《卜算子》云云，其屬意王氏女也，讀者不能解。張文潛繼貶黄州，訪潘邠老，得其詳，嘗題詩以志其事。僕謂二説如此，無可疑者。然嘗見臨江人王説夢得，謂此詞東坡在惠州白鶴觀所作，非黄州也。惠有溫都監女，頗有色，年十六不肯嫁人，聞東坡至，喜謂人曰：『此吾婿也。』每夜聞坡諷咏，則徘徊窗外，坡覺而推窗，則其女踰牆而去。坡從而物色之，溫具言其然。坡曰：『吾當呼王郎與子爲姻。』未幾，坡過海，此議不諧，其女遂卒，葬於沙灘之側。坡回惠日，女已死矣，悵然爲賦此詞。蓋坡借鴻爲喻，非真言鴻也。『揀盡寒枝不肯棲』者，謂少擇偶不嫁；『寂寞沙洲冷』者，指其葬所也。説之言如此。其説得之廣人蒲仲通，未知是否，姑志於此，以俟詢訪。」（此條又見元・陳明秀《東坡詩話錄》。爲溫都監女作説，爲毛本題注所出。可參閱。）

明·卓人月《古今詞統》卷四：「按《女紅餘志》：『惠州溫都監有女名超超，年十六，不肯字人，聞坡至，喜曰：此吾婿也。夜聞子瞻諷詠，則徘徊窗外。子瞻覺，則亟去。坡謂溫曰：吾當呼王郎與子爲婣。未幾，子瞻過海，其女遂卒，葬於沙際。子瞻念之，爲作此詞。揀盡寒枝，言擇偶也。寂寞沙洲，言葬所也。』李卓吾曰：『余獨悲其能具隻眼，知坡公之爲神仙，知坡公之爲異人，知坡公之外舉世再無與兩，是以不得親近，寧死不願居人間世也。然則即呼王郎爲婣，彼亦必死不嫁也。何者？彼知有坡公，不知有王郎也。』」（明詹詹外史輯《情史》卷六《情愛類·溫都監女》所載，與此段文字略同，不言出處。並斷言：「此詞蓋惠州白鶴觀所作。或云黄州作，屬意王氏女，非也。」又引長卿氏語：「人知朝雲爲坡公妾，而不知此女乃真坡公妾也。坡公遷謫嶺外，婆娑六十老人矣。十六之女何喜乎而心許之，且死之也！然坡公非當時鬚眉如戟，諸人所欲極力而殺之者哉！而一女子獨見憐，悲夫！」《歷代詩餘》卷一一五亦引《女紅餘志》所載超超事，但結尾云：「按詞爲詠雁，當別有寄託，何得以俗情傅會也。」沈雄《古今詞話》載溫氏女超超事，云出《梅墩詞話》，可參閲）。

（四）影射刺時之作

宋·黄昇《唐宋諸賢絶妙詞選》卷二：「鮦陽居士云：『缺月，刺明微也。漏斷，暗時也。幽人，不得志也。獨往來，無助也。驚鴻，賢人不安也。回頭，愛君不忘也。無人省，君不察也。揀盡寒枝不肯棲，不偷安於高位也。寂寞沙洲冷，非所安也。此詞與《考槃》詩極相似。』」（又見武陵逸史編《類編草堂詩餘》卷一引《復雅歌詞》、沈際飛《草堂詩餘正集》卷一、張惠言《詞選》卷一。《考槃》，《詩經·

衛風》篇名，《毛詩序》謂其係刺衛莊公「不能繼先公之業，使賢者退而窮處。」）

（五）反駁上述諸説

清·王士禎《花草蒙拾》：「坡孤鴻詞，山谷以爲不喫煙火食人語，良然。鮦陽居士云云（見黄昇《詞選》引，略），村夫子强作解事，令人欲嘔。韋蘇州《滁州西澗》詩，疊山亦以爲小人在朝，賢人在野之象，令韋郎有知，豈不叫屈。僕嘗戲謂坡公命宫磨蝎，湖州詩案，生前爲王珪、舒亶輩所苦，身後又硬受此差排耶。」

清·王又華《古今詞論》引《毛稚黄詞論》：「前半泛寫，後半專叙，蓋宋詞人多此法。如子瞻《賀新涼》，後段只説榴花；《卜算子》後段只説鴻雁。周清真寒食詞，後段只説邂逅，乃更覺意長。」

清·丁紹儀《聽秋聲館詞話》卷一一：「《卜算子》詞，或謂有女窺窗而作，殆因温都監女而附會之，亦不足信。一本『静』作『定』，『汀』作『洲』，似不如『人初静』與『沙汀』之善。有謂雁不樹宿，『寒枝』二字欠妥者，不知不肯枝棲，故有『寂寞沙汀』之慨，若作『寒蘆』，似失意旨。」

清·鄧廷楨《雙硯齋隨筆》卷六：「《卜算子》云（詞略）。則明漪絶底，瓣澤不聞，宜涪翁稱之爲不食人間煙火。而造語者謂此詞爲惠州温都監女作，又或謂爲黄州王氏女作。夫東坡何如人，而作牆東宋玉哉？」

清·黄蓼園《蓼園詞選》：「按此詞乃東坡自寫在黄州之寂寞耳。初從人説起，言如孤鴻之冷落。第二闋，專就鴻説，語語雙關。格奇而語雋，斯爲超詣神品。」

清·江順詒《詞學集成》卷七：「黄魯直評東坡『缺月掛疏桐』詞云（黄評見前，略）。詒案：此非擡高詞人身份，實古人獅子搏兔，亦用全力，非同後人浮光掠影也。」

清·謝章鋌《賭棋山莊詞話》卷二：「詠物詞雖不作可也，别有寄託如東坡之《詠雁》，獨寫哀怨如白石之《詠蟋蟀》，斯最善矣。」

又《續編》卷一：「時東坡在黄州，固不無淪落天涯之感。而鮦陽居士釋之云（略）。字箋句解，果誰語而誰知之？雖作者未必無此意，而作者亦未必定有此意，可神會而不可言傳。斷章取義，則是刻舟求劍，則大非矣。即如宋末玉田、蕢洲諸家，閱歷滄桑，固宜胸有壘塊。今一遇稍有感慨之詞，便以爲指斥時事，愁禽怨柳，塞滿乾坤，是直以長短句爲謗書矣。夫豈其然。」

清·李良年《詞家辨證》：「東坡在黄州作《卜算子》，有『缺月掛疏桐』等句。山谷以爲不吃煙火食人語，《詞學筌蹄》强爲之解，皆未得其故，余載入《品藻》中。昨讀《野客叢書》，又云『乃東坡在惠州白鶴觀所作。……』梨莊曰：此言亦非。似亦忌公者以此謗之，如『階下簸錢』之類耳，小説紕繆，不足憑也。」

清·譚獻評《詞辨》卷下：「文皋《詞選》，以《考槃》爲比，其言非河漢也。此亦鄙人所謂『作者未必然，讀者何必不然』。」

清·沈祥龍《論詞隨筆》：「詞不能堆垛書卷，以誇典博，然須有書卷之氣味。胸無書卷，襟懷必不高妙，意趣必不古雅，其詞非俗即腐，非粗即纖。故山谷稱東坡《卜算子》詞，『非胸中有萬卷書，孰能至此。』」

清·張德瀛《詞徵》卷五："曾丰謂蘇子瞻長短句，猶有與道德合者，缺月疏桐一章，觸興於驚鴻，發乎情性也，收思於泠洲，歸乎禮義也。本朝張茗柯論詞，每宗此義，遂爲鮦陽之續。」

近人王國維《人間詞話刪稿》："「飛卿《菩薩蠻》、永叔《蝶戀花》、子瞻《卜算子》，皆興到之作，有何命意？皆被皋文深文羅織。阮亭《花亭蒙拾》謂：『坡公命宮磨蝎，生前爲王珪、舒亶所苦，身後又硬受此差排。』由今觀之，受差排者，獨一坡公已耶？」

近人鄭文焯《手批東坡樂府》："「此亦有所感觸，不必附會溫都監女故事，自成馨逸。」

近人吳梅《詞學通論》："「詠物詞須别有寄托，不可直賦。自訴飄零，如東坡之《詠雁》；獨寫哀怨，如白石之《詠蟋蟀》，斯最善矣。」

近人陳匪石《宋詞舉》卷下："「《草堂》題曰《孤鴻》，汲古錄《女紅餘志》原文，謂在惠州爲溫都監女作。然朱氏據南宋人王宗稷《東坡年譜》，爲壬戌在黄州作；元本亦題《黄州定慧院寓居》，則《女紅餘志》之言不足信也。以《孤鴻》爲題，疑亦後加。此詞未必專爲詠鴻，猶《賀新郎》未必即詠榴花也。鮦陽居士曰（略）。張惠言頗取其説。譚獻曰：『作者未必然，讀者亦何必不然。』此常州派『比興説』，亦從東坡《西江月》『把盞淒然北望』及《水調歌頭》『玉宇』『瓊樓』之句聯想而及者。若就詞論詞，則黄山谷謂『語意高妙，似非吃煙火食人語』者，最爲得之。首句寫景，已一片幽靜氣象。次句寫時，更覺萬籟無聲，纖塵不到。『幽人』，身份境地，烘托已盡。然後説出『獨往來』之『幽人』。

『見』上着一『誰』字，更爲上兩句及下『孤』字出力。至『孤鴻』之『影』，則爲見『幽人』者，或即『幽人』自身，均不可定。然而此中『有恨』焉，不知誰實『驚』之，爲誰『回頭』？而卻系如此，乃知實有恨事，『無人』爲『省』。『揀盡寒枝』兩句，『孤鴻』心事，即『幽人』心事。因含此『恨』，寂寞自甘，但見徘徊『沙洲』，自寄其『不肯棲』之意。而其所以『恨』者，依然『無人』知之，固亦有吞吐含蓄之妙也。而通首空中傳恨，一氣呵成，亦具有『縹緲孤鴻』之象。於小令爲別調，而一片神行，則溫、韋、晏、歐所未有。」

二、關於「揀盡寒枝不肯棲」句是否有語病的爭論

宋·胡仔《苕溪漁隱叢話前集》卷三九：「『揀盡寒枝不肯棲』之句，或云：『鴻雁未嘗棲宿樹枝，惟在田野葦叢間，此亦語病也。』此詞本詠夜景，至換頭但只説鴻，正如《賀新郎》詞『乳燕飛華屋』，本詠夏景，至換頭但只説榴花。蓋其文章之妙，語意到處即爲之，不可限以繩墨也。」

宋·陳鵠《耆舊續聞》卷二：「魯直跋東坡道人黄州所作《卜算子》詞云：『語意高妙，似非吃煙火食人語。』此真知東坡者也。蓋『揀盡寒枝不肯棲』，取興鳥擇木之意，所以謂之高妙。而《苕溪漁隱叢話》乃云『鴻雁未嘗棲宿樹枝，惟在田野葦叢間，此亦語病』，當爲東坡稱屈可也。」又：「趙右史家有顧禧景蕃《補注東坡長短句》真蹟云：『……余頃於鄭公實處，見東坡親蹟書《卜算子》斷句云：「寂寞沙汀冷。」今本作「楓落吳江冷」，詞意全不相屬也。』」

宋·王楙《野客叢書》卷二四：「漁隱謂鴻雁未嘗棲宿樹枝，惟在田葦間，『揀盡寒枝不肯棲』，此語亦

病。僕謂人讀書不多，不可妄議前輩詩句，觀隋李元操《鳴雁行》曰：『夕宿寒枝上，朝飛空井旁。』坡語豈無自邪？」

金·王若虛《滹南遺老集》卷三九《詩話中》：「東坡雁詞云：『揀盡寒枝不肯棲』，以其不棲木故云爾，蓋激詭之致，詞人正貴如此，而或者以爲語病，是尚可與言哉。近日張吉甫復以『鴻漸于木』爲辨，而怪昔人之寡聞，此益可笑。易象之言，不當援引爲證也。其實雁何嘗棲木哉？」

明·沈際飛《草堂詩餘正集》卷一：「或以鴻雁未嘗棲宿樹枝，欲改作『寒蘆』。夫『揀盡』則不棲枝矣，子瞻不誤也。」又：「宋儒解傳時事已成惡套。『楓落』句，又崔信明詩，與篇中不相應，作『吳江冷』，非。」

明·張綖《草堂詩餘後集別錄》：「『揀盡寒枝不肯棲』，苕溪謂鴻雁未嘗棲樹枝，欲改『寒枝』爲『寒蘆』。大方家寓意之作，正不必如此論，且蘆獨不可言枝耶？李太白《鳴雁行》『一一銜蘆枝』是也。苕溪無益之辨類如此。」

三、對于本詞的箋評

宋·黄庭堅《豫章黄先生文集》卷二六《跋東坡樂府》：「『缺月掛疏桐，……。』東坡道人在黄州時作，語意高妙，似非吃煙火食人語。非胸中有萬卷書，筆下無一點塵俗氣，孰能至此？」

宋·曾丰《知稼翁詞集序》：「文忠蘇公，文章妙天下，長短句特緒餘耳，猶有與道德合者。『缺月疏桐』一章，觸興於驚鴻，發乎情性也；收思於冷洲，歸乎禮義也。黄太史相多大以爲非口食煙火人語，余恐不食煙火之人，口所出僅塵外語，於禮義遑計歟？」

宋·俞文豹《吹劍錄》：「杜工部流離兵革中，更嘗患苦，詩益悽愴。《憶舍弟》詩：『戍鼓斷人行，邊秋一雁聲。露從今夜白，月是故鄉明。』《孤雁》詩：『惟憐一片影，相失萬重雲。望盡似猶見，哀多如更聞。』其思深，其情苦，讀之使人憂思感傷。東坡《卜算子》詞亦然。文豹嘗妄爲之釋：『缺月掛疏桐』，明小不見察也。『漏斷人初靜』，群謗稍息也。『時見幽人獨往來』，進退無處也。『縹渺孤鴻影』，悄然孤立也。『驚起卻回頭』，猶恐讒慝也。『有恨無人省』，誰其我知也。『揀盡寒枝不肯棲』，不苟依附也。『寂寞沙洲冷』，寧甘冷淡也。」

宋·周必大《二老堂詩話》：「自唐文士詩詞多用『縹眇』二字，本朝蘇文忠公亦數用之。其後蜀中大字本改作『縹緲』，蓋韻書未見『眇』字爾。或改作『渺』，未知孰是。余校正《文苑英華》，姑仍其舊，而注此說於下。」

元·吳師道《吳禮部詩話》：「《卜算子》『缺月掛疏桐』云云，『縹緲孤鴻影』以下皆說鴻，別一格也。」

明·李攀龍《新刻題評名賢詞話草堂詩餘》卷五：「山谷老評之當矣，又何贅焉。」

清·劉熙載《藝概》卷四《詞曲概》：「黄魯直跋東坡《卜算子》『缺月掛疏桐』一闋云（黄跋見前，略）。余案：詞之大要，不外厚而清。厚，包諸所有；清，空諸所有也。」

清·陳世焜（廷焯）《雲韶集》卷二：「寓意深遠，筆力高絶。此種地步，不惟秦、柳不能道，即求諸唐宋名家亦不能到。」

又·《詞則·大雅集》卷二：「或以此詞爲溫都監女作，陋甚。從《詞綜》與《詞選》，庶見坡公面目。」

又：「寓意高遠，運筆空靈，措語忠厚，是坡仙獨到處，美成、白石亦不能到也。」

又·《白雨齋詞話》卷一：「放翁詞，惟《鵲橋仙·夜聞杜鵑》一章，借物寓言，較他作爲合乎古。然以東坡《卜算子·雁》較之，相去殆不可道里計矣。」

南歌子　感舊〔一〕①

寸恨誰云短〔二〕②，綿綿豈易裁③。半年眉綠未曾開〔三〕④。明月好風閒處、是人猜。　春雨消殘凍⑤，溫風到冷灰⑥。尊前一曲爲誰哉〔四〕？留取曲終一拍、待君來〔五〕。

【校　勘】

〔一〕傅本、元本無題。

〔二〕「寸」，原作「才」，據傅本、元本、毛本改。

〔三〕「年」，毛本作「生」。

〔四〕「一曲」，元本作「舞雪」。「哉」，傅本作「開」，元本作「回」。

〔五〕「終」，龍本作「中」。

【編　年】

元豐三年庚申（一〇八〇年）二月，作於黃州。此詞朱本、龍本、曹本俱未編年，從薛本。案，細味此詞，當是蘇軾烏臺詩案出獄之後，初到黃州貶所之作。詞中先化用韓愈、白居易詩句，言「寸恨」雖短，尚且難裁，自己受誣，繫獄，遭貶，此恨「綿綿」，裁更不易。回想去年（己未）七月被捕，年底獲釋，到今歲（庚申）正月謫來黃州，「半年」多來，愛妾閏之爲我憂心忡忡，「眉綠」未開。而今詩案「舊」事總算過去，（故詞題曰「感舊」），恰如「殘凍」因「春雨」降而「消」融，已「冷」若死「灰」的心情也因「溫風到」而復蘇。人生如夢，爲歡幾何，還是好自爲之，「尊前」更「留取曲終一拍」，究「爲誰哉」？乃以「待君（指閏之）來」黃州相聚也。是年五月，蘇轍即奉同安君等蘇軾家小抵黃，公到巴河口相迎。詞意既符合蘇軾身遭大劫之心境，也符合他善於排解憂愁、隨遇而安的曠達思想，更與他後來寫的赤壁詞、赤壁賦等黃州諸作一脈相承。暫依薛考，移編元豐三年庚申。

【箋　註】

① 感舊：感慨已了之「舊」事。此指「烏臺詩案」。詩人不堪回首，讓它成「舊」事過去吧。人生苦短，爲歡幾何，且盡尊前之杯，並留曲一拍，以待親人（指閏之）其來也。

② 寸恨誰云短：韓愈《感春五首》其二：「孤吟屢闋莫與和，寸恨至短誰能裁。」

③綿綿：連綿不斷。《文選》卷五一東方朔《非有先生論》：「余國之不亡也，綿綿連連，殆哉，世之不絶也。」注：「《説文》曰：綿，聯微也。」白居易《長恨歌》：「天長地久有時盡，此恨綿綿無絶期。」　豈易裁：不易剪斷。李白《北風行》：「北風雨雪恨難裁。」

④眉綠：猶言蛾綠、黛綠，即黑眉。顔師古《大業拾遺記》：煬帝「殿腳女（宫女）争效爲長蛾眉，司宫吏日給螺子黛五斛，號爲蛾綠。」《説文》：「黱（黛），畫眉墨也。」段玉裁注：「黱者，婦人畫眉之黑物也。……黛者，黱之俗字。」

⑤殘凍：餘凍。孟浩然《泝江至武昌》詩：「殘凍因風解，新正度臘開。」

⑥溫風：暖風。《禮記·月令》：「季夏之月……小暑之日，溫風始至。」《後漢書》卷五九《張衡傳》章懷注：「溫風，炎風也。」曹植《大暑賦》：「溫風赫曦，草木垂幹。」　冷灰：原指燭芯的灰燼。李商隱《韓冬郎即席爲詩相送一座皆驚……因成二絶寄酬兼呈畏員外》其一：「十歲裁詩走馬成，冷灰殘燭動離情。」此喻冰冷的心情。

南鄉子　黄州臨皋亭作〔一〕①

晚景落瓊杯②。照眼雲山翠作堆〔二〕。認得岷峨春雪浪③，初來。萬頃蒲萄漲淥醅〔三〕④。

暮雨暗陽臺〔四〕⑤。亂灑高樓溼粉顋〔五〕⑥。一陣東風來捲地，吹迴。落照江天一半開⑦。

【校　勘】

〔一〕題原作「春情」，據傅本改。元本無題。

〔二〕「作」，二妙集作「竹」。

〔三〕「淥」，傅本作「綠」。

〔四〕「暮」，元本作「春」。

〔五〕「高」，傅本、元本作「歌」。

【編　年】

元豐三年庚申（一〇八〇年）春，作於黄州。案：此詞朱孝臧《東坡樂府》卷一據《紀年録》編熙寧七年甲寅，潤州作。龍榆生《東坡樂府箋》卷一從朱本，然附考云：「此詞傅注本既作黄州臨皋亭作，則當編辛酉（元豐四年，一〇八一年），時先生年四十六，方寓居臨皋亭也。」曹本則編元豐三年庚申，云：「朱本、龍本此詞，俱編熙寧七年甲寅，時東坡在杭州通守任内。惟細玩此詞上片之地理形勢，與杭州不合。而與本集《滿江紅》『江漢西來』相同。故此二詞應同爲在黄州作。復按王案（卷二十第六頁下）引本集《與范子豐書》云：『臨皋亭下，不數十步，便是大江。其半是峨嵋雪水，吾飲食沐浴皆取焉，何必歸哉。』此書王案編在元豐三年五月，距離到達黄州，僅數月耳。與此詞上片之『初來』及地理形勢全相吻合。今從本集及王案改編元豐三年庚申。」劉尚榮在其《鈔本〈注坡詞〉考辨》中亦云：「這首詞所描寫的景物和意境，與蘇軾初到黄州所寫的文字吻合。……這篇作品的寫作時間，完全可以定爲元豐三年庚申。」(見《東坡詞論叢》一九八二年四川人民出版社)今從曹説、劉説移編元豐三年。另據詞中「春雪」、「東風」等語，可斷定係是年春初到黄州時登臨皋亭作。孔《譜》卷二〇認爲應是蘇軾於元豐三年五月由定惠院遷居臨皋亭以後作，遂編於元豐四年辛酉正月下旬，云：「去年此時尚不居臨皋亭，知爲今年春初作。」亦可備一説，録以待詳考。

【箋註】

① 臨皋亭：《蘇軾詩集》卷二〇《遷居臨皋亭》查注引許端夫《齊安拾遺》：「夏澳口之側，本水驛，有亭曰臨皋。」又引《名勝志》：「臨皋館在黄州朝宗門外。」明弘治《黄州府志》卷四：「臨皋館在城南，即古臨皋亭，宋蘇軾初謫黄寓居此亭，有詩曰：『臨皋亭中一危坐，三月清明改新火。』後秦檜父官於黄，生檜於亭，改亭爲館。後爲臨皋驛，今改赤壁巡司。」

② 瓊杯：玉杯。《舊唐書》卷一九〇上《楊炯傳》：「(張)説曰：『王翰之文，如瓊杯玉斝，雖爛然可珍，而多玷缺。』」

③ 岷峨春雪浪：蘇軾《臨皋閑題》：「臨皋亭下八十數步，便是大江，其半是峨嵋雪水。」(《東坡志林》卷四)李白《經亂離後天恩流夜郎憶舊游書懷贈江夏韋太守良宰》：「江帶峨眉雪，川横三峽流。」王琦注引《三峽記》：「峨嵋積雪，經時不散。峨嵋山乃岷山之一支也，峰巒高峻，上極寒冷，冬春積雪，雖經風日不能消釋。入夏始得融泮，流入峨江，經三峽而下，清流爲之變色。」蘇軾峨眉人，故詩言「認得」。

④蒲萄漲淥醅：李白《襄陽歌》：「遙看漢水鴨頭綠，恰似葡萄初醱醅。」錢易《南部新書》丙集：「太宗破高昌，收馬乳蒲萄種於苑，並得酒法，仍自損益之，造酒成綠色，芳香酷烈，味兼醍醐，長安始識其味也。」　醅：未過濾的酒。

⑤陽臺：俗稱男女歡合之處所，本宋玉《高唐賦序》。見《祝英臺近》（掛輕帆）註⑤。此指黃州附近的山巒。

⑥「亂灑」句：鄭谷《雪中偶題》：「亂飄僧舍茶煙濕，密灑歌樓酒力微。」此喻一陣春雨將山巒淋濕，就好像打濕了女子敷着粉的臉龐。

⑦「吹迴」二句：吹迴：指春風將雨吹散。　落照：夕陽。此句寫雨後長江景象。

菩薩蠻　七夕，黃州朝天門上二首〔一〕①

畫檐初掛彎彎月②。孤光未滿先憂缺③。還認玉簾鈎〔二〕④。天孫梳洗樓⑤。　佳人言語好⑥。不願求新巧⑦。此恨固應知⑧。願人無別離。

【校　勘】

〔一〕題原作「新月」，元本作「七夕朝天門上作」，從傅本。

〔二〕「還」，元本作「遙」。

【編　年】

元豐三年庚申（一〇八〇年）七月，作於黄州。案：此詞及下首詞，朱本、龍本俱未編年，從曹本。曹云：「考此詞下片内『此恨』二字，必有所謂，因東坡下字不苟故也。再四循省，此詞必係元豐三年初到黄州時作。而下片内之『佳人』，必係公繼配王夫人。自元豐二年己未七月二十八日東坡在湖州任所，爲御史臺吏追攝之日起，與王夫人怱怱别離，直至元豐三年五月二十九日始經子由伴送，到達黄州，重行聚合，距離是年七夕，爲時僅月餘耳。是爲『此恨』二字之由來。不僅與此首下片詞意相合，且與第二首下片末二句之意境，若合符節。今將此二首併移編元豐三年庚申。」蘇軾元豐四年與章質夫簡，寄去和質夫「柳花詞」的《水龍吟》（似花還似非花），同時「七夕詞亦錄呈」（見《蘇軾文集》卷五五《與章質夫三首》之一）。而「七夕詞」即此二首。蓋此二首詞爲元豐三年七夕作，四年春寄送章質夫也。

【箋　註】

① 朝天門：北宋時黄州東南角城門。明代擴建黄州城時改名一字門。現在已毁。

② 畫檐：以彩色爲飾之屋檐。杜牧《十九兄郡樓有宴病不赴》：「十二層樓敞畫簷，連雲歌盡草纖纖。」

③ 「孤光」句：孤光：指月。杜甫《桔柏渡》詩：「孤光隱顧眄，游子悵寂寥。」此言月未圓已先憂缺，暗喻人剛團圓已隱憂再有别離。

④ 玉簾鉤：此處形容七夕之月形狀如鉤。鮑照《翫月城西門廨中》：「始出西南樓，纖纖如玉鉤。」

⑤ 天孫：織女星。《史記》卷二七《天官書》：「織女，天女孫也。」唐·司馬貞《索引》：「織女，天孫也。」吴兢《永泰公主挽歌二首》之二：「河漢天孫合，瀟湘帝子遊。」 梳洗樓：原指皇宫中后妃化妝處。傅注：「唐連昌宫有梳洗樓，乃天寶中爲楊貴妃所建也。」元稹《連昌宫詞》：「寢殿相連端正樓，太真梳洗樓上頭。」此指天宫中織女梳洗的地方。

⑥ 「佳人」句：佳人：指下文「求新巧」的人。此當指同安郡王夫人。王夫人及家小，由弟子由護送，是年五月末抵黄，家人團聚僅月餘。 言語好：當指祭月之辭，即下文所説「不願求新巧」，但「願人無别離」也。

⑦ 求新巧：即乞巧。舊時婦女於七夕晚上在庭院向織女星乞求智巧的活動。宗懍《荆楚歲時記》：「是夕（七夕）人家婦女結綵縷，穿七孔針，或以金銀鍮石爲針，陳瓜果於庭中以乞巧，有喜子網於瓜上，則以爲符應。」

⑧ 此恨：指夫婦分離之苦。

其二〔一〕

風迴仙馭雲開扇〔二〕①。更闌月墜星河轉〔三〕②。枕上夢魂驚。曉檐疏雨零〔四〕③。　相逢雖草草④。長共天難老。終不羨人間。人間日似年〔五〕。

【校　勘】

〔一〕原題作「七夕」，從傅本。

〔二〕「馭雲」，二字原缺，據傅本補。

〔三〕「墜」，元本作「墮」。

〔四〕「檣」，傅本、元本作「來」。

〔五〕「日」，明刊全集、二妙集、毛本作「夜」。

【編　年】

同前首。

【箋　註】

①「風迴」句：「風迴仙馭」，風把太陽神坐的車吹得又倒轉回來。借喻天快亮了。「仙馭」，神仙乘坐的車。此借太陽神坐的車，喻指太陽。唐太宗《賦秋日懸清光賜房玄齡》：「仙馭隨輪轉，靈烏帶影飛。」扇，指雉尾扇，車服，用以遮擋風塵。崔豹《古今注》卷上《輿服》：「雉尾扇，起於殷世，高宗時有雊雉之祥，服章多用翟羽。周制以爲王后夫人之車服。輿輦有翣（音霎），即緝雉羽爲扇翣，以障翳風塵也。」雲開扇：意爲像雉尾扇遮蓋車輛一樣遮蓋太陽的雲移開了，即雲散日出。

②更闌：更殘，天將亮時。星河：銀河。杜甫《閣夜》：「五更鼓角聲悲壯，三峽星河影動搖。」

③ 疏雨零：傅注：「世俗以牛女相會之夕，必有微雨，以明會遇之徵。」

④ 草草：忽忙。杜甫《送長孫九侍御赴武威判官》：「問君適萬里，取別何草草。」此連以下幾句，言牛女七夕相會雖然忽忙，但可與天長存不老，不似人世間事多艱，度日如年。

定風波　重陽括杜牧之詩〔一〕①

與客攜壺上翠微②。江涵秋影雁初飛。塵世難逢開口笑。年少。菊花須插滿頭歸。酩酊但酬佳節了③。雲嶠。登臨不用怨斜暉。古往今來誰不老。多少。牛山何必更沾衣④。

【校　勘】

〔一〕詞題原無「括杜牧之詩」五字，據二妙集、毛本、龍本、曹本補。

【編　年】

元豐三年庚申（一〇八〇年）重九，作於黄州。此詞朱本、龍本、曹本俱未編年，從薛本。案：此詞題作《重陽括杜牧之詩》，即檃括唐池州刺史杜牧之會昌五年登齊山所作《九日齊安登高》詩。杜詩所説「齊安」即黄州。因推知此詞爲蘇軾貶黄州期間重陽日登高作所。但作於哪年的重陽呢？考蘇軾坐烏臺詩案貶黄州，於元豐三年庚申二月一日到黄州貶所。同年八月，黄州舊守陳軾罷任，新守徐大受（君猷）來替。「君猷一見，相待如骨肉」（見《文集》卷五七《與徐得之》第一簡），兩人過從甚密。蘇軾曾作《醉蓬萊》詞，其小序云：「余謫居黄州，三見重九（案：三見指庚申、辛酉、壬戌），每歲與太守徐君猷會於栖霞樓。今年公將去，乞郡湖南，念之惘然，故作是詞。」詞作於元豐五年（壬戌）重九，想到明年不能與君猷再來此樓登高賦詩，不勝惘然。既云「每歲與太守徐君猷會於栖霞樓」，壬戌有《醉蓬萊》，辛酉有《南鄉子》（見孔《譜》元豐四年），何庚申獨無詞耶？因知這首《定風波》詞就是庚申重九日，蘇軾與新任黄守同登栖霞樓，憶及昔之黄守杜牧之重九攜友人（張祜）登高，猶今之黄守徐君猷攜友人（蘇軾）登高，遂以遊戲之筆將杜之舊詩檃括而成新詞，爲佳節助興，與新守共賞。今依薛考，將此詞移編元豐三年庚申。

【箋註】

① 唐武宗會昌五年重九，池州刺史杜牧之攜張祜登齊山，作《九日齊安登高》詩。其辭曰：「江涵秋影鴈初飛，與客攜壺上翠微。塵世難逢開口笑，菊花須插滿頭歸。但將酩酊酬佳節，不用登臨恨落暉。古往今來只如此，牛山何必獨沾衣？」蘇軾檃括而成是詞。

② 翠微：《文選》卷四左太沖《蜀都賦》：「鬱葐蒀以翠微，崛巍巍以峨峨。」李善注：「翠微，山氣之輕縹也。」《初學記》卷五《總載山第二》：「（山）未及上曰翠微。一説，山氣青縹色曰翠微。」此指青山。庾信《和宇文内史春日遊

山詩》：「遊客值春輝，金鞍上翠微。」

③ 酩酊：大醉貌。《水經注》卷二八《沔水》中：「襄陽侯習郁魚池，……是遊宴之名處也。山季倫之鎮襄陽，每臨此池，未嘗不大醉而還。恒言此是我高陽池，故時人爲之歌曰：『山公出何去？往至高陽池。日暮倒載歸，酩酊無所知。』」

④ 「牛山」句：傅注引《列子》：「齊景公游於牛山，北臨其國城而流涕曰：『美哉國乎！鬱鬱芊芊，若何滴滴去此國而死乎。使古無死者，寡人將去斯而之何。』史孔粱丘據從之泣。晏子獨笑於旁。公雪涕而顧晏子曰：『寡人今日之游悲，孔與據皆從而泣，子之獨笑何也？』晏子對曰：『使賢者常守之，則太公、桓公將常守之矣；使有勇者而常守之，則莊公、靈公將常守之矣；數君者將守之，吾君方將被蓑笠而立乎畎畝之中，惟事之恤，何暇念死乎？此臣之所以獨竊笑也。』景公慙焉。」見《列子·力命》。今《百子全書》本《晏子春秋·内篇諫上·景公登牛山悲去國而死晏子諫》與傅注引文有異。

【參考資料】

清·王士禛《花草蒙拾》：「詞中佳語，多從詩出。如顧太尉『蟬吟人靜，斜日傍小窗明。』毛司徒『夕陽低映小窗明』，皆本黄奴『夕陽如有意，偏傍小窗明』。若蘇東坡之『與客攜壺上翠微』，賀東山之『秋盡江南草木凋』，皆文人偶然遊戲，非向《樊川集》中作賊。」

水龍吟　贈趙晦之吹笛侍兒〔一〕

楚山修竹如雲〔二〕①，異材秀出千林表。龍鬚半剪②，鳳膺微漲，玉肌勻繞。木落淮南③，雨晴雲夢，月明風嫋。自中郎不見④，桓伊去後⑤，知孤負、秋多少。聞道嶺南太守⑥，後堂深、綠珠嬌小。綺窗學弄，《梁州》初徧⑦，《霓裳》未了。嚼徵含宮⑧，泛商流羽，一聲雲杪⑨。爲使君洗盡，蠻風瘴雨⑩，作《霜天曉》⑪。

【校　勘】

〔一〕原題序作「詠笛材。公舊序云：時太守閭丘公顯已致仕，居姑蘇，後房懿卿者，甚有才色，因賦此詞。一云贈趙晦之。」二妙集同上序，末有「吹笛侍兒」四字。」毛本題作「嶺南太守閭丘公顯，致仕居姑蘇。東坡每過必留連。嘗言過姑蘇，不遊虎丘，不謁閭丘，乃二欠事。其重之如此。一日，出其後房佐酒。有懿卿者，甚有才色，善吹笛，因作《水龍吟》贈之。一云贈趙晦之吹笛侍兒。」案：原題序非東坡所作，疑出自傅幹之手。據元本、朱本、龍本、曹本改。

〔二〕「如」，原缺，據諸本補。

【編　年】

元豐三年庚申（一〇八〇年）十一月，作於黄州。案：此詞主旨和寫作時間、地點，衆説不一：（一）傅藻《東坡紀年録》謂熙寧八年乙卯（一〇七五年）在密州贈趙晦之吹笛侍兒，朱本、龍本從其説。（二）傅本、吴本、明刊全集、二妙集、毛本均謂爲閭丘公顯後房懿卿作，曹本從其説，仍編熙寧八年乙卯。（三）王文誥《蘇詩總案》卷一一謂熙寧七年甲寅（一〇七四年）五月，蘇軾任杭州通判，因事至金閶（蘇州），飲於閭丘公顯家，贈懿卿作。（四）一九八三年第三輯《中華文史論叢》載張志烈《蘇詞三首繫年辨》及一九九二年第一期《河北師院學報》載吴雪濤《蘇詞三首考證》，二文均認爲「這首詞不是寫與閭丘公顯而是寫與趙晦之的」，張文認爲當作於元豐四年或稍後，吴文認爲作於元豐五年。（五）薛本編元豐八年十月，云：「公赴登州經漣水時，趙晦之從『嶺南太守』任上新歸，故順筆及之耳。」（六）孔《譜》編元豐三年十一月作於黄州，云：「趙昶知藤州，簡昶憂南方兵事。昶在藤餽丹砂，報以蘄笛，賦《水龍吟》，贈昶侍兒。」孔説更符合史實，今從孔説。

【箋　註】

① 楚山修竹：傅注：「今蘄州笛材，故楚地也。」明弘治《黄州府志》卷二《土産》：「蘄竹亦名笛竹簟，以色瑩者爲簟，節疏者爲笛，帶鬚者爲杖。」白居易《寄李蘄州》：「笛愁春盡梅花裏，簟冷秋生薤葉中。」自注：「蘄州出好笛並薤葉簟。」

②「龍鬚」三句：傅注：「笛製取良榦通洞之，若於首頸處，則存一節，節間留纖枝，剪而束之。節以下若膺處則微漲，而全體皆要勻淨。若《漢書》所謂生其竅厚均者，斷兩節間而吹之。審如是，然後可製，故能遠可通靈達微，近可以寫情暢神。謂之龍鬚、鳳膺、玉肌，皆取其美好之名也。」

③「木落」三句：傅注：「善吹笛者，必俟氣肅天清，風微月亮，聊作一二弄，遂臻其妙。」淮南：泛指淮河以南、長江以北一帶。《漢書》卷一四《諸侯王表第二》：「北界淮瀕，略廬、衡，爲淮南。」徐堅《初學記》卷八：「淮南道者，禹貢揚州之域，又得荆州之東界，自淮以南，略江而西，盡其地也。」雲夢：古澤名，歷來説法不一。一説本二澤，雲在江北，夢在江南。一説雲夢爲一澤，可單言雲或夢。《元和郡縣圖志》卷二七：「雲夢澤在（安陸）縣南五十里。」《太平寰宇記》卷一一三：「竟陵城西大澤，即古雲夢。」

④中郎：中郎將，此指蔡邕。傅注：「蔡邕初避難江南，宿於柯亭之館，以竹爲椽。邕仰而盼之，曰：『此良竹也。』取以爲笛，奇聲獨絶，歷代傳之至於今。邕嘗爲中郎將。」案《後漢書》卷六〇下注引張騭《文士傳》曰：「邕告吳人曰：『吾昔嘗經會稽高遷亭，見屋椽竹東間第十六，可以爲笛。』取用，果有異聲。」伏滔《長笛賦序》：「柯亭之觀，以竹爲椽，邕取爲笛，奇聲獨絶。」與傅注微異，傅或别有所本。

⑤桓伊：見《昭君怨》（誰作桓伊三弄）注②。案：「趙昶（晦之）有兩婢善吹笛，知藤州日，以丹砂遺子瞻。子瞻以蘄笛報之，並有二曲，其詞甚美。」（見本詞後附孔平仲《談苑》）孔所謂「曲」者即此《水龍吟》也。詞的上片蓋由贈笛所引發，援引一系列典故吟咏笛之材與笛之事。

⑥「聞道」三句：「嶺南太守」，指趙晦之，時知藤州，在南嶺之南，故云。緑珠：《晉書》卷三三《石崇傳》：「崇有妓曰緑珠，美而豔，善吹笛。」此以緑珠喻趙晦之家妓。

⑦「梁州」二句：梁州：即《涼州》，古曲名，郭茂倩《樂府詩集》卷七九引《樂苑》：「《涼州》，宫調曲。開元中，西涼府都督郭知運進。」初徧：傅注：「初徧者，今樂府諸大曲，凡數十解，於攧前則有排徧，攧後則有延徧。此謂之『初徧』，豈非『排徧』之首謂乎？」霓裳：即《霓裳羽衣曲》，唐代大型樂曲名。屬商調曲，時號越調。原爲印度舞曲《婆羅門》，流傳至西涼，開元中西涼府節度使楊敬述傳入内地，經玄宗潤色，於天寶十三載改爲《霓裳羽衣曲》。傅注：「天寶初，羅公遠侍明皇中秋宴，公遠奏曰：『陛下能從臣月宫遊乎？』命取桂枝杖，向空擲之，爲大橋，色如白金。上同行數十里，至大城闕，公遠曰：『此月宫也。』仙女數百，素衣飄然，舞於廣庭中，上問：『此爲何曲？』曰：『《霓裳羽衣曲》也。』上密記其聲節，及回，即喻伶人，象其音調，製爲《霓裳羽衣》之曲。」此説出自《神仙感遇傳》，係小説家附會而成，不足信。

⑧「嚼徵」二句：宋玉《對楚王問》：「引商刻羽，雜以流徵，國中屬而和者，不過數人而已。」徵、宫、商、羽，均爲古代五聲之一。

⑨雲杪：雲端之意。傅注：「諸樂器中，唯笛有穿雲裂石之聲。」

⑩蠻風瘴雨：指我國南方含有瘴氣之風雨。時趙晦之所在之藤州，屬蠻煙瘴雨之鄉，故云。

⑪霜天曉：即《霜天曉角》。古曲名。案：詞的下片緊扣詞題，吟詠晦之吹笛侍兒之善吹。

【參考資料】

宋·孔平仲《談苑》卷一：「朝士趙昶有兩婢善吹笛，知藤州日，以丹砂遺子瞻。子瞻以蘄笛報之，並有二曲，其詞甚美。云：『木落淮南，雨晴雲夢，日斜風裊。』又云：『自桓伊不見，中郎去後（二句誤倒），（知）孤負，秋多少。』斷章云：『爲使君洗盡，蠻風瘴雨，作清霜曉。』昶曰：『子瞻罵我矣。』昶南雄州人，意謂子瞻以蠻風譏之。」

宋·黄昇《唐宋諸賢絶妙詞選》卷二：「太守閭丘公顯致仕，居姑蘇。公飲其家，出後房佐酒，有懿卿者，善吹笛，公因賦此詞以贈。」

宋·張端義《貴耳集》：「東坡《水龍吟》笛詞八字謚：『楚山修竹如雲，異材秀出千林表』，此笛之質也。『龍鬚半剪，鳳膺微漲，玉肌雲繞』，此笛之狀也。『木落淮南，雨晴雲夢，月明風嫋』，此笛之時也。『自中郎不見，將軍去後，知辜負、秋多少』，此笛之事也。『聞道嶺南太守，後堂深、綠珠嬌小』，此笛之人也。『綺窗學弄，涼州初試，霓裳未了』，此笛之曲也。『嚼徵含宮，泛商流羽，一聲雲杪』，此笛之音也。『爲使君洗盡，蠻煙瘴雨，作霜天曉』，此笛之功也。五音已用其四，乏一『角』字，『霜天曉』，歇後一『角』也。」

宋·張侃《拙軒集》卷五：「孫仲益爲錫山費茂和説蘇文忠公《水龍吟》，曲盡詠笛之妙。其詞曰：『楚山修竹如雲，異材秀出千林表』，笛之地也。『龍鬚半剪，鳳膺微漲，綠肌勻繞』，笛之材也。『木落淮南，雨晴雲夢，月明風裊』，笛之時也。『自中郎不見，桓伊去後，知辜負、秋多少』，笛之怨也。『聞道嶺南太守，後堂深，綠珠嬌小』，笛之人也。『綺窗學弄，梁州初遍，霓裳未老』，笛之曲也。『嚼徵含宮，泛商流羽，一聲雲杪』，笛之聲也。『爲使君洗盡，蠻煙瘴雨，作霜天曉』，笛之功也。予恐仲益用蘇文忠讀錦瑟詩，以釋《水龍吟》耳。」

宋·曾敏行《獨醒雜志》卷三：「東坡《水龍吟》笛詞，高雲翔云：後之箋釋者，獨謂『楚山修竹如雲』，是蘄州出笛竹，至『異材秀出千林表』之語，不知是東坡叙取材法也。凡竹林生，後長者必過前竹，其不能過者多死。一林内特一竹可材，遠而望之，或伐取數十百竿，錯亂終不可識。蔡邕仰視柯亭屋椽，得奇材，不待如此求之，而邕後無至鑒，獨有此法可求耳。……雲翔名驤，吉水人。」

明·沈際飛《草堂詩餘正集》卷五：「『龍鬚』三句，善狀。」又：「五十餘字，堪與馬賦並傳。修語清遠，馬似不逮。」又：「用許故事，不爲事用。」又：「結嶺上太守，妙。」

清·沈雄《古今詞話·詞品》卷上：「結句如《水龍吟》之『作霜天曉』，『繫斜陽纜』，亦是一法。……緊要處，前結如奔馬收韁，須勒得住，又似住而未住。後結如衆流歸海，要收得盡，又似盡而不盡者。」

清·先著《詞潔》卷五：「非無字面蕪累處，然豐骨畢竟超凡。玉田云『清麗舒徐』，未敢輕議也。」

菩薩蠻　回文。春閨怨〔一〕

翠鬟斜幔雲垂耳①。耳垂雲幔斜鬟翠②。春晚睡昏昏。昏昏睡晚春。

墜雪梨花細。細花梨雪墜③。顰淺念誰人。人誰念淺顰④。

【校　勘】

〔一〕傅本題作「四時閨怨回文效劉十五貢父體」。元本、朱本、龍本、曹本題作「回文四時閨怨」。曹本校注：「按《全宋詞》並無劉貢父詞，傅注所謂『效劉十五貢父體』，並無顯證，殆不可信。」

【編　年】

元豐三年庚申（一〇八〇年）冬，作於黃州。案：此詞朱本、龍本、曹本俱未編年，劉崇德《蘇詞編年考》云：「蘇軾于黃州《與李公擇書》：『某啓：杜門謝客，甚安適。氣術又近得其簡妙者，早來此面傳，不可獨不死也。子由無恙，十月喪其小女，三歲矣。屢有此戚，固難爲情，須能自解爾。……效劉十五體，作回文《菩薩蠻》四首，寄去爲一笑。不知公曾見劉十五詞否？劉造此樣見寄，今失之矣。得渠消息否？』信中所提『效劉十五體，作回文《菩薩蠻》四首』，即上四詞。信中又提到蘇轍喪其小女事，此事在元豐三年十月，時蘇轍方到筠州不久。此四詞當在元豐三年冬季作。」日本學者村上哲見《東坡詞札記》略同劉説（見《文學遺産增刊》一六輯）。薛本編元豐三年十一月。孔《譜》據蘇轍元豐六年五月所作《光州開元寺重修大殿記》，時曹九章爲光州，宋制，州守任二年，則九章知光，其上限爲元豐四年，因將「李常爲光州守九章子焕求婚於弟轍之女，爲作簡商之弟轍，轍應之。嘗作回文《菩薩蠻》四首寄常」條，編於元豐四年，月份不顯。細味《與李公擇書》中「所諭曹光州親情，與卑意會，已作書問子由，次第必成也」。乃估計九章子與子由女親事不應有礙，已去信問子由而尚未接到子由回覆。與孔《譜》「作簡商之弟轍，轍應之」意微有别。故編元豐三年冬。

【考辨】

曹本注：「回文詞之意境，俱與東坡詞不類。且逐句回文，僅屬文字遊戲，索然無味。此類作品，一夔已足，今竟達七首之多。」又曰：此體「乃任何大家所無，而況東坡根本無此閒情」。遂將該詞編入附録並「移列可疑詞」。案《蘇軾文集》卷五一《與公擇書》之一三中已明言「效劉十五體，作回文《菩薩蠻》四首」。《蘇軾文集》卷五〇《與劉貢父七首》之三亦云：「某啓。示及回文小闋，律度精緻，不失雍容，欲和殆不可及，已授歌者矣。」可證劉貢父確有回文詞，《全宋詞》漏收劉詞，或劉詞已佚，傅注未必「不可信」。又曹注以「意境與東坡詞不類」即「移列可疑詞」，亦難以服人。

【箋註】

①「翠鬟」句：翠鬟：女子烏黑環形髮髻。唐·高蟾《華清宫》：「何事金輿不再遊，翠環丹臉豈勝愁。」「雲」：指女子長髮。《詩·鄘風·君子偕老》：「鬒髮如雲。」毛傳：「如雲，言長也。」朱熹注：「如雲，言多而美也」。

②雲幔：烏雲如帷幔。杜甫《西閣雨望》：「樓雨霑雲幔，山寒著水城。」歐陽修《漁家傲》：「乞巧樓頭雲幔卷，浮花催洗嚴妝面。」此言黑髮下垂如幔。

③梨雪墜：謂白色梨花墜落，飄然如雪。白居易《落花》詩：「桃飄火燄燄，梨墮雪漠漠。」

④淺顰：眉頭微皺。「顰」，因不樂而皺眉。

【參考資料】

清·鄒祇謨《遠志齋詞衷》：「詞有檃括體，有迴文體。迴文之就句迴者，自東坡、晦庵始也。其通體迴者，自義仍始也……文人慧筆，曲生狡獪，此中故有三昧，匪徒乞靈竇家餘巧也。」

清·馮金伯《詞苑萃編》卷一引王西樵（士祿）語：「《菩薩蠻》回文有二體，有首尾回環者，如邱瓊山《秋思》、湯臨川《織錦》是也。有逐句轉換者，如蘇子瞻《閨思》、王元美《別思》是也。然逐句難于通首。」（又見徐釚《詞苑叢談》卷一）

清·沈雄《古今詞話·詞品》卷上：「東坡《菩薩蠻》四時詞，是名倒句。」

清·謝章鋌《賭棋山莊詞話》卷二：「詞之回文體，……雖極巧思，終鮮美制。魏善伯（祥）曰：『詩之有回文，猶梅之有臘梅，種類不入品格。』（《伯子文集》詩猶然已，而況詞乎！」

其二　回文。夏閨怨〔一〕①

柳庭風靜人眠晝。晝眠人靜風庭柳。香汗薄衫涼。涼衫薄汗香。

手紅冰腕藕。藕腕冰紅手〔二〕。郎笑藕絲長②。長絲藕笑郎。

【校勘】

〔一〕傅本、元本、朱本、龍本、曹本無題。

〔二〕二「腕」字，傅本、元本俱作「盌」，朱本、龍本、曹本、《全宋詞》俱作「椀」。按「盌」、「椀」通用。

【編年】

同前首。

【箋註】

① 此詞題爲「夏閨怨」，但上片寫「風靜」、「人眠」；下片寫夫婦互相戲謔，毫無「怨」意。

② 藕絲：蓮藕中細絲，喻男女情意不絕。孟郊《去婦》詩：「妾心藕中絲，雖斷猶牽連。」

其三　回文。秋閨怨〔一〕

井梧雙照新妝冷①。冷妝新照雙梧井〔二〕。羞對井花愁。愁花井對羞。　影孤憐夜永。永夜憐孤影。樓上不宜秋。秋宜不上樓〔三〕。

【校勘】

〔一〕傅本、元本、朱本、龍本、曹本無題。

〔二〕二「梧」字，傅本、元本、朱本、龍本、曹本、《全宋詞》俱作「桐」。

〔三〕二「秋」字，原俱作「愁」，據傅本、元本、朱本、龍本、曹本、《全宋詞》改。

【編年】

同前首。

【箋註】

① 井梧：魏明帝《猛虎行》：「雙桐生空井，枝葉自相加。」杜甫《宿府》詩：「清秋幕府井梧寒，獨宿江城蠟炬殘。」宋·

郭知達注：「魏明帝詩『雙梧生空井』，詩家用『井梧』自此始矣。」

其四 回文。冬閨怨〔一〕

雪花飛暖融香頰①。頰香融暖飛花雪。欺雪任單衣。衣單任雪欺。　別時梅子結②。結子梅時別。歸不恨開遲。遲開恨不歸〔二〕。

【校勘】

〔一〕傅本、元本、朱本、龍本、曹本無題。

〔二〕末二句，傅本、元本作「歸恨不開遲。遲開不恨歸」。

【編年】

同前首。

【箋註】

① 香頰：指女子芳香的面頰。

② 梅子：梅實。韓偓《中庭》：「中庭自摘青梅子，先向釵頭戴一雙。」

少年遊

黄之僑人郭氏①，每歲正月迎紫姑神②，以箕為腹，箸為口，畫灰盤中，為詩敏捷，立成。余往觀之。神請余作《少年遊》，乃以此戲之〔一〕

玉肌鉛粉傲秋霜③。準擬鳳呼凰④。伶倫不見⑤，清香未吐，且糠粃吹揚⑥。　到處成雙君獨隻⑦，空無數、爛文章。一點香檀，誰能借箸⑧，無復似張良。

【校　勘】

〔一〕此詞傳本、元本不載。

【編　年】

元豐四年辛酉（一〇八一年）正月，作於黄州。《蘇軾文集》卷一二《子姑神記》：「元豐三年正月朔日，予始去京師來黄州，二月朔至郡。至之明年，進士潘丙謂予曰：『異哉，公之始受命，黄人未知也。有神降於州之僑人郭氏之第，與人言如響，且善賦詩，曰：蘇公將至，而吾不及見也。已而，公以是日至，而神以是日去。』其明年正月，丙又曰：『神復降於郭氏。』予往觀之，則衣草木爲婦人，而置箸手中，二小童子扶焉。」作者元豐三年來黄州，明年則元豐四年也。案，蘇軾在黄州觀子姑神降於民家，共有兩次。第一次爲元豐四年正月初，與潘丙觀於郭遘家，作《子姑神記》記其事，並寫《少年遊》詞戲之。見《蘇詩總案》卷二一及孔《譜》卷二〇。第二次爲元豐五年正月二十日，與潘丙、郭遘出郭尋春，觀於黄人汪若谷家，作有《天篆記》記其事，見《蘇詩總案》卷二一及孔《譜》卷二一。復作詩，見《蘇軾詩集》卷二一，題云：「是日（即正月二十日）偶至野人汪氏之居，有神降於其室，自稱天人李全，字德通。善篆字，用筆奇妙，而字不可識，云：天篆也。與予言，有所會者。復作一篇，仍用前韻。」又《天篆記》云：「江淮間俗尚鬼。歲正月，必衣服箕箒爲子姑神，或能數數畫字。惟黄州郭氏神最異。予去歲作何氏録以記之。今年黄人汪若谷家神尤奇。以箸爲口。置筆口中，與人問答如響。」其中「去歲作何氏録」即指在郭遘家觀子姑神降所作《子姑記》。故《少年遊》亦爲在郭遘家觀子姑神後所作，故編於元豐四年不謬。

【箋　註】

① 黄之僑人：他鄉人移居黄州者。

② 紫姑神：又作子姑神。劉敬叔《異苑》卷五：「世有紫姑神，古來相傳，云是人家妾，爲大婦所妬，每以穢事相次役。正月十五日感激而死。故世人以其日作其形，夜於廁間或豬欄邊迎之。祝曰：『子胥不在（是其婿名也），曹

姑亦歸（曹即其大婦也），小姑可出戲。』捉者覺重，便是神來。奠設酒果，亦覺貌輝輝有色，即跳躞不住。能占眾事，卜行年蠶桑，又善射鉤，好則便儛，惡便仰眠。」或言紫姑爲壽陽李景之妾者。李商隱《昨日》：「昨日紫姑神去也，今朝青鳥便來賒。」

③鉛粉：古代化妝品，以鉛燒煉而成，故曰鉛粉。馬縞《中華古今注》卷中：「自三代以鉛爲粉。秦穆公女弄玉，有容德，感仙人簫史，爲燒水銀作粉與塗，亦名飛雲丹，傳以簫，曲終而同上昇。」李白《代美人愁鏡二首》之一：「鉛粉坐相誤，照來空淒然。」

④鳳呼凰：《書·益稷》：「鳳凰來儀。」孔《傳》：「雄曰鳳，雌曰凰，靈鳥也。」

⑤伶倫：黃帝時樂官。《呂氏春秋》卷五《古樂》：「昔黃帝令伶倫作爲律。」高誘注：「伶倫，黃帝臣。」紫姑神，曾爲伶人婦，故云。

⑥糠粃：《莊子》卷一《逍遙遊》：「是其塵垢粃糠，將猶陶鑄堯舜者也。」疏：「穀不熟爲粃，穀皮曰糠，皆猥物也。」

⑦「到處成雙」句：謂筷子必成雙方能用，惟紫姑神是以「箸爲口」（見詞序）即用一根筷代替小口（一點檀香），賦詩著文（空無數，爛文章），故言「君獨隻」也。

⑧「誰能借箸」二句：《史記》卷五五《留侯世家》：秦末楚漢相爭，酈食其勸漢王劉邦立六國後代，共同攻楚。邦方食，張良入見，以爲計不可行，曰：「臣請藉前箸爲大王籌之。」意爲借劉邦所用之箸，以指畫當時形勢。後用「借箸」指代人策畫。杜牧《河湟》：「元載相公曾借箸，憲宗皇帝亦留神。」此謂除紫姑神能「借箸」爲口外，再無人像

張良一樣借箸謀畫了。

【參考資料】

宋·蘇軾《蘇軾文集》卷一二《子姑神記》記述子姑神降臨情況甚詳。云：神復降於郭氏家，「予往觀之，則衣草木爲婦人，而置筯手中，二小童子扶焉，以筯畫字曰：『妾壽陽人也，姓何氏，名媚，字麗卿。自幼知讀書屬文，爲伶人婦。唐垂拱中，壽陽刺史害妾夫，納妾爲侍妾，而其妻妒悍甚，見殺於廁。妾雖死，不敢訴也，而天使見之，爲直其冤，且使有所職於人間。蓋世所謂子姑神者，其類甚衆，然未有如妾之卓然者也。公少留而爲賦詩，且舞以娛公。』詩數十篇，敏捷立成，皆有妙思，雜以嘲笑。問神仙鬼佛變化之理，其答皆出於人意外，坐客撫掌。作《道調梁州》，神起舞中節，曲終再拜以請曰：『公文名於天下，何惜方寸之紙，不使世人知有妾乎？』予觀何氏之生，見掠於酷吏，而遇害於悍妻，其怨深矣。而終不指言刺史之姓名，似有禮者。客至逆知其平生，而終不言人之陰私與休咎，可謂智矣。又知好文字而恥無聞於世，皆可賢者。」（另，作者《天篆記》及《仙姑問答》中亦有記述，可參閲）

宋·孔平仲《孔氏談苑》卷二：「紫姑者，廁神也，金陵有能致其神者。沈遘嘗就問之，即畫粉爲字曰：『文通萬福。』遘問三姑姓，答云：『姓竺，南史竺法明，乃吾祖也。』亦有詩贈遘。近黃州郭殿直家有此神，頗黠捷，每歲率以正月一日來，二月二日去。蘇軾與之甚狎，嘗問軾乞詩，軾曰：『軾不善作詩。』姑畫灰云：『猶裏猶裏。』軾云：『軾非不善，但不欲作爾。』姑云：『但不要及他新法便得也。』」

水龍吟　次韻章質夫楊花詞①

似花還似非花②，也無人惜從教墜〔一〕③。抛家傍路〔二〕，思量卻是，無情有思④。縈損柔腸〔三〕，困酣嬌眼，欲開還閉。夢隨風萬里⑤，尋郎去處，又還被〔四〕、鶯呼起。　不恨此花飛盡，恨西園、落紅難綴⑥。曉來雨過，遺蹤何在？一池萍碎⑦。春色三分⑧，二分塵土，一分流水。細看來，不是楊花點點，是離人淚。

【校　勘】

〔一〕「墜」下傅本溢一「地」字。

〔二〕「家」，毛本作「街」。

〔三〕「縈」，原誤作「榮」，據諸本改。

〔四〕「又還」，傅本作「依前」。

【編　年】

元豐四年辛酉（一〇八一年）春，作於黄州。案：朱孝臧《東坡樂府》卷二依王文誥說，編元祐二年丁卯（一〇八七年）。龍本、曹本及近人選本，均依朱説。邱俊鵬《蘇軾〈水龍吟·次韻章質夫楊花詞〉瑣談》及劉崇德《蘇軾「楊花詞」繫年考辨》，均考證爲元豐四年春作于黄州（邱文見一九八二年四川人民出版社版《東坡詞論叢》，劉文見中國社會科學出版社版《文學評論叢刊》第十八輯）。二文論述頗詳，較爲可信。

【考　辨】

《全宋詞》詞後註：「案此首别誤作周邦彦詞，見《詞學筌蹄》卷一。」案：此詞爲蘇軾名篇，現行諸本《東坡詞》均收，歷代選本也作蘇軾詞。現行諸本周邦彦《片玉集》均不載，《全宋詞》周邦彦集亦列入存目詞類。《詞學筌蹄》作周邦彦，誤。羅忼烈《周邦彦清真集箋》上編亦云：「東坡《水龍吟》楊花詞，《詞學筌蹄》亦居然題清真作，尤謬。」見附錄詞《憶秦娥》（雙溪月）附記。

【箋　註】

①章質夫：名楶，浦城人。生於天聖五年（一〇二七年），治平二年（一〇六五年）進士。哲宗朝，歷集賢殿修撰，知渭州，進端明殿學士。徽宗建中靖國元年（一一〇一年），除同知樞密院事。崇寧元年（一一〇二年），以資政殿學士、中太乙宫使卒，謚莊簡。《宋史》卷三二八有傳。其詠楊花《水龍吟》，是傳誦一時名作。原文如下：「燕忙鶯懶花殘，正堤上、柳花飄墜。輕飛亂舞，點畫青林，全無才思。（此三句一作『輕飛點畫青林，誰道全無才思』）閒趁游絲，靜臨深院，日長門閉。傍珠簾散漫，垂垂欲下，依前被、風扶起。　蘭帳玉人睡覺，怪春衣、雪霑瓊綴。繡

牀旋滿，香毬無數，才圓卻碎。時見蜂兒，仰沾輕粉，魚吹池水。望章臺路杳，金鞍遊蕩，有盈盈淚。」

②非花：白居易《花非花》詞：「花非花，霧非霧。」亦詠女性。

③「也無」句：言無人愛惜楊花，任使其隨風飄墜。　從：任也。李白《白頭吟》：「莫捲龍鬚枕，從他生網絲。」

教：使也。

④有思：有情。

⑤「夢隨」四句：金昌緒（一作蓋嘉運）《春怨》：「打起黄鶯兒，莫教枝上啼。啼時驚妾夢，不得到遼西。」詩寫少婦思夫，此用其意。

⑥難綴：難以收拾。

⑦萍碎：蘇軾自注：「楊花落水爲浮萍，驗之信然。」其《再次韻曾仲錫荔支》詩亦有「柳花着水萬浮萍」句，並自注云：「柳至易成，飛絮落水中，經宿即爲浮萍。」其《予少年頗知種松，手植數萬株……》亦有「明年飛絮作浮萍」句。陸佃《埤雅》卷一六《釋草》「萍」下云：「世説楊花入水化爲浮萍。」案：此説有誤。詳見「參考資料」（四）。

⑧「春色」三句：李調元《雨村詞話》卷一：「宋初葉清臣，字道卿，有《賀聖朝》詞云：『三分春色二分愁，更一分風雨。』東坡《水龍吟》演爲長（短）句云：『春色三分，二分塵土，一分流水。』神意更遠。」

【參考資料】

宋·蘇軾《蘇軾文集》卷五五《與章質夫三首》之一：「《柳花》詞妙絶，使來者何以措詞？本不敢繼作，又思公正柳花飛時出巡按，坐想四子，閉門愁斷，故寫其意，次韻一首寄去，亦告不以示人也。《七夕》詞亦錄呈。」

（一）關於蘇詞與章詞高下的評論

宋·魏慶之《詞人玉屑》卷二一：「章質夫詠楊花詞，東坡和之。晁叔用以爲『東坡如毛嬙、西施，淨洗腳面，與天下婦人鬥好，質夫豈可比』，是則然矣。余以爲質夫詞中，所謂『傍珠簾散漫，垂垂欲下，依前被、風扶起』，亦可謂曲盡楊花妙處。東坡所和雖高，恐未能及。詩人議論不公如此耳。」

宋·朱弁《曲洧舊聞》卷五：「章楶質夫作《水龍吟·詠楊花》，其命意用事，清麗可喜。東坡和之，若豪放不入律呂。徐而視之，聲韻諧婉，便覺質夫詞有織繡工夫。」

宋·曾季貍《艇齋詩話》：「東坡和章質夫楊花詞云：『思量卻是，無情有思』，用老杜『落絮遊絲亦有情』也（杜甫《白絲行》詩句）。『夢隨風萬里，尋郎去處，依前被、鶯呼起』，即唐人詩云：『打起黃鶯兒，莫教枝上啼。幾回驚妾夢，不得到遼西。』『細看來不是楊花，點點是離人淚』，即唐人詩云：『時人有酒送張八，惟我無酒送張八。君有陌上梅花紅，盡是離人眼中血。』皆奪胎換骨手。質夫詞亦自佳。」

宋·張炎《詞源》卷下《雜論》：「詞不宜强和人韻。若倡者之曲韻寬平，庶可賡歌；倘韻險，又爲人所先，則必牽强賡和，句意安能融貫？徒費苦思，未見有全章妥溜者。東坡次韻章質夫楊花《水龍吟》韻，機鋒相摩，起句便合讓東坡出一頭地，後片愈出愈奇，真是壓倒今古。」又：「東坡詞如《水龍吟》

詠楊花……等作，皆清麗舒徐，高出人表。」

明·楊慎《草堂詩餘》：「坡公詞瀟灑出塵，勝質夫千倍。」又云：「質夫詞，工手；坡老詞，仙手。」

明·張綖《草堂詩餘後集別錄》：「質夫建功戎馬，亦人豪也。此詞（指章詞）詠楊花，形容曲盡，工于鉛槧之士，萬不能及。東坡復書云：『柳花詞絶妙，使來者何以措詞。』然坡翁和『閉』字：『縈損柔腸，困酣嬌眼，欲開還閉』；和『水』字：『春色三分，二分塵土，一分流水』，殆若禁體詩，然亦可謂絶妙矣，何謂無措詞乎？」

明·卓人月《古今詞統》卷一四：「必欲詘章而伸蘇，亦非公論。」又：「人謂『大江東去』之粗豪，不如『曉風殘月』之細膩。如此調又進柳妙處一塵矣。」

清·許昂霄《詞綜偶評》：「與原作均是絶唱，不容妄爲軒輊。」

近人王國維《人間詞話》卷上：「東坡《水龍吟》詠楊花，和韻而似原唱；章質夫詞，原唱而似和韻。才之不可强也如是。」又：「咏物之詞，自以東坡《水龍吟》爲最工。」

（二）關於「細看來」句的斷句問題

清·王又華《古今詞論》：「毛稚黄曰：《水龍吟》『細看來不是楊花，點點是離人淚。』調則當是『點』字斷句，意則當是『花』字斷句。文自爲文，歌自爲歌，然歌不礙文，文不礙歌，是坡公雄才自放處。他家間亦有之，亦詞家一法。」

清·萬樹《詞律》卷一六引辛棄疾《水龍吟》（楚天千里清秋）：「後結『倩何人』，五字句；『紅巾』，四字句；『搵英雄淚』，四字句。此一定鐵板矣。東坡云：『細看來不是，楊花點點，是離人淚』，句法本同。《嘯餘》誤讀『不是楊花』作分句，下六字作兩句，故卓氏《晤歌》從之；而沈氏亦謂此詞，句豆原不同。究之何嘗不同乎？」

清・厲鶚《手批詞律》：「東坡此詞雖和質夫作，而結句確不同章詞讀法。此十三字一氣，大抵用一五兩四句法者居多，而作一七兩三者，亦非絕無之事也。蘇詞句法，本是如此，語意何等明快！若依紅友（萬樹）『一定鐵板』，則既云『細看來不是』矣，下文當直云『點點是離人淚』耳，何復贅『楊花』二字也。且禿然于『是』字斷句，語氣亦攔拉不住。」

清・先著《詞潔》卷五：「《水龍吟》末後十三字，多作五、四、四，此作七、六，有何不可？近見論譜者于『細看來不是』及『楊花點點』下分句，以就五四四之印板死格，遂令坡公絕妙好詞不可文理。」又云：「起句入魔，『非花』矣而又『似』，不成句也。『拋家傍路』四字欠雅。『綴』字趁韻，不穩。『曉來』以下，真是化工神品。」

（三）對於本詞的箋評

宋・張炎《詞源》卷下《句法》：「詞中句法，要平妥精粹。一曲之中，安能句句高妙？只要拍搭襯副得去，於好發揮筆力處，極要用工，不可輕易放過，讀之使人擊節可也。如東坡《楊花詞》云：『似花還似非花，也無人惜從教墜。』又云：『春色三分，二分塵土，一分流水。』……此皆平易中有句法。」

宋・沈義父《樂府指迷》：「近世作詞者不曉音律，乃故爲豪放不羈之語，遂借東坡、稼軒諸賢自諉。諸賢之詞，固豪放矣，不豪放處，未嘗不叶律也。如東坡之《哨徧》、「楊花」《水龍吟》，稼軒之《摸魚兒》之類，則知諸賢非不能也。」

明·沈際飛《草堂詩餘正集》卷五：「『隨風萬里』、『尋郎』，悉楊花神魂。」又云：「使以將軍鐵板來唱『大江東去』，必至江波鼎沸；若此詞，更進柳妙處一塵矣。」又云：「讀他文字，精靈尚在文字裏面；坡老只見精靈，不見文字。」

明·李廷機《草堂詩餘評林》卷三：「古詩：『輕飛不假風，輕落不委地。撩亂惹情空，廢人無限思。』可爲此評。」

明·李攀龍《草堂詩餘雋》：「如虢國夫人不施粉黛，而一段天姿，自是傾城。」

清·沈謙《填詞雜説》：「東坡『似花還似非花』一篇，幽怨纏綿，直是言情，非復賦物。」

清·黄蓼園《蓼園詞選》：「首四句是寫楊花形態；『縈損』以下六句，是寫望楊花之人之情緒。二闋用議論，情景交融，筆墨入化，有神無迹矣。」

清·劉熙載《藝概》卷四《詞曲概》：「鄰人之笛，懷舊者感之；斜谷之鈴，溺愛者悲之。東坡《水龍吟·和章質夫詠楊花》云：『細看來、不是楊花，點點是離人淚。』亦同此意。」又：「東坡《水龍吟》起云：『似花還似非花』，此句可作全詞評語，蓋不離不即也。」

清·陳廷焯（世焜）《雲韶集》卷二：「淋漓曲折，躊躇滿志，詞中能事，至斯已極。」又·《詞則·大雅集》卷二：「身世流離之感而出以溫婉語，令讀者喜悦悲歌，不能自已。」

清·吳衡照《蓮子居詞話》卷一：「楊升庵《詞品》云：『詞人語意所到，間有參差，或兩句作一句，或一句作兩句。惟妙於歌者，上下縱橫取協。』此言篤論，如曲子家之有活板眼也。東坡『小喬初嫁了，雄姿英發』，『細看來不是楊花，點點是離人淚』等處，皆當以此說通之。若契舟膠柱，徐虹亭所謂髯翁命宮磨蝎，身後又硬受此差排矣。」

清·謝章鋌《賭棋山莊詞話》卷四：「東坡《念奴嬌》（大江東去闋）、《水龍吟》（似花又似非花闋）……等篇，其句法連屬處，按之律譜，率多參差。即謹嚴雅飭如白石，亦時有出入。若《齊天樂》（詠蟋蟀闋）末句可見，細校之不止一二數也。蓋詞人筆興所至，不能不變化。」

近人鄭文焯《手批東坡樂府》：「煞拍畫龍點睛，此亦詞中一格。」

近人陳匪石《宋詞舉》卷下：「東坡詞如天馬行空，其用意、用筆及取神遺貌，最不可及。此詞詠楊花耳，許多話又被質夫說過。觀其起句『似花還似非花』，從空處着想，卻覺其他之花借用不得。楊花未辭樹前，無可玩賞，無人愛惜，及其飄墜，始動人情感。『也無人惜從教墜』七字，實與上句同一天生妙文，以下便從『墜』字說入。『拋家傍路』是『墜』。『思量卻是，無情有思』，由無情說到有情，『墜』後思量，又爲『也無人惜』下一轉語。『縈損』八字，楊花之動人處，將『有思』二字坐實。『欲開還閉』，又寫『墜』時情態，爲『有思』之由。『夢隨風萬里』四句，再以楊花神魂申說情思，而飛去飛還，忽起忽落之致，雖描寫入微，卻極渾化，此他人所不能也。前遍楊花正面說完，故過變即說『開盡』。先以『不恨此花開盡』作一曲筆，而『恨……落紅難綴』，又以襯筆作轉筆。以下轉入楊花去路。『曉來』三句，用『柳花入水，經宿化萍』故實，着『遺踪何在』一語，便令人黯然魂斷。『春色』三句，承化萍說。沾泥入水，歸途無定，而溷入泥土者較多。意既補足，語亦名儁超脱，爲千古絶唱。特由一氣卷舒，町畦化盡，故仍有渾灝之象，否則作算博士語，一挑半剔，非傷薄，即傷纖。東坡此等處，卻不許人捧心也。『細看來』以下，以翻爲收，更進一層說法。『離人』之『淚』，近承『流水』，遥應『尋郎』，於法極密，而意亦悠悠不盡。張炎曰：『後段愈出愈奇，壓倒今古。』晁叔用曰：『毛嬙、西施，淨洗卻（案：當爲「腳」）面與天下婦人鬥好。』愚謂此固東坡妙處，然統觀全篇，格律精細，固不容豪放者藉口；而緊着題融化不澀，亦詠物之正法眼藏。誰謂才大者不受羈勒哉！」

（四）「楊花入水化爲萍」說，非是

宋·姚寬《西溪叢話》卷下：「楊、柳二種，楊樹葉短，柳樹葉長，花即初發時黄蘂，子爲飛絮，今絮中有小青子，着水泥沙灘上，即生小青牙，乃柳之苗也。東坡謂絮化爲浮萍，誤矣。」

清·王念孫《廣雅疏證》卷一〇上：「浮萍，淺水所生，有青紫二種，或背紫面青。俗謂楊花落水，經宿爲萍。其説始於陸佃《埤雅》及蘇軾《再和曾仲錫荔枝詩》。案楊花之飛，多在晴日，浮萍之生，恒於雨後，稽之物情，頗爲不合。且楊花飛於二月、三月，而《夏小正》云：七月湟潦生萍，則時無楊花，萍亦自生，足以明其説之謬矣。」

水調歌頭

歐陽文忠公嘗問余〔一〕：琴詩何者最善？答以退之《聽穎師琴》詩最善〔二〕①。公曰：此詩最奇麗〔三〕，然非聽琴〔四〕，乃聽琵琶也〔五〕。余深然之。建安章質夫家善琵琶者，乞爲歌詞。余久不作，特取退之詞，稍加隱括②，使就聲律〔六〕，以遺之云〔七〕③

昵昵兒女語④，燈火夜微明。恩怨爾汝來去〔八〕⑤，彈指淚和聲⑥。忽變軒昂勇士⑦，一鼓填然作氣⑧，千里不留行〔九〕⑨。回首暮雲遠⑩，飛絮攪青冥⑪。衆禽裏⑫，真彩鳳，獨不鳴。躋攀寸步千險〔一〇〕⑬，一落百尋輕。煩子指間風雨⑭，置我腸中冰炭，起坐不能平。推手從歸去〔一一〕⑮，無淚與君傾。

【校勘】

〔一〕題首原有「公舊序云」四字，據元本、朱本、龍本、曹本刪。

〔二〕元本無「最善」二字。

〔三〕「最」，元本作「固」。

〔四〕傅本「琴」下有「也」字。

〔五〕元本「琵琶」下有「詩」字。

〔六〕「聲」，傅本作「音」。

〔七〕二妙集、毛本無「云」字。

〔八〕「怨」原作「冤」，據元本、朱本、龍本、曹本改。

〔九〕「留」，明刊全集作「流」。

〔一〇〕「寸步」，傅本作「分寸」。

〔一一〕「歸」，毛本作「君」。

【編　年】

元豐四年辛酉（一〇八一年）三月作於黃州。案此詞王文誥《蘇詩總案》編元祐二年丁卯（一〇八七年）四月作於東京。朱本、龍本、曹本並從《蘇詩總案》。蘇軾在黃州寫給朱康叔的第二十封信中有「章質夫求琵琶歌詞，不敢不寄呈」（見《蘇軾文集》卷五九），可知此詞定作於黃州。孔《譜》卷一九云：元豐三年九月末，章楶提典湖北刑獄，與蘇軾會晤武昌（今湖北鄂城市）傳舍。又卷二〇云：元豐四年三月，「賦《水調歌頭》寄章楶（質夫）。又嘗作枯木拳石叢篠寄楶。又嘗有簡於楶，贊縣令徐軻。」「《文集》卷五十九《與朱康叔》第二十簡云楶：『求琵琶歌詞，不敢不寄呈。』簡約作於本年，以去年楶來，明年壽昌（康叔）離任也。」詞也應作於同時。今依孔《譜》編元豐四年三月。薛本定於元豐五年正月作。其時章楶蓋至成都轉運使任，朱康叔尚在鄂州任。可參看。

【箋　註】

① 韓愈《聽穎師彈琴》詩：「昵昵兒女語，恩怨相爾汝。劃然變軒昂，勇士赴敵場。浮雲柳絮無根蒂，天地闊遠隨飛揚。喧啾百鳥羣，忽見孤鳳凰。躋攀分寸不可上，失勢一落千丈强！嗟余有兩耳，未省聽絲篁。自聞穎師彈，起坐在一旁。推手遽止之，濕衣淚滂滂。穎乎爾誠能！無以冰炭置我腸。」

② 檃括：原爲矯正木竹彎曲的工具。引申爲依詩文原有的內容和情節剪裁、改寫成另一種體裁的作品。此指將韓愈的詩改寫成詞。

③ 使就聲律：使它符合音樂。韓詩不能配樂歌唱，現在改寫成符合音樂要求的詞，便可供人歌唱。

④ 昵昵：親密，親近。「昵」，同暱，《逸周書》：「昵之以觀其不狎。」

⑤ 恩怨：恩愛。「怨」，出於相愛的責怨。黄庭堅《聽宋宗儒摘阮歌》：「深閨洞房語恩怨，紫燕黄鸝韻桃李。」爾汝：彼此親昵，不拘形迹。《世説新語》卷上《言語》：「禰衡被魏武帝謫爲鼓吏」注引《文士傳》：「少與孔融作爾汝之交，時衡未滿二十，融已五十。」杜甫《醉時歌》：「忘形到爾汝，痛飲真吾師。」

⑥ 彈指：一彈指的省略，極言時間短暫，猶言一忽兒。王維《能禪師銘》：「彈指不留，水流燈焰。」淚和聲：此當指由於彼此親昵喜歡而假意哭鬧。前四句即韓詩「昵昵兒女語，恩怨相爾汝」意。

⑦ 軒昂：高昂。柳宗元《招海賈文》：「舟航軒昂兮，下上飄鼓。」

⑧ 一鼓作氣：比喻趁士氣旺盛時，一舉成事。《左傳·莊公十年》：「夫戰，勇氣也，一鼓作氣，再而衰，三而竭。」填然：《孟子·梁惠王上》：「填然鼓之。」注：「填，鼓音也。兵以鼓進，以金退。」

⑨ 千里不留行：《莊子·説劍》：「（趙文）王曰：『子之劍何能禁制？』（莊子）曰：『臣之劍，十步一人，千里不留行。』」成玄英《疏》：「其劍十步殺一人，一去千里，行不留住，鋭快如是，寧有敵乎！」以上三句，形容樂聲高亢，感情激昂。即韓愈詩「劃然變軒昂，勇士赴敵場」意。

⑩ 「回首暮雲」句：王維《觀獵》：「回看射雕處，千里暮雲平。」

⑪ 青冥：天空。《楚辭·九章·悲回風》：「據青冥而攄虹兮，遂倏忽而捫天。」以上兩句形容意境開闊，像風飄浮雲和柳絮，漫天飛揚。即韓詩「浮雲柳絮無根蒂，天地闊遠隨飛揚」意。

⑫ 「衆禽裏」三句：韓詩原爲「喧啾百鳥群，忽見孤鳳凰」。叙述樂聲如百鳥齊鳴，其中鳳凰之聲尤爲動聽。清人李憲喬稱爲「寫聲至矣！亦可見琴德之高」。（清·方世舉《韓昌黎詩編年箋注》錄李憲喬評點）而這裏卻説「真彩鳳，獨不鳴」，意在言外。

⑬ 「躋攀」兩句：寫樂聲逐步升到最高音階，陡然降落到最低音階。即韓詩「躋攀分寸不可上，失勢一落千丈强」意。

躋攀：攀登向上。　百尋：形容極高。古以八尺爲尋。

⑭「煩子」三句：指間風雨：喻用手演奏的樂曲。　腸中冰炭：寫聽演奏時内心感情的激烈變化。《莊子·人間世》：「事若成，則必有陰陽之患。」郭象注：「人患雖去，然喜懼戰於胸中，固已結冰炭於五藏（臟）矣。」陶淵明《雜詩十二首》之四：「孰若當世士，冰炭滿懷抱。」　起坐：激動得起坐不定。此三句即韓詩「穎乎爾誠能，無以冰炭置我腸」及「自聞穎師彈，起坐在一旁」等句意。

⑮「推手」二句。推手：打手勢。　無淚與君傾：寫音樂感人之深，聽者爲之流盡眼淚。此二句即韓詩「推手遽止之，濕衣淚滂滂」而略有變化，顯得感情更爲强烈。

【參考資料】

宋·李頎《古今詩話》：「《水調歌頭》，東坡居士聽琵琶而作也。舊都野人曰：『此詞自外取意，無一字染着，後學卒未到其閫域，反復味之，見居士之文採竊處：「昵昵兒女語」，取白樂天「小絃切切如私語」意；「忽變軒昂勇士，一鼓填然作氣，千里不留行」，便是「銀瓶乍破水漿迸，鐵騎突出刀鎗鳴」；「攜手從歸去，無淚與君傾」，則又翻「江州司馬青衫濕」公案也。子瞻凡爲文，非徒虛語。「寸步千險，一落百尋輕」之句，皆自喻耳。後人吟咏，患思而不得，既得之，爲題意纏縛，不解點化者多矣。』」

宋·胡仔《苕溪漁隱叢話前集》卷一六「東坡嘗因章質夫家善琵琶者乞歌詞，亦取退之《聽穎師琴詩》，稍加檃括，使就聲律，爲《水調歌頭》以遺之，其自序云：『歐公謂退之此詩最奇麗，然非聽琴，乃聽琵琶耳。』觀此，則二公皆以此詩（韓愈《聽穎師琴詩》）爲聽琵琶矣。」

又·《苕溪漁隱叢話後集》卷一〇：「舊都野人乃謂此詞自外取意，無一字染着。彼蓋不曾讀退之詩，妄爲此言也。又謂居士之文採竊處，取白樂天《琵琶行》意，此尤可絶倒也。」

宋·樓鑰《攻媿集》卷五《謝文思許尚石函廣陵散譜詩後記》：「韓文公《聽穎師彈琴詩》，幾爲古今絶唱。前十句形容曲盡，是必爲《廣陵散》而作，他曲不足以當此。歐公以爲《琵琶詩》，而蘇公遂檃括爲《琵琶詞》。二公皆天人，何敢輕議，然俱非深於琴者也。」

宋·劉克莊《後村題跋》卷四：「檃括他人之作，當如漢王晨入信耳軍，奪其旗鼓，蓋其作略氣魄，固已陵暴之矣，坡公此詞是也。他人勉强爲之，氣盡力竭，在此則指麾呼喚不來，在彼則頡頏偃蹇不受令，勿可作也。但韓詩云『濕衣淚滂滂』，坡詞前云『彈指淚縱横』，後云『無淚與君傾』，或以爲復。予曰：前句雍門之哭也，後句昭文之不鼓也，結也，非復也。」

明·沈際飛《草堂詩餘别集》卷三：「永叔有眼，子瞻有手，退之有知音。」又：「其緩調高彈，急節促撾，可以目聽。」

清·彭遜遹《詞統源流》：「至檃括體，亦不可作也，不獨《醉翁操》如嚼蠟，即子瞻改琴詩，『琵琶』字不現，畢竟是全首説夢。」

少年遊　端午贈黄守徐君猷〔一〕①

銀塘朱檻麴塵波②。圓緑卷新荷。蘭條薦浴③，菖花釀酒〔二〕④，天氣尚清和⑤。　好將沉醉酬佳節⑥，十分酒、十分歌〔三〕。獄草煙深⑦，訟庭人悄，無吝宴遊過。

【校　勘】

〔一〕此詞吳本卷上及《拾遺》兩載互見，文字小異。《拾遺》調作《畫堂春》，題上有「元豐五年」四字，此從卷上。

〔二〕「花」，《拾遺》作「荷」。

〔三〕「十」，傅本、元本、《拾遺》作「一」。「分」，《拾遺》作「聲」。

【編　年】

元豐四年辛酉（一〇八一年）五月五日，作於黄州。傅藻《東坡紀年錄》：「元豐四年辛酉，端午作《少年遊》贈徐君猷。」案：此詞《拾遺》題作「元豐五年端午贈黄守徐君猷」，與《紀年錄》有別，錄存備考。

【箋　註】

① 端午：農曆五月初五。亦作「端五」、「重五」、「端陽」。唐·徐堅《初學記》卷四引晉·周處《風土記》：「仲夏端午，烹鶩角黍。」注云：「端，始也，謂五月五日。」

② 麴塵：麴上生菌，色淡黄如塵，因以稱淡黄色。也作「鞠塵」。《周禮·天官·内司服》「鞠衣」鄭玄注：「黄桑服也，色如鞠塵，象桑葉始生。」白居易《山石榴寄元九》：「千芳萬葉一時新，嫩紫殷紅鮮麴塵。」

③ 「蘭條」句：《大戴禮記》卷二《夏小正》：五月五日「蓄蘭爲沐浴也」。屈原《九歌·雲中君》：「浴蘭湯兮沐芳，華采衣兮若英。」

④ 「菖花」句：菖，水草名，又名菖蒲，有香氣，根可入藥。用其浸製藥酒，服之可避瘟氣。宗懔《荆楚歲時記》：「端午節以菖蒲一寸九節者，泛酒以辟瘟氣。」傅注：「近世五月五日必以菖蒲漬酒而飲，謂之飲浴。」

⑤ 天氣清和：天氣清明和暖，泛指暮春初夏天氣。曹丕《槐賦》：「伊暮春之既替，即首夏之初期。……天清和而溫潤，氣恬淡以安治。」謝靈運《遊赤石進帆海》：「首夏猶清和，芳草亦未歇。」

⑥ 「好將」句：杜牧《九日齊山登高》：「但將酩酊酬佳節，不用登臨恨落暉。」

⑦ 「獄草」三句：贊徐君猷治黄州有政績，無囚犯而獄中草深，少訴訟而訟庭人悄，故可不吝宴遊矣。

南鄉子　重九涵輝樓呈徐君猷①

霜降水痕收②。淺碧鱗鱗露遠洲。酒力漸消風力軟〔一〕，颼颼③。破帽多情卻戀頭④。佳節若爲酬⑤。但把清尊斷送秋。萬事到頭都是夢⑥，休休。明日黄花蝶也愁⑦。

【校　勘】

〔一〕「力」，原作「日」，據諸本改。

【編　年】

元豐四年辛酉（一〇八一年）九月九日，作於黄州。案：此詞傅藻《東坡紀年録》編元豐五年壬戌，朱本、龍本、曹本並從《紀年録》。王文誥《蘇詩總案》卷二〇編元豐三年九月九日，並以《紀年録》爲非（見卷二一《醉蓬萊》王文誥案語）。孔《譜》、薛本編元豐四年九月九日。薛本從蘇軾《與王定國書》考證出「此詞作於辛酉九月，決不可移」。今從孔《譜》並薛本編年。

【箋　註】

① 《蘇軾文集》卷五二《與王定國書》之一二云：「重九日，登棲霞樓，望君淒然，歌《千秋歲》，滿坐識與不識，皆懷君。

遂作一詞云：『霜降水痕收，……明日黄花蝶也愁。』其卒章則徐州逍遥堂中夜與君和詩也。」信中言此詞係重九登棲霞樓有懷王定國作，而詞題云「重九涵輝樓呈徐君猷」，孔《譜》云：「棲霞樓即涵輝樓。」但《方輿勝覽》卷五〇《黄州》下既舉涵輝樓，又列棲霞樓，則兩者不同。　涵輝樓：明弘治《黄州府志》卷四：「涵輝樓，在古城内。宋·韓魏公有詩。張孝祥取《赤壁賦》中語，大書其榜曰『無盡藏樓』。後有坐嘯堂及無倦、味道二齋，悉毁。」宋·韓琦《涵輝樓詩》：「臨江三四棲，次第壓城首。山光遍軒楹，波影撼窗牖。」棲霞樓：宋·祝穆《方輿勝覽》卷五〇《黄州》：「棲霞樓在儀門外之西南，軒豁爽塏，爲一郡奇景。蘇子瞻所爲賦《鼓笛慢》者也。」　徐君猷：《蘇軾詩集》卷二一《太守徐君猷通守孟亨之皆不飲酒以詩戲之》施注：徐君猷，名大受，東海人。東坡來黄州，君猷爲守，厚禮之，無遷謫意。君猷秀惠，列屋杯觴流行，多爲賦詞，滿去而殂。坡有祭文挽詞，意甚悽惻。弘治《黄州府志》卷五：「徐君猷，元豐間知黄州，崇儒重道，下士愛民。蘇軾謫居黄，與弟子由書云：『舉目無親，君猷一見如骨肉。』」

② 水痕：杜甫《冬深》詩：「早霞隨類影，寒水各依痕。」「水痕收」，指水位降低了。

③ 颼颼：《初學記》卷一引應劭《風俗通義》：「微風曰飋，小風曰颼。」此形容風聲。

④ 「破帽多情」句：杜甫《九日藍田崔氏莊》：「羞將短髮還吹帽，笑倩傍人爲正冠。」宋·陳鵠《耆舊續聞》卷二引《三山老人語錄》云：「從來九日用落帽事，東坡獨云：『破帽多情卻戀頭』，尤爲奇特，不知東坡用杜子美詩：『羞將短髮還吹帽，笑倩傍人爲正冠』。」落帽：典出陶淵明《晉故征西大將軍長史孟府君傳》：「九月九日，溫游龍山，參

佐畢集，四弟二甥咸在坐。時佐吏並著戎服。有風吹君（孟嘉）帽墮落，溫目左右及賓客勿言，以觀其舉止。君初不自覺，良久如廁。溫命取以還之。廷尉太原孫盛，爲諮議參軍，時在坐，溫命紙筆令嘲之。文成示溫，溫以著坐處。君歸，見嘲笑而請筆作答，了不容思，文辭超卓，四座歎之。」

⑤「佳節」二句：杜牧《九日齊安登高》：「但將酩酊酬佳節，不用登臨恨落暉。」此用杜牧詩意。若爲酬：如何應酬。

⑥「萬事到頭」句：傅注引潘閬詩：「須信百年都是夢，莫嗟萬事不如人。」按，句出《樽前勉兄長》，又作「萬事到頭都是夢，休嗟百計不如人。」見《永樂大典》輯本《逍遙集》。

⑦「明日黃花」句：鄭谷《十日菊》詩：「節去蜂愁蝶不知，曉庭還繞折殘枝。」謂重九已去，花悴香銷，蝶尚不知愁也。蘇詞反其意而用之，謂明日黃花將衰，蝶也知愁。蘇軾《九日次韻王鞏》詩亦曾用此句云：「相逢不用忙歸去，明日黃花蝶也愁。」足見此係作者自鳴得意之句。

【參考資料】

宋·釋惠洪《冷齋夜話》卷一：「山谷云：詩意無窮，而人之才有限；以有限之才，追無窮之意，雖淵明、少陵不得工也。然不易其意而造其語，謂之換骨法；窺入其意而形容之，謂之奪胎法。如鄭谷《十月菊》曰：『自緣今日人心別，未必秋香一夜衰。』此意甚佳，而病在氣不長。西漢文章雄深雅健者，其氣長故也。曾子固曰：『詩當使人一覽語盡而意有餘，乃古人用心處。』所以荊公菊詩曰：

『千花萬卉凋零後，始見閒人把一枝。』東坡則曰：『萬事到頭終是夢，休休，明日黄花蝶也愁。』……皆换骨法也。」

宋·陳知柔《休齋詩話》：「唐人嘗詠《十日菊》：『自緣今日人心别，未必秋香一夜衰』，世以爲工，蓋不隨物而盡；如『酒盞此時須在手，菊花明日使愁人』，自覺氣不長耳。東坡亦云：『休休，明日黄花蝶也愁』也。然雖變其語，終有此過，豈在謫所遇時感慨，不覺發是語乎？」

明·張綖《草堂詩餘後集别録》：「《南鄉子》尾句：『休休，明日黄花蝶也愁』，翻案鄭谷詩句，而意殊衰颯。」

明·沈際飛《草堂詩餘正集》卷二：「自來九日多用落帽，東坡不落帽，醒目。」又：「東坡升沉去住，一生莫定，故開口説夢。如云：『人生如夢』，『世事一場大夢』，『未轉頭時皆夢』，『古今如夢，何曾夢覺』，『君臣一夢，今古虚名』，屢讀之，胸中鄙吝自然消去。」

明·潘游龍《精選古今詩餘醉》卷一：「自來九日多用落帽，此不落帽，更佳。」

清·馮金伯《詞苑萃編》卷二引沈東江（謙）語：「東坡『破帽多情却戀頭』，翻龍山事，特新。」

清·陳廷焯《詞則·放歌集》卷一：「翻用落帽事，極疏狂之態。」

清·陳世焜《雲韶集》卷二：「用龍山落帽事，却用得風雅疏狂，此翻用成曲法。」

清·黄蓼園《蓼園詞選》：「『破帽戀頭』，語奇而穩；『明日黄花』句，自屬達觀。凡過去未來皆幾非在我，安可學蜂蝶之戀香乎？」

清·張宗橚《詞林紀事》卷五引樓敬思語：「九日詩詞，無不使落帽事者，總不若坡仙《南鄉子》詞，更爲翻新。」

滿江紅　寄鄂州朱使君壽昌〔一〕①

江漢西來，高樓下、蒲萄深碧②。猶自帶、岷峨雪浪〔二〕③，錦江春色④。君是南山遺愛守⑤，我爲劍外思歸客⑥。對此間、風物豈無情，殷勤説。　江表傳⑦，君休讀。狂處士⑧，真堪惜。空洲對鸚鵡⑨，葦花蕭瑟。不獨笑書生爭底事〔三〕，曹公黄祖俱飄忽⑩。願使君〔四〕、還賦謫仙詩，追黄鶴⑪。

【校　勘】

〔一〕原無題，據傅本、元本、朱本、龍本、曹本補。二妙集、毛本題無「壽昌」二字。

〔二〕「雪」，原作「雲」，據傅本、元本、朱本、龍本、曹本改。

〔三〕「不」，二妙集、明刊全集、毛本、龍本無。曹校：「按此句相當於本集同調各句，如『不用向佳人訴離恨』，『君不見蘭亭修禊事』及『君不見周南歌漢廣』等，以上皆爲八字句，且每句俱有『不』字。雖然，本集『衣上舊痕餘苦淚』，則作七字句，依徐本立《詞律拾遺》卷三，此調此句可作七字，亦可作八字。且依文義，以作八字句爲長，因不獨笑書生，亦笑曹公黄祖，故朱本亦作八字句。」

〔四〕「使」，傅本、元本無。

【編　年】

元豐四年辛酉（一〇八一年）深秋，作於黄州。朱本云：「是詞當在黄州作」，附編於元豐四年十二月所作《江城子》之後。龍本、曹本、石唐本並依朱本。薛本云：「總觀詞意，蓋朱壽昌離鄂州任赴提舉崇禧觀時的贈别之作。」編在元豐五年五六月間朱將移職時。案：細品詞意，此詞非爲送别之作，而是面對長江兩岸文化積澱深厚的古人古事，有感而發，向摯友朱壽昌傾吐肺腑，發泄自己貶官黄州的苦悶和牢騷。思想内涵主要在下片。作者選取和黄鶴樓有關的人和事加以品評，規勸毋須去研讀禰衡如何恃才傲物而被殺，以及曹操、黄祖如何嫉賢妒能而殺人。雖然這些人物有的值得同情，有的被人藐視，但必竟都是「飄忽」即逝的歷史過客。而應像崔顥、李白那樣致力文學創作，多寫好詩，才能流芳後代。以此抒發腹中鬱勃不平之氣。整首詞，猶如兩個敞開心扉的朋友在談心，毫無離情别緒的流露，故題作「寄」朱壽昌，而非「送」朱壽昌。詞中「葦花蕭瑟」，是蘇軾順手拈來的實景，故編元豐四年深秋。明年秋朱壽昌已離鄂州矣。

【箋　註】

① 鄂州：今湖北武昌市。《太平寰宇記》卷一一二《鄂州》一：鄂州，春秋屬楚，秦屬南郡，漢爲江夏郡，晉爲荆州，南

朝宋爲郢州，隋開皇九年（五八九年）改郢州，置鄂州。煬帝初改爲江夏郡，唐復置鄂州，宋因之，曰鄂州江夏郡。

② 「高樓」句：高樓：指黃鵠磯上之黃鶴樓。　蒲萄深碧：見《南鄉子》（晚景落瓊杯）註④。

③ 岷峨雪浪：見《南鄉子》（晚景落瓊杯）註③。

④ 錦江：又名流江、汶江，俗名府河，自四川郫縣分流至成都城南合郫江，折西南入彭山縣界。相傳蜀人織錦濯其中則色澤鮮豔，故名。杜甫《登高》：「錦江春色來天地，玉壘浮雲變古今。」

⑤ 南山遺愛守：《詩·小雅·南山有臺》：「南山有杞，北山有李。樂之君子，民之父母。樂之君子，德音不已。」《詩小序》：「《南山有臺》，樂得賢也。得賢則能爲邦家立太平之基矣。」作者用此贊美朱壽昌是行仁政的太守。遺愛：《左傳·昭公二十年》：「及子產卒，仲尼聞之，出涕曰：『古之遺愛也。』」杜預注：「子產見愛，有古人之遺風。」後亦謂仁政留於民間。

⑥ 劍外：劍閣（在今四川劍閣縣東北）以南蜀中地區。杜甫《聞官軍收河南河北》：「劍外忽傳收薊北，初聞涕淚滿衣裳。」此言自己的故鄉是四川。

⑦ 江表傳：書名，晉·虞溥撰，記述三國史實，吳國事蹟尤詳，南朝·宋·裴松之注《三國志》多徵引之。原二卷，已佚，今有清·王仁俊輯本。《江表傳》在此代指三國典籍。

⑧ 狂處士：指禰衡。《後漢書》卷八〇下《禰衡傳》：禰衡有才辯，而尚氣剛傲，好矯時慢物。孔融深愛其才，薦之與曹操。操喜，待之極晏。衡乃着布單衣，疏巾，手持三尺棁杖，坐大營門，以杖捶地大罵。操怒，謂融曰：「禰衡豎

子，孤殺之猶雀鼠耳。顧此人素有虚名，遠近將謂孤不能容之，今送與劉表，視當如何。」劉表及荆州士大夫先服其才名，甚賓禮之。後復侮慢於表，表恥不能容，以江夏太守黄祖性急，故送衡與之。後因辱駡黄祖，被祖主簿所殺。

⑨鸚鵡：謂鸚鵡洲。《太平寰宇記》卷一一二《鄂州》：「鸚鵡洲在大江東（江夏）縣西南二里。」又引《後漢書》云：「黄祖爲江夏太守時，黄祖長子射，大會賓客，有人獻鸚鵡于此洲，故爲名。」《輿地紀勝》卷六六《鄂州上》：鸚鵡洲爲「黄祖殺禰衡處。衡嘗作《鸚鵡賦》，故遇害之地得名」。其地在今武漢市西南面江中，今所見之鸚鵡洲，已非宋以前故地。

⑩「曹公黄祖」句：謂迫害禰衡的曹操、黄祖俱成歷史過客，飄忽逝去。飄忽：形容短暫，一閃即逝。曹植《洛神賦》：「體迅飛鳧，飄忽若神。」

⑪「願使君」三句：謫仙：謂李白。李白《對酒憶賀監詩序》：「太子賓客賀公（知章），於長安紫極宫一見余，呼余爲謫仙人，因解金龜换酒爲樂。」追黄鶴：崔顥曾題《黄鶴樓》詩：「昔人已乘黄鶴去，此地空餘黄鶴樓。黄鶴一去不復返，白雲千載空悠悠。晴川歷歷漢陽樹，芳草萋萋鸚鵡洲。日暮鄉關何處是，煙波江上使人愁。」李白欲擬之較勝負，乃作《登金陵鳳凰臺》詩：「鳳凰臺上鳳凰游，鳳去臺空江自流。吴宫花草埋幽徑，晉代衣冠成古丘。三山半落青天外，二水中分白鷺洲。總爲浮雲能蔽日，煙波江上使人愁。」此處作者借崔顥、李白故事，勉勵朱壽昌超然政治風雲，寄意文章事業，寫出好詩，追攀前賢。

浣溪沙

十一月二日〔一〕，雨後微雪，太守徐君猷攜酒見過，坐上作《浣溪沙》三首。明日酒醒，雪大作，又作二首〔二〕

覆塊青青麥未蘇①。江南雲葉暗隨車②。臨皋煙景世間無③。　雨腳半收檐斷線④，雪牀初下瓦跳珠〔三〕⑤。歸來冰顆亂黏鬚⑥。

【校　勘】

〔一〕「十一」，傅本、元本、朱本、龍本、曹本、《全宋詞》並作「十二」。

〔二〕傅本題末有「時元豐五年也」六字。

〔三〕「牀」，原作「林」，龍本據本詞墨跡改，較勝，今從之。「跳」，原作「疏」，據傅本、元本、朱本、龍本、曹本改。

【編　年】

元豐四年辛酉（一〇八一年）十一月二日，作於黃州。王文誥《蘇詩總案》卷二一：「元豐四年辛酉，十一月二日，雨後微雪，徐大受攜酒臨皋，坐上作《浣溪沙》詞。明日酒醒，雪大作，和前詞。」案：

傅藻《東坡紀年錄》作「元豐四年辛酉十二月二日」作。據《文集》卷五三《與陳季常》第一簡云：「今日見馬鋪報，公擇二十一日入光州界，計今已在光。輒於太守處借人持書約會於岐亭。某決用初一日早離州，初二日晚必造門。」《總案》亦謂十二月二日作者赴岐亭陳慥處與李常約會，不在黄州家中，故作「十一月二日」近是。朱本、龍本、曹本、薛本、孔《譜》均編十二月二日。另據傅本詞題，是詞應編元豐五年壬戌，王水照《評久佚重見的施宿〈東坡先生年譜〉》中説：「傅幹，南宋人。其言當有所據，似可從。」（見《中華文史論叢》一九八三年第三輯）吴雪濤《蘇詞編年考辨兩則》亦認爲：「這五首詞的寫作時間，應依傅注本的小注。」「只能是在元豐五年（一〇八二年）。傅注本的小序完全正確。」（見《河北師範大學學報》一九九三年第一期）均立論有據，言之成理，可備一説。

【箋註】

① 覆塊：言麥苗遮蔽田壟。作者《東坡八首》之五：「投種未逾月，覆塊已蒼蒼。」青青：韓愈《過南陽》詩：「南陽郭門外，桑下麥青青。」

② 雲葉暗隨車：陳・蔡凝《賦得春雲處處生詩》：「入風衣暫斂，隨車蓋轉輕。作葉還依樹，爲樓欲近城。」杜甫《夏夜李尚書筵送宇文石首赴縣聯句》：「雨稀雲葉斷，夜久燭花偏。」

③ 臨皋：亭名。見《南鄉子》（晚景落瓊杯）注①。此處風光宜人。蘇軾曾有《書臨皋亭》云：「東坡居士酒醉飯飽，倚于几上，白雲左繞，清江右洄，重門洞開，林巒坌入。當是時，若有思而無所思，以受萬物之備，慚愧！慚愧！」

（見《蘇軾文集》卷七一）

④ 雨腳：密集落地的雨點。賈思勰《齊民要術》卷二《胡麻》：「種欲截雨腳，一畝用子二升。」杜甫《茅屋爲秋風所破歌》：「牀頭屋漏無乾處，雨腳如麻未斷絶。」

⑤ 雪牀：雪珠，亦稱霰。龍箋引《汪穰卿筆記》言：在張文襄幕，見蘇文忠手書《浣溪沙》五首，「雪林初下瓦跳珠」句，「林」作「牀」。注：「京師俚語，霰爲雪牀。」

⑥ 冰顆亂黏鬚：杜荀鶴《早發》：「時逆帽簷風刮頂，旋呵鞭手凍黏鬚。」（傅注誤作唐·羅鄴詩）此指冰顆黏滿鬍鬚。

其二 前韻〔一〕

醉夢醺醺曉未蘇〔二〕。門前轣轆使君車〔三〕①。扶頭一盞怎生無②。　廢圃寒蔬挑翠羽③，小槽春酒凍真珠〔四〕④。清香細細嚼梅鬚⑤。

【校勘】

〔一〕傅本、元本、朱本、龍本、曹本無題。

〔二〕「醺醺」，元本、二妙集、朱本、龍本、曹本作「昏昏」。

〔三〕「轣轆」，原作「轆轆」，傅本、元本、朱本、龍本、曹本作「轣轆」。蘇軾《次韻舒教授寄李公擇》詩：「門前轣轆想君車。」似作「轣轆」義勝，今據改。

〔四〕「涑」，傅本、元本、朱本、龍本、曹本作「滴」。

【編年】

同前首。

【箋註】

①轣轆：《博雅》：「車軌道謂之轣轆。」

②扶頭：酒名，乃易醉之酒。白居易《早飲湖州酒寄崔使君》：「一榼扶頭酒，泓澄瀉玉壺。」

③寒蔬翠羽：杜甫《園官送菜》：「青青蔬嘉色，埋没在中園。」又《行官張望補稻畦水歸》：「芊芊炯翠羽，剡剡生銀漢。」此言從自家園圃裏挑選像翠羽般綠淨的冬日蔬菜下酒。

④「小槽」句：化用李賀《將進酒》詩句：「琉璃鍾，琥珀濃，小槽酒滴真珠紅。」

⑤梅鬢：傅注：「花香多在鬢間粉上。」此比喻口中寒蔬春酒的甘芳。

其　三　前韻〔一〕

雪裏餐氈例姓蘇①。使君載酒爲回車。天寒酒色轉頭無。　薦士已聞飛鶚表〔二〕②，報恩應不用蛇珠③。醉中還許攬桓鬚〔三〕④。

【校　勘】

〔一〕傅本、元本、朱本、龍本、曹本無題。

〔二〕「聞」，龍校：「墨跡聞作曾。注：公近薦僕於朝。」

〔三〕「桓」，原誤作「柏」，據諸本改。

【編　年】

同前首。

【箋　註】

① 餐氈：《漢書》卷五四《蘇武傳》：蘇武使匈奴，脅使降，武不可。匈奴乃幽武，置大窖中，絶其飲食。天雨雪，武卧齧雪，與旃毛並咽之，數日不死。匈奴以爲神，乃徙武北海上無人處，使牧羝，羝乳乃得歸。

②鶚表：孔融《薦禰衡表》：「鷙鳥累百，不如一鶚。使衡立朝，必有可觀。」據作者墨跡自注，徐君猷薦蘇軾於朝，故用孔融薦禰衡作比況。

③蛇珠：劉安《淮南子》卷六《覽冥訓》：「譬如隋侯之珠，和氏之璧，得之者富，失之者貧。」高誘注：「隋侯見大蛇傷斷，以藥傅之，後蛇於江中銜大珠以報之，因曰隋侯之珠，蓋明月珠也。」

④攬桓鬚：《晉書》卷八一《桓伊傳》：晉孝武帝末年，謝安婿王國寶用事，專利無檢行，安惡其爲人，每抑制之。於是國寶讒諛之計，稍行于主相之間，而好利險詖之徒，以安功名盛極，而構會之，嫌隙遂成。帝召伊飲讌，安侍坐，帝命伊吹笛，伊神色無迕，即吹爲一弄。伊又撫箏而歌怨詩曰：「爲君既不易，爲臣良獨難。忠信事不顯，乃有見疑患。周旦佐文武，《金縢》功不刊。推心輔王政，二叔反流言。」聲節慷慨，俯仰可觀。安泣下沾衿，乃越席而就之，捋其鬚曰：「使君於此不凡。」帝甚有愧色。案：此用謝安捋桓伊鬍鬚典故，表示對君猷薦己於朝的感激。

其四　再和前韻〔二〕

半夜銀山上積蘇①。朝來九陌帶隨車②。濤江煙渚一時無③。　空腹有詩衣有結④，溼薪如桂米如珠⑤。凍吟誰伴撚髭鬚⑥。

【校　勘】

〔一〕傅本、元本、朱本、龍本、曹本無題。

【編　年】

元豐四年辛酉（一〇八一年）十一月三日，作於黄州。

【箋　註】

① 積蘇：柴草堆。《列子》卷上《周穆王》：穆王遊化人之宫，「耳目所觀聽，鼻口所納嘗，皆非人間所有。王實以爲清都、紫微、鈞天、廣樂，帝之所居。王俯而視之，其宫榭若累塊積蘇焉。」

② 九陌：陌，街道。《三輔黄圖》卷二《長安八街九陌》引《三輔舊事》云：「長安城中八街、九陌。」駱賓王《帝京篇》：「三條九陌麗城隅，萬户千門平旦開。」　帶隨車：韓愈《詠雪贈張籍》：「隨車翻縞帶，逐馬散銀杯。」謂車過雪地，隨車轍翻出一條縞帶。

③ 煙渚：煙霧籠罩下的小島。孟浩然《宿建德江》：「移舟泊煙渚，日暮客愁新。」

④ 腹詩衣結：《晉書》卷九四《董京傳》：董京能詩，「逍遥吟詠，常宿白社中。時乞於市，得殘碎繒絮，結以自覆」，時號「百結衣」。白居易《效陶潛體十六首》其九：「原生衣百結，顔子食一簞。」此形容衣服破爛，補綴許多碎塊，但很能作詩。

⑤ 薪桂米珠：《戰國策》卷一六《楚三》：蘇秦之楚，對楚王曰：「楚國之食貴於玉，薪貴於桂，謁者難得見如鬼，王難

得見如天帝。」張協《雜詩十首》之一〇：「尺燼重尋桂，紅粒貴瑤瓊。」此形容物價昂貴，生活艱難。

⑥凍吟撚鬚：傅注引王維詩：「平旦東風騎蹇驢，旋呵凍手暖髭鬚。」（今本王維集不載。）盧延讓《苦吟》：「吟安一箇字，撚斷數莖鬚。」

其五　前韻〔一〕

萬頃風濤不記蘇①。雪晴江上麥千車②。但令人飽我愁無③。　翠袖倚風縈柳絮，絳唇得酒爛櫻珠④。尊前呵手鑷霜鬚。

【校　勘】

〔一〕傅本、元本、朱本、龍本、曹本無題。

【編　年】

同前首。

【箋　註】

①「萬頃」句：傅注：「舊注云：公有薄田在蘇，今歲爲風濤蕩盡。」《景蘇園帖》第五石刻此詞，首句下注「公田在蘇

州，今年風潮蕩盡」。

②麥千車：古有「豐年之冬多積雪」之語。此言今降瑞雪，來年定會收麥千車。陳·張正見《詠雪應衡陽王教詩》：「九冬飄遠雪，六出表豐年。」

③「但令」句：杜甫《茅屋爲秋風所破歌》：「嗚呼！何時眼前突兀見此屋，吾廬獨破受凍死亦足。」白居易《新製綾襖成感而有詠》：「爭得大裘長萬丈，與君都蓋洛陽城。」爲此句所祖。

④「翠袖」二句：柳絮：喻飛雪。劉義慶《世説新語》卷上《言語》：「謝太傅寒雪日内集，與兒女講論文義。俄而雪驟，公欣然曰：『白雪紛紛何所似？』兄子胡兒曰：『撒鹽空中差可擬。』兄女曰：『未若柳絮因風起。』公大笑樂。」絳唇、櫻珠：形容歌女唇小而紅，猶如櫻桃。　爛：鮮明。方干《贈美人四首》之一：「舞袖低徊真蛺蝶，朱唇深淺假櫻桃。」

江城子

大雪，有懷朱康叔使君〔一〕①，亦知使君之念我也。作《江神子》以寄之〔二〕

黄昏猶是雨纖纖。曉開簾。欲平檐。江闊天低、無處認青帘②。孤坐凍吟誰伴我？揩病目，撚衰髯。使君留客醉厭厭③。水晶鹽④。爲誰甜⑤？手把梅花、東望憶陶潛。雪似故人人似雪，雖可愛，有人嫌。

【校　勘】

〔一〕此詞傳本存目缺詞。題首原有「公舊序云」四字，據元本、毛本、朱本、龍本、曹本删去。

〔二〕「江神子」，元本、朱本、龍本、曹本作「此」。

【編　年】

元豐四年辛酉（一〇八一年）十二月，作於黄州。王文誥《蘇詩總案》卷二一：「元豐四年辛酉，十二月，雪中有懷朱壽昌作《江神子》詞。」

【箋　註】

① 朱康叔：即朱壽昌，時知鄂州。《宋史》卷四五六《朱壽昌傳》：朱壽昌字康叔，揚州天長人。曾通判陝州、荆南，權知岳州、閬州。又知鄂州，提舉崇禧觀，累官司農少卿，易朝議大夫，遷中散大夫，年七十而卒。壽昌勇於義，周人之急無所愛。又以孝聞天下，自王安石、蘇頌、蘇軾以下，士大夫爭爲詩美之。

② 青帘：古時酒店掛的青布幌子。鄭谷《旅寓洛南村舍》：「白鳥窺魚網，青帘認酒家。」

③ 醉厭厭：《詩經·小雅·湛露》：「厭厭夜飲，不醉無歸。」此指飲酒時氣氛安樂、祥和。

④ 水晶鹽：蕭繹《金樓子》卷五：「白鹽山，山峰洞澈，有如水精，及其映日，光似琥珀。胡人和之，以供國廚，名爲『君王鹽』，亦名『玉華鹽』。」《魏書》卷三五《崔浩傳》：「語至中夜，（太宗）賜浩縹醪酒十觚，水精戎鹽一兩。」李白《題東谿公幽居》：「客到但知留一醉，盤中衹有水晶鹽。」

⑤ 爲誰甜：曾季貍《艇齋詩話》：「東坡《雪》詩云：『水精鹽，爲誰甜？』鹽味不應言甜。以古樂府考之，言『白酒甜鹽』，則知鹽可言甜。」

水龍吟

閭丘大夫孝終公顯，嘗守黄州〔一〕①，作棲霞樓②，爲郡中勝絶〔二〕。元豐五年，余謫居於黄〔三〕。正月十七日，夢扁舟渡江，中流回望，樓中歌樂雜作，舟中人言，公顯方會客也。覺而異之，乃作此詞〔四〕。公顯時已致仕③，在蘇州

小舟横截春江，卧看翠壁紅樓起④。雲間笑語，使君高會⑤，佳人半醉。危柱哀絃⑥，豔歌餘響⑦，繞雲縈水。念故人老大，風流未減，獨回首〔五〕、煙波裏。推枕惘然不見，但空

江、月明千里。五湖聞道⑧，扁舟歸去，仍攜西子。雲夢南州⑨，武昌南岸〔六〕，昔遊應記。料多情病裏，端來見我⑩，也參差是⑪。

【校　勘】

〔一〕題首原有「公舊注云」四字，非作者所爲，據元本、毛本、朱本、龍本、曹本删去。「終」，原作「直」，據元本、朱本、龍本、曹本改。

〔二〕「郡」，原誤作「野」，據元本、二妙集、毛本、朱本、龍本、曹本改。

〔三〕「於」，傅本、元本、朱本、龍本、曹本無。

〔四〕「詞」，元本、朱本、龍本、曹本作「曲」，下並有「蓋越調鼓笛慢」六字。

〔五〕「獨」，傅本、元本、朱本、龍本、曹本作「空」。

〔六〕「南」，元本、朱本、龍本、曹本作「東」。

【編　年】

元豐五年壬戌（一〇八二年）正月，作於黄州。王宗稷《東坡先生年譜》：「元豐五年壬戌，先生年四十七，在黄州。夢扁舟望棲霞，作《鼓笛慢》。」傅藻《東坡紀年錄》：「元豐五年壬戌，正月十七日，夢扁舟渡江，中流回望棲霞樓中，歌樂雜作。舟中人言，公顯方會客。覺而異之，乃作《水龍吟》。」

【箋註】

① 閭丘大夫：見《浣溪沙》（一别姑蘇已四年）註①。

② 棲霞樓：宋初王義慶創建，閭丘孝終任黄州太守時重建，位於赤壁之上。王象之《輿地紀勝》卷四九《黄州·景物下》：「棲霞樓，在儀門之外西南，軒豁爽塏，坐挹江山之勝，爲一郡奇絶，東坡所謂賦《鼓笛慢》者也。又閭丘太守孝終公顯，嘗守黄州，作棲霞樓，爲郡中絶勝。東坡《次韻王鞏詩》云：『賓州在何處，爲子上棲霞。』」明弘治《黄州府志》卷四：「棲霞樓，舊志：在西南，宋李顯守黄州時建，坐挹江山之勝。昔人孫載詩：『地據淮西盡，江吞山壁寬。』……今毁無址。」二説有别，並錄備考。

③ 致仕：舊謂交還官職，即辭官退休。《禮記·曲禮上》：「大夫七十而致事。」鄭玄注：「致其所掌之事於君而告老。」致仕即「致事」。

④ 翠壁紅樓起：在翠綠的峭壁上，突起一座紅樓。「紅樓」，指棲霞樓。

⑤ 高會：盛大宴會。《史記》卷七《項羽本紀》：宋義「乃遣其子宋襄相齊，身送之至無鹽，飲酒高會。」《索隱》云：「韋昭曰：『皆召高爵者，故曰高會。』服虔云：『大會是也。』」

⑥ 危柱哀絃：泛指演奏弦樂器。晉·孫瓊《箜篌賦》：「陵危柱以頡頏，憑哀弦以躑躅。」

⑦ 「豔歌」二句：《列子》卷下《湯問》：「薛譚學謳於秦青，未窮青之技，自謂盡之，遂辭歸。秦青弗止，餞於郊衢，撫節悲歌，聲振林木，響遏行雲。薛譚乃謝求反，終身不敢言歸。」此借其典言歌曲美妙而嘹亮。

⑧「五湖」三句：指范蠡、西施事，見《菩薩蠻》（玉童西迓浮丘伯）註⑨。此以范蠡喻閭丘孝終。

⑨「雲夢」二句：雲夢南州：指黄州，在古雲夢澤之南。武昌：今湖北鄂城，在長江之南，與黄州相對。

⑩端來：果真來。

⑪參差：依稀，彷彿。白居易《長恨歌》：「中有一人字太真，雪膚花貌參差是。」

【參考資料】

宋·陸游《入蜀記》卷四：乾道六年八月十九日，游東坡。「郡集於棲霞樓，本太守閭丘孝終所作。蘇公樂府云：『小舟横截春江，卧看翠壁紅樓起。』正謂此樓也。下臨大江，烟樹微茫，遠山數點，亦佳處也。樓頗華潔。先是，郡有慶瑞堂，謂一故相所生之地，後毁以新此樓。」

近人鄭文焯《手批東坡樂府》：「突兀而起，仙乎！仙乎！『翠壁』句奇嶄，不露雕琢痕。上闋全寫夢境，空靈中雜以凄麗。過片始言情，有滄波浩渺之致，真高格也。」又云：「『雲夢』二句，妙能寫閒中情景，煞拍不説夢，偏説夢『來見我』，正是詞筆高渾不猶人處。」又云：「讀東坡先生詞，於氣韻格律，並有悟到，空靈妙境，匪可以詞家目之，亦不得不目爲詞家。世每謂其以詩入詞，豈知言哉？」又云：「董文敏論畫曰：『同能不知獨詣。』吾於坡仙詞亦云。」

江城子

陶淵明以正月五日遊斜川〔一〕①，臨流班坐，顧瞻南皐，愛曾城之獨秀②，乃作斜川詩，至今使人想見其處〔二〕。元豐壬戌之春，余躬耕於東坡③，築雪堂居之④。南挹四望亭之後丘⑤，西控北山之微泉，慨然而歎，此亦斜川之遊也。乃作長短句，以《江城子》歌之〔三〕

夢中了了醉中醒⑥。只淵明。是前生。走遍人間、依舊卻躬耕⑦。昨夜東坡春雨足，烏鵲喜⑧，報新晴。

雪堂西畔暗泉鳴。北山傾。小溪橫。南望亭丘、孤秀聳曾城。都是斜川當日境，吾老矣，寄餘齡⑨。

【校勘】

〔一〕題首原有「公舊註云」四字，據元本、毛本、朱本、龍本、曹本删去。

〔二〕「使」，傅本、元本作「彼」。

〔三〕「乃作」二句原無，據傅本、元本補。

【編年】

元豐五年壬戌(一〇八二年)二月,作於黄州。王宗稷《東坡先生年譜》:「元豐五年壬戌,以長短句擬斜川觀之。『元豐壬戌之春,予躬耕東坡,築雪堂以居之。南挹四望亭之後(丘),西控北山之微泉,慨然而歎,此亦斜川之游也。』作《江城子》詞。」王文誥《蘇詩總案》卷二一:元豐五年二月作。

【箋註】

① 斜川:在江西省星子、都昌二縣之間。陶淵明《遊斜川序》:「辛丑(一作辛酉)正月五日,天氣澄和,風物閑美。與二三鄰曲,同遊斜川。」

② 曾城:又作層城,原指崑崙山最高級。《水經注》卷一《河水》引《崑崙説》曰:「崑崙之山三級,下曰樊桐,一名板松;二曰玄圃,一名閬風;上曰層城,一名天庭,是謂太帝之居。」此指斜川落星寺。明·駱庭芝《斜川辨》云:「稱曾城者,落星寺也。《遊斜川》詩曰:『迥澤散游目,緬然睇曾丘。』當正月五日,春水未生,落星寺宛在大澤中,是所謂迥澤也。曾城之名,殆是晉所稱者。」(明刊本《陶淵明集》附錄下引)今人逯欽立謂「指鄣山。山在廬山北,彭蠡澤西,一名江南嶺,又名天子鄣。」(見中華書局出版《陶淵明集》)可參閱。

③ 東坡:《蘇軾詩集》卷二一《東坡八首叙》:「余至黄州二年,日以困匱。故人馬正卿哀余乏食,爲於郡中請故營地數十畝,使得躬耕其中。地既久荒爲茨棘瓦礫之場,而歲又大旱,墾闢之勞,筋力殆盡。」《輿地紀勝》卷四九《黄州·景物上》:「東坡,在州治之東百餘步。元豐三年蘇軾謫居寓臨皋亭,後得此地。」

④ 雪堂:《蘇軾文集》卷一二《雪堂記》:「蘇子得廢圃于東坡之脅,築而垣之,作堂焉,號其正曰雪堂。堂以大雪中

爲之，因繪雪於四壁之間，無容隙也。起居偃仰，環顧睥睨，無非雪者。蘇子居之，真得其所居者也。」

⑤ 四望亭：《輿地紀勝》卷四九《黄州・景物下》：「在雪堂南高阜之上，唐太和中刺史劉嗣之所立，李紳作記。」

⑥「夢中」三句：傅注：「世人於夢中顛倒，醉中昏迷。而能在夢而了，在醉而醒者，非公與淵明之徒，其誰能哉！」

⑦ 躬耕：言親治農事也。諸葛亮《出師表》：「臣本布衣，躬耕于南陽。」

⑧ 鵲喜：傅注：「烏鵲，陽鳥，先事而動，先物而應。漢武帝時，天新雨止，聞鵲聲，帝以問東方朔，方朔曰：『必在殿後柏木枯枝上，東向而鳴也。』驗之，果然。」參見《初學記》卷三〇《鵲》部引《東方朔傳》。

⑨ 餘齡：餘生。韓愈《過南陽》：「熟忍生以慼，吾其寄餘齡。」

【參考資料】

東晉・陶淵明《游斜川》並序：「辛丑正月五日，天氣澄和，風物閑美。與二三鄰曲，同游斜川。臨長流，望曾城，魴鯉躍鱗於將夕，水鷗乘和以翻飛。彼南阜者，名實舊矣。不復乃爲嗟歎。若夫曾城，旁無依接，獨秀中皋。遥想靈山，有愛嘉名。欣對不足，率共賦詩。悲日月之遂往，悼吾年之不留。各疏年紀鄉里，以紀其時日。

開歲倏五十，吾生行歸休。念之動中懷，及辰爲兹游。氣和天惟澄，班坐依遠流。弱湍馳文魴，閑谷矯鳴鷗。回澤散游目，緬然睇曾丘。雖微九重秀，顧瞻無匹儔。提壺接賓侶，引滿更獻酬。未知從今去，當復如此不？中觴縱遥情，忘彼千載憂。且極今朝樂，明日非所求。」

定風波

三月七日，沙湖道中遇雨〔一〕①。雨具先去〔二〕，同行皆狼狽〔三〕，余獨不覺〔四〕。已而遂晴，故作此詞〔五〕。

莫聽穿林打葉聲。何妨吟嘯且徐行②。竹杖芒鞋輕勝馬③。誰怕？一蓑煙雨任平生〔六〕④。

料峭春風吹酒醒⑤。微冷。山頭斜照卻相迎。回首向來蕭灑處〔七〕。歸去⑥。也無風雨也無晴。

【校　勘】

〔一〕題首原有「公舊序云」四字，據元本、朱本、龍本、曹本刪去。

〔二〕二妙集無「雨具先去」四字。

〔三〕「行」，原作「去」，據傅本、元本、二妙集、毛本改。

〔四〕元本無「獨」字。

〔五〕元本無「此」字。

〔六〕「蓑」，元本作「莎」。

〔七〕「灑」，元本作「瑟」。

【編　年】

元豐五年壬戌（一〇八二年）三月，作於黄州。王文誥《蘇詩總案》卷二一：「元豐五年壬戌，三月七日，公以相田至沙湖，道中遇雨作。」

【箋　註】

① 沙湖：《東坡志林》卷一：「黄州東南三十里，爲沙湖，亦曰螺師店，予買田其間。」

② 吟嘯：意態瀟散，且吟且嘯。《晉書》卷七九《謝安傳》：「嘗與孫綽等汎海，風起浪湧，諸人並懼，安吟嘯自若。」

③ 竹杖芒鞋：傅注引无則詩：「騰騰兀兀恣閒行，竹杖芒鞵稱野情。」案：原詩今佚。芒鞋，即草鞋。蘇軾《初入廬山三首》之三：「芒鞵青竹杖，自挂百錢遊。」

④ 一蓑煙雨：鄭谷《試筆偶書》：「殷勤一蓑雨，衹得夢中披。」

⑤ 料峭：形容春寒。陸龜蒙《奉和襲美開元寺客省早景即事次韻》：「襹褷滿地貝多雪，料峭入樓于闐風。」

⑥ 「回首」二句：寫自己恬澹心境，無論自然風雨還是政治風雨，是陰雨是晴天，全不介意。詩人晚年貶至海南所作《獨覺》詩，亦有「回首向來蕭瑟處，也無風雨也無晴」句。

【參考資料】

宋·俞成《螢雪叢説》卷上：「詩隨景物下語」條：「杜詩：『丹霞一縷輕。』漁父詩：『璽縷一鈎輕。』胡少汲詩：『隋堤煙雨一帆輕。』至若騷人於漁父則曰『一蓑煙雨』，於農夫則曰『一犁春雨』，於舟子則曰：『一篙春水』。皆曲盡形容之妙也。」

近人鄭文焯《手批東坡樂府》：「此足徵是翁坦蕩之懷，任天而動。琢句亦瘦逸，能道眼前景。以曲筆直寫胸臆，倚聲能事盡之矣。」

浣溪沙

遊蘄水清泉寺①。寺臨蘭溪，溪水西流。

山下蘭芽短浸溪②。松間沙路淨無泥③。蕭蕭暮雨子規啼④。　　誰道人生無再少⑤？門前流水尚能西〔一〕⑥。休將白髮唱黃雞⑦。

【校　勘】

〔一〕「門前」，《東坡志林》卷一《遊沙湖》記此歌作「君看」。

【編　年】

元豐五年壬戌（一〇八二年）三月遊清泉寺作。王宗稷《東坡先生年譜》：「元豐五年壬戌。是年三月，先生以事至蘄水，……遊蘄水清泉寺，作《浣溪沙》。」

【箋　註】

①「遊蘄水」句：蘄水：《太平寰宇記》卷一二七《淮南道》：蘄州，領縣四，其一蘄水。在州西北七十一里，本漢蘄春縣地，唐武德四年改爲蘭溪，天寶元年改爲蘄水縣，以縣界蘄水所出爲名。清泉寺：《東坡志林》卷一：清泉寺「在蘄水郭門外二里許。」蘭溪：《太平寰宇記》卷一二七《蘄州·蘄水縣》：「蘭溪水源出箬竹山，其側多蘭。」

②蘭芽：溫庭筠《晚歸曲》：「青絲繫船向江水，蘭芽出土吳江曲。」

③沙路無泥：杜甫《中丞嚴公雨中垂寄見憶一絶奉答二絶》其二：「何日雨晴雲出溪，白沙青石洗無泥。」白居易《開成二年三月三日……將禊洛濱》詩：「柳橋晴有絮，沙路潤無泥。」

④蕭蕭：雨聲。韓愈《盆池》其二：「從今有雨君須記，來聽蕭蕭打葉聲。」子規啼：《埤雅》：杜鵑，一名子規，苦啼，啼血不止。一名鵽鳥，夜啼達旦，血漬草木。杜甫《子規》詩：「兩邊山木合，終日子規啼。」

⑤再少：傅注：「《古詩》：花有重開日，人無再少年。」（案：這兩句常見於元明戲曲，而最早爲傅幹稱引，原詩已佚。）

⑥流水能西：本詞詞序：「（清泉）寺臨蘭溪，溪水西流。」《蘇軾詩集》卷一〇《八月十五日看潮五絶》其三：「江邊身世兩悠悠，久與滄波共白頭。造物亦知人易老，故致江水向西流。」

⑦白髮黃雞：白居易《醉歌示妓人商玲瓏》：「罷胡琴，掩秦瑟。玲瓏再拜歌初畢。誰道使君不解歌，聽唱黃雞與白日。黃雞催曉丑時鳴，白日催年酉前没。腰間紅綬繫未穩，鏡裏朱顏看已失。玲瓏玲瓏奈老何，使君歌了汝更

歌。」蘇軾反用其意，言勿以老去爲悲也。

【參考資料】

宋·蘇軾《東坡志林》卷一《遊沙湖》：「黄州東南三十里爲沙湖，亦曰螺師店，予買田其間。因往相田得疾，聞麻橋人龐安常，善醫而聾，遂往求療。安常雖聾，而穎悟絶人，以紙畫字，書不數字，輒深了人意。余戲之曰：『余以手爲口，君以眼爲耳，皆一時異人也。』疾愈，與之同遊清泉寺。寺在蘄水郭門外二里許，有王逸少洗筆泉，水極甘，下臨蘭溪，溪水西流。余作歌云：『山下蘭芽短浸溪，……』是日劇飲而歸。」(又見《東坡題跋》卷三)

宋·曾敏行《獨醒雜志》卷二：「徐公師川嘗言：東坡長短句有云：『山下蘭芽短浸溪，松間沙路淨無泥。』白樂天詩云：『柳橋晴有絮，沙路潤無泥。』『淨』、『潤』兩字，當有能辨之者。」

清·許昂霄《詞綜偶評》：「松間沙路淨無泥，瀟瀟暮雨子規啼。」評：「何減『兩邊山木合，終日子規啼』耶？」

清·先著《詞潔》卷一：「坡公韻高，故淺淺語亦覺不凡。」

清·陳世焜《雲韶集》卷二：「愈豪放，愈覺悲鬱，愈見忠厚，愈令我神往。」

西江月　春夜行蘄山水中〔一〕過酒家，飲酒醉，乘月至一溪橋

上，解鞍曲肱少休〔二〕①。及覺已曉〔三〕，亂山葱蘢〔四〕②，不謂人世也〔五〕，書此詞橋柱上〔六〕。

照野瀰瀰淺浪③，橫空曖曖微霄〔七〕④。障泥未解玉驄驕⑤。我欲醉眠芳草⑥。

可惜一溪明月〔八〕，莫教踏破瓊瑤〔九〕⑦。解鞍欹枕綠楊橋⑧。杜宇一聲春曉〔一〇〕⑨。

【校勘】

〔一〕題首原有「公自序云」四字，據毛本、朱本、龍本刪去。「行」「山」二字原缺，據傅本補。此句上元本有「頃在黃州」四字。

〔二〕「少休」之上元本有「醉卧」二字。

〔三〕「已曉」原缺，據傅本、元本補。

〔四〕「葱蘢」，元本作「攢擁」。此句下元本有「流水鏘然」四字。

〔五〕「不謂人」，元本作「疑非塵」，似勝。

〔六〕「詞」，原作「語」，似「詞」字形誤，據傅本、毛本、《全宋詞》改。

〔七〕「曖曖微」，傅本、元本作「隱隱層」。

〔八〕「明」，元本作「風」。

〔九〕「破」，元本、二妙集作「碎」。

〔一〇〕「一」，毛本作「數」。

【編　年】

元豐五年壬戌（一〇八二年）三月作於黄州。王宗稷《東坡先生年譜》：「（元豐）五年壬戌。是年三月先生以事至蘄水，……春夜行蘄水，過酒家飲酒，乘月至一橋上，曲肱少休，作《西江月》詞。」

【箋　註】

① 曲肱：曲臂。《論語·述而》：「曲肱而枕之。」謝靈運《君子有所思行》：「寂寥曲肱子，瓢飲療朝饑。」

② 葱蘢：草木青盛貌。郭璞《江賦》：「潛薈葱蘢。」

③ 瀰瀰：《詩·邶風·新臺》：「河水瀰瀰。」毛傳：「瀰瀰，盛貌。」鄭谷《恩門小諫雨中乞菊栽》詩：「遞香風細細，澆綠水瀰瀰。」

④ 曖曖微霄：陶淵明《時運》詩：「山滌餘靄，宇曖微霄。」霄，雨霓，雨後虹也。

⑤ 障泥：馬韉，垂於馬腹兩側，用以遮擋泥土。《世説新語》下卷上《術解》：「王武子善解馬性，嘗乘一馬，著連錢障泥。前有水，終日不肯渡。王云：『此必是惜障泥。』使人解去，便徑渡。」玉驄：毛色青白相間之馬。韓翃《少

年行》：「千點斑斕噴玉驄，青絲結尾繡纏騣。」

⑥ 醉眠芳草：鄭谷《曲江春草》詩：「香輪莫輾青青破，留與愁人一醉眠。」

⑦ 瓊瑤：《詩·衛風·木瓜》：「投我以木瓜，報之以瓊瑤。」毛《傳》：「瓊瑤，美玉。」此比喻月光下溪水潔白如玉。左思《招隱》之一：「石泉漱瓊瑤，纖鱗或浮沉。」

⑧ 綠楊橋：明弘治《黄州府志》卷二：「綠楊橋，在（蘄水縣）治東三里，蘇東坡夜醉乘月卧此橋，既覺，作《西江月》詞。」

⑨ 杜宇：《華陽國志·蜀志》：周代末，蜀國有王曰杜宇，教民務農，一號杜主。後杜宇稱帝，號曰望帝，其相開明，決玉壘山，除水害有功，帝禪讓于開明，遂昇西山隱焉。時適二月，子鵑鳥鳴，蜀人懷之，因呼鵑爲杜鵑。後因亦稱杜鵑爲杜宇。

【參考資料】

明·沈際飛《草堂詩餘正集評正》卷一：「卓犖。」又：「未解障泥有故。」

明·張綖《草堂詩餘別録》：「此詞亦無甚奇，要見古人風致如此耳。」

明·李廷機《新刻注釋草堂詩餘評林》卷二：「此坡老春夜休息於橋詞，又是别夜風味，與諸作不同。」

明·楊慎《詞品》卷一：「蘇公詞『照野瀰瀰淺浪，横空曖曖微霄』，乃用陶淵明『山滌餘靄，宇曖微霄』之語也。填詞雖於文爲末，而非自《選》詩、樂府來，亦不能入妙。」

明·卓人月《古今詞統》卷六：「山谷詞：『走馬章臺，踏碎滿街月。』坡公偏不忍踏碎，都妙。」

清·李良年《詞壇紀事》：「蘄水楊菊盧比部因此詞於玉臺山作春曉亭子，一時名士多爲賦之，亦佳話也。」

清·陳廷焯《詞則·放歌集》卷一：「《西江月》一調易入俚俗，稍不檢點，則流於是矣。此偏寫得灑落有致。」

清·陳世焜《雲韶集》卷二：「通首寫醉後踏月，極有神致。」

南歌子　和前韻〔一〕

日出西山雨〔二〕①，無晴又有晴。亂山深處過清明。不見綵繩花板②、細腰輕③。　盡日行桑野④，無人與目成⑤。且將新句琢瓊英⑥。我是世間閒客、此閒行⑦。

【校　勘】

〔一〕題作「和前韻」，以原編於「雨暗初疑夜」一首後也。傅本題作「送劉行甫赴餘杭」。元本題同傅本而少「劉」字。

〔二〕「山」，元本注：「一作邊。」

【編　年】

元豐五年壬戌（一〇八二年）三月，作於黄州。案：此詞傅本、元本有詞題爲《送（劉）行甫赴餘杭》。朱本認爲係與同調「山雨瀟瀟過」一詞題目互誤，即本詞題應爲《湖州作》（參見《南歌子》（山雨瀟瀟過）詞編年）。遂將此詞也編於元豐二年五月，作於湖州。並將與此詞同調同韵的「雨暗初疑夜」及「帶酒衝山雨」兩首詞，亦附編爲元豐二年同時作。龍本、曹本、石唐本並從朱本。今案本詞與另兩首詞，吴本編次爲一組，依次爲：「雨暗初疑夜」，題爲《寓意》；次列本詞，題爲《和前韵》；再次爲「帶酒衝山雨」，題爲《再用前韵》。明刊全集、二妙集、毛本並同吴本。然則將《送劉行甫赴餘杭》詞題誤置於本詞調名下者，首出傅榦《注坡詞》，施宿指其謬，朱本改移在「山雨瀟瀟過」詞下，極是。但將本詞詞題改爲《湖州作》，又出現紕漏。本詞有「亂山深處過清明」句，蘇軾是元豐二年四月二十日到湖州任的（見《文集》卷二三《湖州謝上表》），到七月二十八日因烏臺詩案被捕押回汴京，在湖州任所僅三個月，未曾「過清明」，則詞三首不作於湖州，顯而易見。細味詞意，應作於黄州。詞中有云「西山雨」，並非泛指西方之山，乃是蘇軾黄州詩文中反覆出現的地名，也是蘇軾經常登臨之處，即武昌西山。詞中云：「我是世間閒客，此閒行。」也符合蘇軾貶官黄州，「不得簽書公事」，終日無所事事，便「扁舟草履，放浪山林間，與漁樵雜處」（見《文集》卷四九《答李端叔書》），真所謂「閒客」、「閒行」的情趣與處境。另詞中云「求田問舍笑豪英」，也是元豐五年三月在黄州情事，《東坡志林》卷一《游沙湖》有詳細記載（參見《浣溪沙》（山下蘭芽短侵溪）所附「參考資料」）。此次買田恰在清明節（三月五日）

之後兩天（三月七日），赴沙湖相田途中遇雨，蘇軾「衝雨」且嘯且行。雖然買田未果，卻創作出《定風波》（莫聽穿林打葉聲）、《浣溪沙》（山下蘭芽短侵溪）、《西江月》（照野瀰瀰淺浪）等傑出詞章。上述三首《南歌子》詞的意境，與這三首傑出詞章合若符節，應爲同時所作。故將三首《南歌子》編於元豐五年三月黃州之作。

【箋註】

① 「日出」二句：劉禹錫《竹枝詞》：「東邊日出西邊雨，道是無晴還有晴。」

② 綵繩花板：傅注：「鞦韆戲也。」王仁裕《開元天寶遺事》卷下：「天寶宮中，至寒食節，競豎鞦韆，令宮嬪輩戲笑以爲宴樂，帝呼爲『半仙之戲』。都中士民，因而呼之。」

③ 細腰：指腰身纖細之女子。《管子·七臣七主》：「夫楚王好小腰，而美人省食。」

④ 桑野：植桑的郊野。《詩經·豳風·東山》：「蜎蜎者蠋，烝在桑野。」顔延之《胡秋行》之五：「蠶月歡時暇，桑野多經過。」

⑤ 目成：男女相愛，以目通意。屈原《九歌·少司命》：「滿堂兮美人，忽獨與余兮目成。」

⑥ 琢瓊英：雕琢似玉的美石。「瓊」爲赤玉，因以比喻紅色花木。柳宗元《新植海石榴》詩：「糞壤擢珠樹，莓苔插瓊英。」此當指構思描繪石榴花的詩句。

⑦ 「我是」二句：杜牧《八月十二日得替後移居霅溪館因題長句四韻》：「景物登臨閒始見，願爲閒客此閒行。」

又

寓意〔一〕

卯酒醒還困③，仙材夢不成〔三〕④。藍橋何處覓雲英⑤。只有多情流水、伴人行。

雨暗初疑夜，風回忽報晴〔二〕。淡雲斜照著山明①。細草軟沙溪路、馬蹄輕②。

【校　勘】

〔一〕傅本、元本、朱本、龍本、曹本無題。

〔二〕「忽」，元本、朱本、龍本、曹本作「便」。

〔三〕「材」，元本、朱本、龍本、曹本作「村」。龍本云：「《參同契》：『得長生，居仙村。』先生詩亦云：『藍輿西出登山門，嘉與我友尋仙村。』傅注作『仙材』，非是。」錄以備考。

【編　年】

同前首。

【箋　註】

① 著山明：給山增加一些明亮的光彩。「著」，加也；添也。蘇軾《王晉卿所藏著色山》二首之一：「邇來一變風流盡，誰見將軍著色山。」

② 馬蹄輕：王維《觀獵》：「草枯鷹眼疾，雪盡馬蹄輕。」

③ 卯酒：清晨空腹飲酒。白居易《醉吟》：「耳底齋鐘初過後，心頭卯酒未消時。」

④ 仙材：班固《漢武帝内傳》：西王母曰：劉徹好道，然形慢神穢，雖語之以至道，殆恐非仙材也。郭璞《遊仙詩十九首》之六：「燕昭無靈氣，漢武非仙才。」

⑤ 「藍橋」句：藍橋，古驛站名，在今陝西藍田縣東南。裴鉶《傳奇·裴航》：唐長慶中，有裴航秀才，下第游湘漢，與樊夫人同舟。樊贈一詩云：「一飲瓊漿百感生，玄霜搗盡見雲英。藍橋便是神仙窟，何必崎嶇上玉清。」航後經藍橋驛，道渴求漿，見一女子名雲英，憶樊夫人詩有「雲英」之句，遂以玉杵臼爲禮娶之，入玉峰洞中，瓊樓殊室而居，餌以絳雪、瓊英之丹，神化自在，超爲上仙。後世人莫有遇者。

又　再用前韻(二)

帶酒衝山雨①，和衣睡晚晴②。不知鐘鼓報天明③。夢裏栩然蝴蝶、一身輕④。　　老去才都盡⑤，歸來計未成⑥。求田問舍笑豪英⑦。自愛湖邊沙路、免泥行⑧。

【校　勘】

〔一〕傅本、元本、朱本、龍本、曹本無題。

【編　年】

同前首。

【箋　註】

① 衝山雨：冒着山雨。此指冒着山雨趕路。杜牧《念昔游》：「半醒半醉游三日，紅白花開山雨中。」

② 晚晴：晚霽。梁·何遜《春暮喜晴酬袁户曹苦雨》：「振衣喜初霽，褰裳對晚晴。」杜甫《陪裴使君登岳陽樓》：「湖闊兼雲霧，樓孤屬晚晴。」

③ 「不知」句：杜甫《偪側行贈畢四曜》：「曉來急雨春風顛，睡美不聞鐘鼓傳。」

④ 「夢裏」句：《莊子·齊物論》：「昔者莊周夢爲蝴蝶，栩栩然蝴蝶也。……俄而覺，則蘧蘧然周也。不知周之夢爲蝴蝶與？蝴蝶之夢爲周與？」　栩然：生動活潑的樣子

⑤ 「老去」句：杜甫《寄彭州高三十五使君適虢州岑二十七長使參三十韻》：「老去才雖盡，愁來興甚長。」

⑥ 計未成：鄭谷《興州江館》：「向蜀還秦計未成，寒蛩一夜繞牀鳴。」

⑦ 求田問舍：注見《水調歌頭》（安石在東海）注⑨。

⑧ 沙路免泥：杜甫《到村》：「碧澗雖多雨，秋沙先少泥。」「免泥行」，走路不會將泥濘沾到身上。

浣溪沙

玄真子《漁父詞》極清麗①，恨其曲度不傳，故加數語，令以《浣溪沙》歌之〔一〕。

西塞山邊白鷺飛②。散花洲外片帆微。桃花流水鱖魚肥③。　自庇一身青篛笠④，相隨到處綠蓑衣。斜風細雨不須歸⑤。

【校　勘】

〔一〕原題作「漁父」，從傅本。元本無題。毛本題作「玄真子《漁父》云：『西塞山邊白鳥飛，桃花流水鱖魚肥。青篛笠，綠蓑衣，斜風細雨不須歸。』此語妙絶，恨莫能歌者。故增數語，令以《浣溪沙》歌之。」

【編　年】

元豐五年壬戌（一〇八二年）三月，作於黄州。案：朱本、龍本此詞俱未編年。曹本編元豐六年癸亥，云：「惟此賦漁父，與以上數首（指《漁父》四首）相類，援朱本事同類編例，今酌編元豐六年癸亥。」石唐本也認爲此詞爲黃州作，應編元豐六年癸亥。丁永淮《蘇軾黃州活動年月表》（見一九八六年三月四川文藝出版社出版《東坡研究論叢》）則云：元豐五年三月七日，蘇軾到黃州東南三十里沙湖看田，在蘄水縣治南蘭溪（今浠河）岸石壁書「洄瀾」二字，然後「順蘭溪下至長江邊散花洲，櫽括唐張志和名詞《漁歌子》作《浣溪沙·漁父》」。此詞首二句提到「西塞山」、「散花洲」，散花洲在蘄水縣南大江中，與西塞山相對。他由眼前黃州的「西塞山」，聯想到唐人張志和著名《漁父》詞中浙江的「西塞山」，觸發了靈感，既喜張詞的「極清麗」，又恨其曲度不傳，遂將張詞櫽括成這首《浣溪沙》詞，自爲情理中事。蘇軾貶黃期間赴蘄水，有文獻可稽者僅此一次，丁永淮説可信，故依丁説編元豐五年三月。蘇軾在黃時，「扁舟草履，放浪山水間，與樵漁雜處」（《答李端叔書》）；將離黃時，「仍傳語，江南父老，時與曬漁蓑」（《滿庭芳》「歸去來兮」），與他的組詞《漁父》四首及《調笑令》（漁父）、（歸雁）二首所寫内容相似。這六首詞，亦當爲黃州時作品。曹本、石唐本也考訂這兩組詞和《浣溪沙》詞，均爲黃州時作，極是，惟編於元豐六年癸亥作，欠妥。今依丁説，同編於元豐五年壬戌三月，不再另考。另，薛本將此詞編元祐六年三月自杭州還朝過湖州時作。薛云：「蓋其時蘇、湖水災特重，公歸途一路相察，經湖州磁湖鎮，忽憶張志和《漁父》詞，作此詞焉。」並將此詞與《詩集》卷三三《西塞風雨》詩類比，云：「詩與詞同一命意，均係爲張志和《漁父》詞引發而作，應爲同時手筆無疑，但不知何故《西塞風雲》被編在辛未六月還朝以後？」案，《西塞風雨》乃一首題畫詩，是《題王晉卿畫四首》中第四首，《總案》編元祐六年六月於東京作，不誤。薛本以此詞與其比附編年，誤。

【考　辨】

毛本題下注云：「或刻黄山谷。」毛本《山谷詞》《浣溪沙》調下注云：「考『西塞山邊白鳥飛』是蘇子瞻作，删去。」《全宋詞》蘇軾此詞末注：「此首别誤入黄庭堅《豫章黄先生詞》。」同書黄庭堅詞，此首只列存目詞。案：此詞蘇軾作，東坡詞集諸本均收。舊本《豫章黄先生詞》載之，蓋誤收也。《四部叢刊》據海鹽張氏涉園藏宋刊本影印《山谷琴趣外編》、陶湘編《景宋金元明本詞·山谷琴趣外編》《彊村叢書》本《山谷琴趣外編》均未收。檃括張志和《漁父》詞，坡、谷各有《浣溪沙》一首，二人互有譏評。山谷晚年悔己前作之未工，别製《鷓鴣天》一闋。東坡曾笑曰：「魯直乃欲平地起風波也。」曾慥《樂府雅詞》卷中徐師川詞跋記之頗詳。毛本、《全宋詞》將此詞從山谷詞中删去，甚當。

【箋　註】

① 玄真子：《新唐書》卷一九六《張志和傳》：「(志和)居江湖，自稱煙波釣徒，著《玄真子》，亦以自號。」

② 「西塞山」二句：傅注：「舊注云：西塞山、散花洲皆在豫章。按：西塞山乃唐張志和《漁父》詞首句，若散花洲，乃在伍洲之下。公集中有《與王齊萬詩》，且云：『寓居武昌劉郎洑，正與伍洲相對。』齊萬，蜀人，公嘗往來其家，嘗爲王氏作門符，對云：『湖外秋風聚螢苑，門前春浪散花洲。』謂此也。」案：張志和詞中之「西塞山」，爲浙江武康慈湖鎮道山磯。(見《方輿勝覽》卷四《浙西路·吉安州》)。蘇詞中之「西塞山」，在湖北武昌東八十五里，竦峭臨江(見《元和郡縣圖志》卷二七《江南道·武昌縣》及《方輿勝覽》卷二八《湖北路·壽昌軍》)。陸游《入蜀記》卷四

云：八月十六日，晚過道士磯，「磯一名西塞山，即玄真子《漁父辭》所謂『西塞山前白鷺飛』者。」則將張詞中的西塞山説成是黄州附近的西塞山，誤。「散花洲」，又名散花灘，與西塞山相對。歐陽修《集古錄》卷七《跋唐裴虬怡亭銘》：「怡亭，在武昌江水中小島上。武昌人謂其地爲吴王散花灘。」「白鷺飛」，孟郊《送淡公》詩：「短蓑不怕雨，白鷺相爭飛。」「片帆」：陸龜蒙《嚴光釣臺》詩：「片帆竿外揖清風，石立雲孤萬古中。」

③桃花流水：《漢書》卷二九《溝洫志》：「來春桃華水盛，必羨溢。」顔師古注云：「《月令》：『仲春之月，始雨水，桃始華。』蓋桃方華時，既有雨水，川谷冰泮，衆流猥集，波瀾盛長，故謂之桃華水耳。而《韓詩傳》云『三月桃華水』。」杜甫《南征》詩：「春岸桃花水，雲帆楓樹林。」鱖魚：亦稱「石桂魚」。體側扁，口大鱗細，青黄色，全身有黑色斑點，味道鮮美。《本草綱目》卷四四《鱗·鱖魚》：「其味如豚，故名水豚，又名鱖豚。」

④蒻笠：即箬笠，用箬竹葉或篾編結的寬邊帽。李衎《竹譜詳錄》卷三：「箬竹又名篛竹，出江浙及閩廣，處處有之，葉類寮竹。」《説文》：「笠，簦無柄也，從竹立聲。」段玉裁注：「汪氏龍曰：笠本以禦暑，亦可禦雨。」

⑤「斜風細雨」句：傅注：「唐開元間，隱者張志和爲顔魯公門下詩酒客。魯公爲豫章太守，一日宴集，坐客皆作《漁父》詞，志和詞曰：『西塞山邊白鷺飛』云云。」「斜風細雨」即小風小雨。

【參考資料】

宋·曾慥《樂府雅詞》卷中徐俯詞跋：「張志和《漁父詞》云：『西塞山前白鷺飛。桃花流水鱖魚肥。青蒻笠，綠蓑衣。斜風細雨不須歸。』顧況《漁父詞》云：『新婦磯邊月明。女兒浦口潮平。沙頭鷺宿魚驚。』東坡云：『元真語極麗，恨其曲度不傳，加數語以《浣溪沙》歌之云：西塞山前白鷺飛。散花洲外片帆微。桃花流水鱖魚肥。自庇一身青蒻笠，相隨到處綠簑衣。斜風細雨不須歸。』山谷見之，擊節稱賞，且云：『惜乎散花與桃花字重疊，又漁舟少有使帆者。』乃取張顧二詞，合爲《浣溪沙》云：『新婦磯邊眉黛愁。女兒浦口眼波秋。驚魚錯認月沉鉤。青蒻笠前無限事，綠簑衣底一時休。斜風細雨轉船頭。』東坡跋云：『魯直此詞，清新婉麗，問其最得意處，以山光水色，替却玉肌花貌，真得漁父家風也。然纔出新婦磯，便入女兒浦，此漁父無乃太瀾浪乎。』山谷晚年亦悔前作之未工，因表弟李如篪言『《漁父詞》以《鷓鴣天》歌之，甚協音律，恨語少聲多耳。』因以憲宗遺(一作畫)像求元真子文章及元真子兄松齡勸歸之意，足前後數句云：『西塞山前白鷺飛。桃花流水鱖魚肥。朝廷尚覓元真子，何處如今更有詩。青蒻笠，綠簑衣。斜風細雨不須歸。人間欲避風波險，一日風波十二時。』東坡笑曰：『魯直乃欲平地起風波也。』東湖老人因坡、谷互有異同之論，故作《浣溪沙》《鷓鴣天》各二闋云。」(吳曾《能改齋漫錄》卷一六「水光山色漁父家風」條同。)

宋·胡仔《苕溪漁隱叢話後集》卷三九引《夷白堂小集》云：「山谷道人向爲余言：『張志和《漁父詞》，雅有遠韻，志和善丹青，必有形于圖畫者，而世莫之傳也。』嘗以其詞增損爲《浣溪沙》，誦之有矜色。予以告大年，云：『我不可不成此一段奇事。』久之，乃以《烟波圖》見歸，其致思深處，不減昔人。詞云：『西塞山邊白鷺飛，散花洲外片帆微，桃花流水鱖魚肥。自庇一身青箬笠，相隨到處綠蓑衣，斜風細雨不須歸。』」（案：《夷白堂小集》以此詞爲山谷作，與曾慥跋有别，當爲誤記。此概將本詞判爲山谷作之源也。）

宋·樓鑰《攻媿集》卷七八：「元真子生爲魯公客，後又爲坡、谷所稱，至檃括其詩篇大書之，其與屈靈均答問于江濱者何異耶？」

金·王若虛《滹南遺老集》卷三九《詩話》中：「蘇、黄各因玄真子《漁父詞》增爲長短句，而互相譏評，山谷又取船子和尚詩爲《訴衷情》，而冷齋亦載之。予謂此皆爲蛇畫足耳，不作可也。」

清·宋翔鳳《樂府餘論》：「《能改齋漫録》載徐師川云：張志和《漁父詞》，東坡以爲語清麗，恨其曲度不傳，加數語以《浣溪沙》歌之。則古人之詞必有曲度也，人謂蘇詞多不諧音律，則以聲調高逸，驟難上口，非無曲度也，如今日俗工不能度北西廂之類。」

清·劉熙載《藝概》卷四《詞曲概》：「張志和《漁歌子》『西塞山前白鷺飛』一闋，風流千古。東坡嘗以其成句用入《鷓鴣天》，又用於《浣溪沙》，然其所足成之句，猶未若原詞之妙通造化也。黄山谷亦嘗以其詞增爲《浣溪沙》，且誦之有矜色焉。」

清·萬樹《詞律》卷一《漁歌子》：「山谷增句作《鷓鴣天》，東坡增句作《浣溪沙》，蓋本調音律失傳，故加字歌之。然坡止加潤玄真之語，谷則增入『朝廷尚覓玄真子，何處如今更有詩』二句于『青箬笠』之上，語氣不倫，可謂蛇足。」

漁　父〔一〕

漁父飲①，誰家去。魚蟹一時分付②。酒無多少醉爲期③，彼此不論錢數④。

【校　勘】

〔一〕以下四首，吳本未收，傅本、元本、外集、明刊全集、二妙集、毛本亦不載。朱本、龍本、《全宋詞》從《東坡集》卷一五補録。朱云：「按張志和、戴復古皆有《漁父詞》，字句各異。恭案《三希堂帖》，公書此詞前二首，題作《漁父破子》，是確爲長短句，而《詞律》未收，前人亦無之，或公自度曲也」。今據朱本、龍本、《全宋詞》補。

【編　年】

同前首。

【箋　註】

①「漁父飲」二句：是設問語，其回答當爲「酒家飲酒去」，因字數限制被省略。

②「魚蟹」句：言漁父將所捕的魚蟹都交付給酒家。　分付：交付也。蘇軾《洞仙歌》：「江南臘盡，早梅花開後，分

付新春與垂柳。」言將新春交付與垂柳也。詳見《詩詞曲語辭匯釋》卷五。

③「酒無多少」句：言飲酒不計多少，以醉爲期，一醉方休。《南史》卷七五《陶潛傳》：「（潛）性嗜酒，而家貧不能恒得。親舊知其如此，或置酒招之，造飲輒盡，期在必醉。」

④「彼此不論」句：言漁父交付的魚蟹和酒家供飲之酒，彼此都不計較錢數多少。杜甫《峽隘》詩：「白魚如切玉，朱橘不論錢。」

又

漁父醉，蓑衣舞①。醉裏卻尋歸路。輕舟短棹任斜横〔一〕②，醒後不知何處③。

【校　勘】

〔一〕「輕」，三希堂石刻作「孤」。「斜横」，《東坡集》作「横斜」。

【編　年】

同前首。

【箋　註】

①蓑衣舞：言醉酒歸去的漁父，步履踉蹌，如披蓑作舞狀。孟郊《送淡公》詩：「腳踏小船頭，獨速舞短蓑。」

②「輕舟短棹」句：言漁父醉卧漁舟，任其漂泊。孟郊《送淡公》詩：「短楫畫菰蒲，鬬作豪橫歸。」

③「醒後不知」句：柳永《雨霖鈴》詞：「今宵酒醒何處？楊柳岸曉風殘月。」

又

漁父醒，春江午。夢斷落花飛絮。酒醒還醉醉還醒①，一笑人間今古〔一〕②。

【校勘】

〔一〕「今」，馮應榴《蘇詩合註》云：一作「千」。

【編年】

同前首。

【箋註】

①「酒醒還醉」句：白居易《醉吟先生傳》：「（醉吟先生）吟罷自哂，揭甕撥醅，又引數杯，兀然而醉。既而醉復醒，醒復吟，吟復飲，飲復醉；醉吟相仍，若循環然。」

②「一笑人間」句：言人間古今世俗之人，受羈於名繮利索，執迷不醒，搏人一笑。

【參考資料】

清·王文誥《蘇文忠公詩編註集成》卷二五「酒醒還醉醉還醒」句下案云：「此句用白樂天《醉吟先生傳》，否則出之太易，即非公之所爲也。凡此等句，又當數典以實之，與得諸性靈之詩，不可以典註實者不同。」

又

漁父笑，輕鷗舉①。漠漠一江風雨②。江邊騎馬是官人，借我孤舟南渡③。

【編　年】

同前首。

【箋　註】

① 輕鷗：杜甫《小寒食舟中作》詩：「娟娟戲蝶過閒幔，片片輕鷗下急湍。」　舉：飛起。

②「漠漠」句：杜甫《灩澦》詩：「江天漠漠鳥雙去，風雨時時龍一吟。」此以江上風雨的幽靜生活，襯托漁父的蕭閒。

③「江邊騎馬」二句：言江邊騎馬的當差官人，受羈絆不自主，奔波勞頓，有時還得借我孤舟渡河；不如我江上漁父，雖無馬可乘，但一葉輕舟什麼去處都行得，悠然自得，無求於人。　官人：劉禹錫《插田歌》：「君看二三年，我作官人去。」

調笑令〔一〕

漁父。漁父。江上微風細雨。青蓑黄蒻裳衣①。紅酒白魚暮歸〔二〕。歸暮。歸暮。長笛一聲何處②。

【校　勘】

〔一〕傳本存目缺詞。元本調下有注：「效韋應物體。」元本、吳本、明刊全集、二妙集、毛本同調二首俱誤合爲一，朱本據韋詞分拆爲二，今從朱本。又按蘇轍《欒城集》卷十三收此詞及下首詞，題作《效韋蘇州調嘯詞二首》。

〔二〕「暮歸」，原作「歸暮」，據二妙集、毛本改。

【編　年】

同前首。

【考　辨】

《全宋詞》次首末注：「又案此二首別見蘇轍《欒城集》卷十三。」同書蘇轍詞重見之，調名作《調笑詞》，調下有注：「效韋蘇州」；「江」作「水」；「歸暮。歸暮」作「暮歸、暮歸、歸暮」；於次首末注：「案此二首別又作蘇軾詞，見曾慥本《東坡詞》卷下，未知孰是。」案二詞諸本東坡詞集均收，王官壽《宋詞抄》卷一亦作蘇軾詞。孔凡禮《蘇轍年譜》卷一〇此二詞定爲蘇轍作，繫于元豐八年正月蘇轍往池州，江上作。云：「此二詞次《欒城集》此處，疑爲轍所作，而誤入《東坡樂府》，然其時已久矣。」曹本以爲《欒城集》所載二首，「與韋應物調笑令『胡馬』及同調『河漢』内之字數，及文字之次序均不相同。此詞如係子由所作，因子由極爲精細，當不如此，故此詞斷非子由所作」，而係蘇軾詞誤入《欒城集》。暫依曹説，以俟詳考。

【箋　註】

① 「青蓑黃蒻」句：蘇轍《乘小舟出筠江二首》其一：「紅飯白醪供醉飽，青蓑黃蒻可纏包。」

② 長笛一聲：趙嘏《長安秋望》詩：「殘星幾點雁橫塞，長笛一聲人依樓。」

又

歸雁。歸雁。飲啄江南南岸①。將飛卻下盤旋〔一〕。塞外春來苦寒〔二〕。寒苦。寒苦。藻荇欲生且住②。

【校 勘】

〔一〕「旋」，元本作「桓」。

〔二〕「苦寒」，原作「寒苦」，據二妙集、毛本改。

【編 年】

同前首。

【考 辨】

此首《全宋詞》又作蘇轍詞，調名作《調嘯詞》。「寒苦。寒苦」作「苦寒、苦寒、寒苦」。依前首考辨，此詞亦應屬蘇軾詞而誤入《欒城集》。

【箋 註】

① 飲啄：飲水和啄食。《莊子·養生主》：「澤雉十步一啄，百步一飲。」《宋書》卷二二《樂志》載晉何承天《雉子游原澤篇》：「飲啄雖勤苦，不願棲園林。」

② 藻荇：二者皆浮生湖沼植物。《詩·召南·采蘋》：「于以采藻，于彼行潦。」傳：「藻，聚藻也。」陳奐疏：「藻《説文》引《詩》作藻，或作薻……孔疏引義疏云：『生水底，有二種：其一種葉如雞蘇，莖大如箸，長四五尺；其一種莖大如釵股，葉如蓬蒿，謂之聚藻。』」隋·顔之推《顔氏家訓·書證篇》：荇，「先儒解釋皆云水草，圓葉細莖，隨水淺深，今是水悉有之，黄華似蓴，江南俗亦呼爲猪蓴，或呼爲荇菜。」